中国—东盟区域发展协同创新中心科研专项和教育部
长江学者和创新团队发展计划联合项目（CW201505）

理解转型过程的制度适应性效率

——东盟新四国市场化改革评析

黄 信 著

经济科学出版社
Economic Science Press

图书在版编目（CIP）数据

理解转型过程的制度适应性效率：东盟新四国市场化改革评析/黄信著．—北京：经济科学出版社，2017．10
ISBN 978－7－5141－8516－4

Ⅰ．①理… Ⅱ．①黄… Ⅲ．①东南亚国家联盟－市场－改革－研究 Ⅳ．①F133．39

中国版本图书馆 CIP 数据核字（2017）第 242339 号

责任编辑：刘　莎
责任校对：刘　昕
责任印制：邱　天

理解转型过程的制度适应性效率
——东盟新四国市场化改革评析
黄　信　著
经济科学出版社出版、发行　新华书店经销
社址：北京市海淀区阜成路甲 28 号　邮编：100142
总编部电话：010－88191217　发行部电话：010－88191522
网址：www．esp．com．cn
电子邮件：esp@ esp．com．cn
天猫网店：经济科学出版社旗舰店
网址：http：//jjkxcbs．tmall．com
北京财经印刷厂印装
880×1230　32 开　9．125 印张　280000 字
2017 年 10 月第 1 版　2017 年 10 月第 1 次印刷
ISBN 978－7－5141－8516－4　定价：36．00 元
（图书出现印装问题，本社负责调换。电话：010－88191510）

目　　录

第一篇

第二篇

第三篇

第四篇

导　言

一、题解

本书以东盟新四国市场化改革为例，研究经济转型过程中的制度适应性效率问题。标题《理解转型过程的制度适应性效率——东盟新四国市场化改革评析》，意即在此。

（一）“理解转型过程的制度适应性效率”

本书所说的经济转型，是指始发于20世纪下半叶由传统高度集权经济（包括计划经济）向现代市场经济的转型，其实质就是选择更加适合一国经济发展的制度模式，以促进本国经济社会更好更快发展。目前，不少国家的经济转型（例如中国的经济转型）仍在推进之中。

本书的研究对象是“转型过程”，以别于转型的“开始”阶段。转型的“开始”阶段容易为人们所认识，而“转型过程”不易为人们所理解，原因在于“转型过程”比转型“开始”阶段情况复杂得多。如果说改革和转型在“开始”阶段还算容易推进的话，那么推进到一定阶段后，就会因为矛盾和冲突的不断涌现而变得越来越艰难。在这种情况下，是否继续推进转型？如果找不到新的动力，或者涌现出来的矛盾和冲突得不到解决，转型过程很可能就被固化或中断，前段的改革成果就会付之东流。因此，在改革和转型过程中如何防止固化或中断显得十分重要。正是从这个意义上说，研究“转型过程”意义重大。

本书用制度理论分析新四国改革和转型实践，并强调转型过程是一个持续动态过程，是制度适应性效率不断提高的过程。用“制度适应性效率”来解释“转型过程”的制度变迁特征，目的是要说明制度创新不能一劳永逸，“艰难的转型旅程”（德国经济学家柯武刚和史漫飞之语）需要通过不断提高“制度适应性效率”来提供新动力，而“转型过程”的不断推进也为提高“制度适应性效率”创造经济社会条件，两者相辅相成。

从制度变迁的一般理论来说，经济社会环境不断变化发展是制度变迁的根本原因，而在制度变迁过程中，更优的层次更高的制度安排会对本国经济社会发展产生巨大的推动作用。从生产力和生产关系、经济基础和上层建筑的关系来说，生产力的不断发展导致经济基础发生变化，要求生产关系从而上层建筑发生变化，以适应生产力和经济基础发展变化的要求。一句话，经济转型的根本动力源在于创造效率更高的制度安排。世界范围的经济转型已经证明了这一点。就是说，转型过程中，任何时候制度创新都更加重要。通过制度创新建设更良好的制度环境是推进改革和转型的重要前提。制度环境是一种把市场和政治混合在一起，相互交叉、相互冲突、关系极为复杂的网络环境，是一国的经济、政治、社会、文化等制度集及其相互作用的状态，转型过程向纵深推进必须不断提高制度适应性效率。转型过程就是提高制度适应性效率的过程。近 40 年的中国改革和转型，在“摸着石头过河”过程中通过不断的制度创新为市场经济发展创造了良好的制度环境，由此推动了经济社会的发展。中国改革开放以来取得的成就，深层次的原因正在此。

所谓制度适应性效率，就是制度依据经济社会环境的发展变化而发展变化，不断提高制度适应经济社会发展的能力，减少经济社会发展过程中的不确定性，提高制度竞争力。制度适应性效率的现实前提是经济社会环境的不断发展变化，其思维方式基础是制度不确定性，即任何制度是发展变化的，确定不变的制度是不会有效率的。① 可见，制度适应性效率是经济转型过程中制度创新的动态性目标。经济转型要想获得持续长远的经济增长，关键是制度安排要不断提供更优的适应性效率，而不是短期的制度资源配置效率。制度适应性效率这一概念为改革和转型提供了评价标准：一方面，改革和转型的制度选择必须经过实践的检验，也就是说，应该有长远效率的制度创新，切忌急功近利的制度设计；另一方面，尽管正式制度安排是经济转型的关键，但正式制度必须与非正式制度相适应才有效率。

同时，“制度适应性效率”概念比“制度绩效”概念更能反映改革和转型的本质特征。前者描述的是制度的一种长时段的动态状况，即反映制度随经济社会环境的变化而变化的过程，具有时间维度，后者描述的是制度的静态状况，反映的是制度在某一时点上的状态即空间维度。可见，“制度适应性效率”才是改革和转型过程的本质反映。通常所说的“制度效率”或“经济绩效”，固然也是制度变迁的检验标准，但只有“制度适应性效率”才真正体现制度不确定性的本质特征。这里的“适应性”，是对制度创新动态性特征的最好描述。

正是从上面“转型过程”和“制度适应性效率”两方面来审视，本书标题用了“理解”二字，“理解”即加深认识，是思想上理论上的问题，是推进改革和转型的重要前提。

（二）“东盟新四国市场化改革评析”

从 1967 年 8 月东盟成立，到 2015 年 12 月东盟共同体建成，经历了 48 年。东盟走到了今天并在世人面前抬起了头，挺起了胸膛，使世人刮目相看，根本原因在于不断的制度创新。

① “制度不确定性”概念见黄信：《制度不确定性：市场与政府关系的新视角》，载于《中共中央党校学报（学术双月刊）》2010 年第 1 期，第 52 ~ 53 页。

东盟成立近30年后，越南于1995年、老挝和缅甸于1997年、柬埔寨于1999年加入东盟（简称“东盟新四国”），至此，东盟实现了大东盟的目标。[①] 新四国地理上几乎是一个整体，经济上属于同一类型，无论从内部看，还是从外部看，新四国具有诸多同质的方面，具备作为一个整体的客观条件。新四国的加入东盟壮大了东盟的力量，但同时也形成了新老东盟成员两个发展阶梯，一定程度上为大东盟的发展带来了新的难题。在东盟10个成员国中，新加坡、马来西亚、泰国是新兴工业化国家，印度尼西亚近些年经济快速发展，正在迈入新兴工业化国家行列，而越南、缅甸、老挝、柬埔寨四国则是世界上最不发达的国家，在经济发展水平和阶段上与东盟老成员存在巨大差异。

在世界经济转型潮流和区域一体化的推动下，从20世纪80～90年代起，越南、缅甸、老挝、柬埔寨也不同范围不同程度推进改革、革新和转型，逐步向市场经济过渡。20多年来，新四国在推进市场化改革进程中取得了一定成效，如越南经济体制和政治体制建设成效显著，老挝已从自然和半自然经济逐渐转为商品经济，缅甸政治民主化和经济建设取得了令人瞩目的进步，柬埔寨国民经济建设获得了长足发展。

然而，整体上看，新四国过去的改革步子迈得不快。经济发展滞后、体制不健全、竞争力弱等仍然是新四国面对的共同问题。改革前，新四国原来各自的经济结构不一样，如越南和老挝是传统社会主义计划经济体制，像中国的经济转型一样，两国都是由传统高度集中的社会主义计划经济向市场经济转型；而缅甸是一个典型的军人执政资本主义国家，柬埔寨则是君主立宪制资本主义国家，这两个国家向市场经济的转型具有不同于越南、老挝的情况，不能笼

① 东盟的前身是由马来西亚、菲律宾和泰国3国于1961年7月在曼谷成立的东南亚联盟。1967年8月8日，泰国、菲律宾、新加坡、马来西亚、印度尼西亚在泰国曼谷联合签署了《东南亚国家联盟成立宣言》（《曼谷宣言》），宣告东南亚国家联盟成立，简称“东盟”。此后，1984年文莱独立后加入该组织。随后，越南1995年、老挝和缅甸1997年、柬埔寨1999年入盟（简称“东盟新四国”）。

统地用由计划经济向市场经济转型来解释。但新四国改革的目标是相同的，即都是通过深化改革走市场化道路，都是向现代市场经济转型，都是通过构建更加优良的经济制度在融入区域合作中提高竞争力。

尽管东盟一体化和“10＋3”等区域经济发展为新四国提供了广阔的天地，但由于这些国家国内市场配置资源的能力有限，尤其是制度适应性效率不高，没法有效利用外部资源推进国内发展，因而未来的发展仍然是不确定的。尽管新四国走向市场化的道路不同，制度创新的方式也不一样，但走向市场化改革并取得一定成效后，这些国家的制度障碍因素越来越明显，制度约束仍然是这些国家经济社会发展的主要约束。目前新四国经济改革仍然相对滞后，几乎都面临进一步改善投资环境、改革国有企业、发展金融部门、完善市场体系、推进政治民主化进程和反腐败等问题。

除了全球化和区域经济一体化的大潮流推动外，东盟共同体已按原定计划于2015年12月建成，中国—东盟自贸区建设升级版正在推进，这些都为新四国推进改革和转型提供了难得的机遇。如何在以往改革实践的基础上，利用当前大好的区域合作发展机遇加快改革步伐，推进转型进程，通过进一步的制度创新提高新四国的制度适应性效率，加快市场经济发展步伐，缩小与东盟老成员市场经济方面的差距，是新四国迫切需要考虑的问题。

新四国的当务之急，就是以东盟共同体机制为参照，制定和实施按国际惯例办事的规章制度，提高政府的透明度和包容性，通过深化改革尽快建立包括货物贸易、服务贸易、投资和经济合作等在内的市场经济运行架构，努力提高本国的制度适应性效率，以新的更有活力的制度安排加快与区域经济接轨。同时，在立足本国的历史、文化传统等以及现有经济社会结构的基础上，新四国的改革需要把握好世界经济转型的潮流和东盟共体建设的良好区域环境，以此来倒逼国内改革，通过加快制度创新不断地推进本国的经济转型。

二、理论着眼点

经济转型是当今世界性大事件，已见诸多研究，但把“转型过程”与“制度适应性效率”结合起来的研究，目前还没有发现。

本书把制度创新提升到国际竞争的核心地位。如果说参与国际竞争是各国发展进步的必然趋势，那么竞争的背后是制度因素在起支撑作用。换言之，良好的制度因素是竞争取胜的最有利条件。在“一切竞争归结为制度竞争”的理念下来考察新四国的市场化改革和经济转型，即把改革和转型提升到制度竞争的层面来思考，无疑是对以往改革和转型认识上的提升。

本书所说的“转型过程”“制度适应性效率”“转型过程的制度适应性效率”，三者的重要意义前面已经说过。这里需要补充的是，我们通常所说的“制度创新”是一个十分宽泛笼统的概念，把制度与效率结合起来，既对“制度”的优劣进行了限定，即能够推进经济社会发展的制度才是好制度，才能为改革和转型创造良好的制度环境，制度环境是其他一切经济社会环境的前提；又对认识“效率”提供了新视角——如果制度不好，其他方面的效率就失去前提，不会持续长久，因此，“制度适应性效率”是其他经济社会效率的基础。可见，深入研究“转型过程”“制度适应性效率”“转型过程的制度适应性效率”等，与泛泛谈“制度创新”或“提高效率”相比，深化改革和推进转型更加具有理论价值。

本书力图把“理解转型过程的制度适应性效率”及“东盟新四国市场化改革评析”，建立在对改革和转型过程本质特征深刻认识的基础上，强调“改革和转型的本质是不断推进制度创新的动态过程”。力图准确地赋予这一命题新的内涵，把该论题提升到一定的理论高度。

本书把制度创新理论与新四国改革实践有机结合起来，试图把新四国研究从而中国—东盟研究提高到一个新的层面。中国—东盟自由贸易区建设以来，东盟研究已成为国内理论研究的一个热点。但目前大多数研究仍停留在中国与东盟相关领域的合作研究。本书用市场化改革理论和经济转型理论来分析新四国的实践，旨在通过理论与实践的结合，既可以加深对新四国的认识，为探讨新四国的改革实践提供一些对策或建议，又可以拓展东盟问题研究的深度和广度，丰富东盟研究的理论成果和经济转型的理论内涵。

这个过程本身就是一次理论研究尝试，难度不小。一是需要对制度理论和经济转型理论有比较深入全面的把握。30 多年来，笔者已出版过两本这方面的理论专著，相关学术论文也发表不少，加之理论经济学专业的功底，以及对改革和制度创新前沿知识的长期关注和积累，在这方面打下了一定的基础。二是把新四国作为一个整体考察，对象范围广，不像单个研究对象那么容易把握，需要掌握大量的相关资料，在综合分析这些资料的基础上提出新问题，这对笔者的概括能力、提炼能力和综合分析能力等是一大考验。三是把新四国改革作为一个整体考察需要思维方式及方法论的创新，要将理论和实践、具体和抽象、归纳法和演绎法等方法结合起来。

三、现实意义

经过前段的改革，新四国经济社会取得了不同程度的发展，但目前四国仍处在改革和转型的征途上。如何进一步推进改革和转型，四国需有充分的思想理论准备。这就是本书研究的立足点。

在考察新四国以往改革历程的基础上，提出新四国进一步推进改革的重要前提，就是在加深对改革和转型本质认识的基础上，把握改革和转型的持续性动态性特征，树立推进改革的决心和信心，从而为推进改革奠定更加牢固的思想理论基础。

新四国作为中国的近邻，与中国有着悠久的历史联系。新四国是中国与东盟对接的第一站，地理位置十分重要。中国的改革开放和经济社会转型对新四国产生重要影响，而新四国加快改革步伐和推进经济转型，对中国也有积极作用。新四国与中国经贸合作前景广阔。中国需要加深对新四国重要地位的认识，新四国也要深刻认识和了解自己，认识与中国合作的重要性。本书把东盟新四国视为一个整体对象，对四国市场化改革和经济转型作较全面、系统、深入的探讨，这对新四国、对东盟、对中国及相互之间的合作发展都具有重要意义。

四、框架结构

本书既非纯粹的制度理论研究，亦非纯粹的东盟实践研究，而是两者的有机统一。因此，本书有自己独特而完整的框架结构。

本书分三篇十七章。第一篇共两章，即第一章和第二章。第一章为概述，提出和论述本书研究的主题：“推进经济转型提高制度适应性效率”，简要介绍东盟及东盟新四国的改革情况。第二章阐明把新四国作为一个整体看待的理由，并概括和分析前人的研究文献。

第二篇共三章，即第三章至第五章。第三章是全书的理论基础，即制度的相关理论，着重阐述“改革和转型的根本在于提高制度竞争力”这一命题。第四章论述东盟通过前段不懈的制度创新，实现了东盟共同体。第五章分析东盟新四国走向市场化改革和经济转型的必然性。

第三篇共七章，即第六章至第十二章：从农业改革、所有制改革、民主法制建设、金融环境建设、拓展与各国合作等方面，分析东盟新四国前段改革和转型取得的成就，目的是说明改革和转型促进了四国经济发展，提高了四国制度适应性效率。

第四篇共五章，即第十三章至第十七章，是全书的对策部分。第十三章分析新四国需要继续推进市场化改革和经济转型的理由，即经济发展水平低，制度适应性仍然落后等。第十四章强调新四国需要加深对改革和转型过程持续性动态性特征的认识，从而为继续推进改革和转型奠定思想基础。第十五章论述借鉴东盟老成员的经验来推进新四国改革和转型。第十六章论述新四国推进改革和转型要处理好政府与市场的关系——这是转型国家在转型过程中必须面对的共同问题。第十七章总结全书，通过与中国改革和转型的比较，指出新四国与中国合作共同推进改革和转型，可以实现互利共赢。

第一篇

本篇包含第一章和第二章。第一章是概述，提出和论述本书的主题——推进经济转型提高制度适应性效率，简要介绍了东盟及东盟新四国的改革情况。第二章阐明把新四国作为一个整体看待的理由，概括和分析前人的研究文献。

第一章

概述：推进经济转型，提高制度适应性效率

第一节　经济转型过程是制度变迁过程

从20世纪70年代中期开始，经济转型这场变革涉及欧洲和亚洲的30多个国家和地区，涵盖了全球将近1/4的人口。这30多个转型国家包括中欧的波兰、匈牙利、捷克、斯洛伐克；波罗的海的爱沙尼亚、拉脱维亚、立陶宛；巴尔干半岛九国：克罗地亚、波斯尼亚和黑塞哥维那、保加利亚、罗马尼亚、马其顿、阿尔巴尼亚、斯洛文尼亚、塞尔维亚、黑山；独联体十二国：亚美尼亚、阿塞拜疆、白俄罗斯、格鲁吉亚、哈萨克斯坦、摩尔多瓦、俄罗斯、塔吉克斯坦、吉尔吉斯斯坦、土库曼斯坦、乌克兰、乌兹别克斯坦，以及亚洲的中国、蒙古国、朝鲜，东盟新四国越南、老挝、缅甸、柬埔寨。

中国学界在评论这场史无前例的经济转型时认为，人类历史上几乎还从来没有过这样一场世界各大地区几乎是同步出现的且广泛发生于社会各个领域的波澜壮阔的社会变革运动。[①] 美国经济学家

① 景维民、孙景宇：《转型经济学》，经济管理出版社2008年版，第4～5页。

阿兰·斯密德评价这场经济转型时说，“由中央集中管理经济向市场经济转轨，成为我们这个时代最大的社会科学实验。”①

向市场经济转型的过程是一个动态过程，其本质特征就是制度转型。美国经济学家热若尔·罗兰认为，转型过程大规模制度变迁意味着旧制度的淘汰与退缩，以及新制度的产生与演化。② 转型大多从打破牢固低效的旧制度开始，这种牢固低效的旧制度深深扎根于转型国家的经济、政治、社会、文化之中，由于这种制度的僵化和低效，使这些国家已经无法适应经济全球化条件下经济社会发展的要求，甚至阻碍了转型国家经济社会的发展。

东盟新四国脱胎于殖民地统治，获得民族独立后这些国家建立的是政府主导型经济体制，这种制度对于当时这些国家的经济发展起到重要的推动作用，因此得到这些国家的普遍认同。然而，在经济全球化和区域一体化潮流的推动下，随着经济科技的发展，特别是现代高科技及其产业化的迅速发展，这些制度的局限十分明显，如市场体制不健全，国有企业管理不善，农业落后，人民生活水平低下等等。总之，这些制度已经不适应当今世界经济发展潮流，以市场选择为手段已经成为这些国家经济发展的必然要求。

向市场经济转型，建设具有竞争力的制度安排，是一国经济发展和参与国际竞争的重要途径。托尔斯坦·凡勃伦认为，制度也要优胜劣汰，落后了就要改良。人类社会生活正像别的生物的生存一样是生存的竞争，因此是一种淘汰适应的过程；而社会结构的演进却是制度上的一种自然淘汰过程。③

世界各国经济转型的实践表明，经济转型能够创造更优的制度安排，从而更有利于推动该国的经济社会发展，使该国在世界竞争

---

① ［美］阿兰·斯密德著：《制度与行为经济学》，刘璨等译，中国人民大学出版社 2004 年版，240 页。

② ［美］热若尔·罗兰：《转轨与经济学——政治、市场与企业》，载于吴敬琏主编《比较》（3），中信出版社 2002 年版。

③ 唐华山、刘维奇、袁辉：《经济学大师如是说》，人民邮电出版社 2009 年版，第 73 页。

中处于更加有利的地位。经济转型的初始原因，是国际国内经济社会环境不断发展变化，使一国原有的制度安排已经不适合本国经济社会发展的要求。从制度变迁的一般理论来说，经济社会环境不断变化是制度变迁根本原因，而制度变迁过程中，更优的、层次更高的制度安排会对本国经济发展产生巨大的推动作用。从生产力和生产关系、经济基础和上层建筑的关系来说，生产力的不断发展导致经济基础发生变化，要求生产关系从而上层建筑发生变化，以适应生产力和经济基础发展变化的要求。一句话，经济转型的根本动力源在于创造更优的效率更高的制度安排，世界范围的经济转型已经证明了这一点。

转型背景下制度在经济体中举足轻重的地位比往任何时候都更加重要。各国转型不尽相同，不同的转型路径都能显著提升经济表现，如波兰、韩国、中国选择的路径虽然不同，但每个经济体都通过改善其制度促进了经济的快速发展。经济转型国家面临的最大问题就是如何创造一个制度框架来改善经济状况，提高经济实力。良好的制度环境是经济转型的重要前提。制度环境是一种把市场和政治混合在一起，相互交叉、相互冲突、关系极为复杂的网络环境，是一国的经济、政治、社会、文化等制度集及其相互作用的状态。

中国改革和转型已经 37 年，最大特点是“摸着石头过河”。这说明在转型过程中前面的道路是不确定的。而最大的不确定性，是体制的不确定性、政策的不确定性、政府行为的不确定性。转型过程中的这种不确定性，来自政府的资源配置和政府行为的随意性。对企业家来说，最难以预测和把握的可能不是市场的不确定性，不是技术的不确定性，而是政府部门行为的不确定性。

这些不确定性对中国推进改革和转型存在诸多约束。罗兰概括的经济转型新理论，与华盛顿共识形成鲜明对照，其中之一就是政治约束，包括事前的政治约束与事后的政治约束。罗兰把事前的政治约束定义为阻碍改革决策的可行性的约束，而把事后的政治约束定义为决策已经制定并在看到结果以后的反作用和逆转约束。我国学界认为，中国经济转型从一开始就面临三个重要约束，即权力结构约束、意识形态约束和知识约束。三个约束是相互加强的，改革进程产生了重要影响。①

第二节 转型过程是提高制度适应性效率过程

传统计划经济是一种制度确定不变的经济制度，正是这种确定不变的经济制度束缚了当时社会生产力的发展，造成经济效率低下，连环落后和人民贫困。在这种制度确定性思维方式下，社会的生产、分配、交换、消费的决策高度集中，结果是抑制了人民的积极性和主动性。

改变低效的制度状态必须从制度创新开始。就中国而言，中国的改革是从下而上开始的，从最失利的成员即农民开始，而其前提是不得不触动当时已经过时落后的经济制度。就是说，中国的改革和转型是从维护人的生存权开始的。牢固低效的制度（广义的制度）威胁着公民的生存权，使公民的生存条件极端恶化，要生存下去就必须起来创新。当然，用美国经济学约瑟夫·熊彼特的话来说，创新就是创造性毁灭，创新的结果可能是重生也可能是毁灭。企业家，政治的和经济的，按照熊彼特的看法，进行创新的这些人是推动社会不断向前发展的唯一力量。

制度低效不仅是发展和转型的根本原因，也是经济发展方式能否顺利转变的根本原因。例如，自 1995 年中共中央首次提出要从根本上转变经济增长方式起，至今 20 多年了我们仍在推进发展方式转变。中国“十三五”规划提出“发展不平衡、不协调、不可持续问题仍然突出，主要是发展方式粗放，创新能力不强，部分行

① 张维迎主编：《中国改革开 30 年——10 位经济学家的思考》，上海人民出版社 2009 年版，第 312 页。

业产能过剩严重，企业效益下滑”等，根本原因在于我们的制度创新还没有为发展方式提供制度保障。中共十七大提出要把自主创新作为国家战略的核心，提出自主创新是产业升级的中心环节，中共十八大进一步提出创新驱动战略，实行全民创业。我认为，其前提也是要推进制度创新。

经济转型是对原有制度的破旧立新，既是改革又是创新，改革和创新互相促进渗透。在政治、社会承受力、认知能力等条件约束下，原有制度只能一步一步地向新制度嬗变。在最终实现目标之前，制度可能因为多种原因常常出现体制复归，或制度反复，以及出台的经济政策和改革方案具有过渡性和相对性特点，即制度不确定性。所以，改革产生的不确定性首先是制度的可改变性，即制度要随着改革和转型的深化不断提高适应性效率。可见，改革和转型都是为了追求更高的制度适应性效率。

什么是制度适应性效率？我们先来看一看诺贝尔经济学奖得主、美国经济学家道格拉斯·诺思关于适应性效率的论述。诺思在《理解经济变迁过程》一书中提出，当经济问题演化时，社会不断修正和创新制度所不需要的条件。伴随适应性效率的一个要求是政体和经济体能够在面临普遍的不确定性时为不断的试错创造条件，消除已无法解决新问题的制度性调整。[①] 诺思在《制度、制度变迁与经济绩效》一书中也提到，一条适应性效率的路径能够使在不确定性条件下的选择最大化。适应性效率需要一种制度结构，这种制度结构在面对非各态历经的世界中普遍存在的不确定性时，将会灵活地尝试各种选择，以处理随着时间的推移不断出现的新问题。尽管诺思没有使用“制度适应性效率”的概念，但“不断修正”制度使之适应经济社会的发展变化，实质上就是制度要提高适应性效

---

① ［美］道格拉斯·诺思著：《理解经济变迁过程》，钟正生、邢华译，中国人民大学出版社 2008 年版，第 152 页。

率（制度绩效），即制度适应性效率。①

根据诺思对适应性效率的论述，结合制度变迁的理论以及世界经济转型过程中制度创新的经验，可对“制度适应性效率”的内涵作以下概括：所谓制度适应性效率，就是制度依据经济社会环境的发展变化而发展变化，不断提高制度适应经济社会发展的能力，减少经济社会发展过程中的不确定性，提高制度竞争力。制度适应性效率的现实前提是经济社会环境的不断发展变化，其思维方式基础是制度不确定性，即任何制度是发展变化的，确定不变的制度是不会有效率的。可见，制度适应性效率是经济转型过程中制度创新的动态性目标。经济转型要想获得长远经济增长，关键是制度安排要具有适应性效率，而不是短期的制度资源配置效率。制度适应性效率这一概念的重要意义在于为经济转型和改革提供了评价标准：一方面，经济转型和改革的制度选择必须经过实践的检验，也就是说，应该有长远效率的制度设计，切忌急功近利的制度安排；另一方面，尽管正式制度安排是经济转型的关键，但正式制度（文化、习俗、观念、意识形态等）必须与非正式制度相适应才有效率。

诺思的制度理论认为，长期的经济增长的关键不是资源配置的效率，而是制度的适应性效率。适应性效率考虑的是一个经济随时间演进的方式的各种规则，它有助于一个社会去获取知识、去学习、去诱发创新、去承担风险及所有有创造力的活动，以及去解决社会在不同时期的瓶颈的意愿。有抵挡冲击的能力，有战胜频繁出现的问题的能力，掌握了适应性效率的国家的经济和社会能够抵挡各种冲击、战争和彻底的基本变化，并通过始终成功地改变自身的制度结构实现长期持续增长。制度是经济增长的关键变量，而制度对于经济基础和经济环境的适应性效率，则是制

① ［美］道格拉斯·诺思著：《制度、制度变迁与经济绩效》，格致出版社、上海人民出版社 2008 年版，第 136 页。

度效用的最重要指标。制度适应性效率的低下，必然制约经济增长。

马克思认为，社会的物质生产发展到一定阶段，便同他们一直在其中运动的现存生产关系或财产关系（这只是生产关系的法律用语）发生矛盾。于是这种关系便由生产力发展形式变成生产力的桎梏。那时社会革命的时代就到来了。随着经济基础的变更，全部庞大的上层建筑也或慢或快地发生变革。马克思用生产关系与生产力的矛盾指出制度对于经济增长的适应问题。对此，诺思指出，在详细描述长期变迁的各种现存理论中，马克思的分析框架是最有说服力的，是因为它将新古典框架舍弃的全部因素都包括在内：制度、所有权、国家和意识形态。马克思强调的所有权在有效率的经济组织中的重要作用，以及现存所有权体系与新技术的生产潜力之间紧张关系的观点，是一项重大的贡献。

制度适应性效率概念比制度绩效概念更具实际意义，前者描述的是制度的一种长时段的动态状况，即反映制度随经济社会环境的变化而变化的过程，具有时间维度，后者描述的是制度的静态状况，反映的是制度在某一时点上的空间维度。可见，制度适应性效率才是经济转型过程中制度不确定性的本质反映。诺思所说的“经济绩效”和上面提到的“适应性效率”，都是制度变迁的检验标准，但只有制度适应性效率才真正体现制度不确定性的本质特征。

考察中国经济体制改革所走过的道路，可以发现，时至今日，中国的经济转型过程就是不断提高制度适应效率的过程。例如，中国转型之初的价格双轨制；前期改革中的“试验—推广”“试错—纠正”等机制；先边际改革，即原有制度外的创新，再存量改革；从单项改革到综合改革；从过渡性制度安排到完成性制度安排……，就是在旧制度不断被打破中使新制度逐渐与经济社会环境适应的过程，就是不断提高制度适应性效率的过程。

第三节 制度创新推动东盟走向一体化

2015 年 11 月 22 日，在马来西亚吉隆坡召开的第 27 届东盟峰会及系列领导人会议上，东盟 10 国领导人共同签署了《2015 年建成东盟共同体吉隆坡宣言》和《东盟迈向 2025 年吉隆坡宣言：团结奋进》，宣布东盟共同体于 2015 年 12 月 31 日正式成立。

从 1967 年 8 月东盟成立，到 2015 年 12 月东盟共同体建成，历经 48 年。如果说东盟走到了今天并在世人面前抬起了头，挺起了胸膛，根本原因就在于通过不断的制度创新逐步走到这一步。

从世界范围来看，经济全球化进程不断推进区域一体化发展。欧盟的一体化进程和欧洲单一货币区的建立、北美自由贸易区的成功运作都是区域经济一体化的成功例证。尽管与北美和欧盟相比，东盟在经济上不仅总量微不足道，质量也相去甚远，但东盟已经成为东亚地区最大的以政治、经济合作为主的区域集团，大大加强了东盟各成员国在国际政治、经济格局中的权重。

东盟前身即东南亚的经济发展史（东南亚除东帝汶民主共和国未加入东盟），是一部由殖民地经济向新兴工业化经济演进的历史。从 16 世纪初起，东南亚一直是西方列强的殖民地，殖民统治长达数百年之久。“二战”后，东南亚国家相继取得政治独立，走上民族经济发展的道路，东南亚各国相继开始了工业化进程。过去的几十年，东盟经历了战后初期的经济恢复、20 世纪 60 ~ 70 年代工业化发展、80 年代中期 ~ 90 年代中期经济高速增长、后起国家的经济开放与改革、90 年代后期金融危机及其重组等几个重要时期。

在经济全球化和区域化的浪潮中，东盟经济迅速崛起，各国的经济实力增强，区域产业分工深化，生产要素流动扩大，区域经济整合加快，该地区经济呈现出一系列格局性的变化。当前，东盟已成为亚太经济重要的增长极、国际生产网络的重要节点和世界经济增长的热点地区。目前，东盟10国拥有443.6万平方公里国土、6亿人口、2万多亿美元国内生产总值（GDP）、进出口贸易约2.4万亿美元，是世界上人口第三大的国家和地区（仅次于中国、印度），是世界第六大经济体（仅次于欧盟、美国、中国、日本、巴西）、发展中国家第三大经济体（仅次于中国和巴西）和亚洲第三大经济体（仅次于中国和日本），是世界第四大进出口贸易地区（仅次于美国、中国和德国），是发展中国家吸收外国直接投资（FDI）存量最多的地区之一。

20世纪90年代起，东盟国家加快了区域经济一体化的进程。为应对全球性区域一体化的迅速兴起，东盟根据自身的政治经济利益，积极调整区域经济一体化战略，试图构建以东盟为中心的区域经济一体化框架。东盟区域经济一体化主要从东盟区域的经济一体化、东盟与区外国家的自由贸易区、东盟成员国与区外国家的双边或多边自由贸易协定等三个层次展开。东盟的区域经济一体化经历了从特惠贸易安排到自由贸易区再向共同市场发展的过程。自1978年起，东盟特惠贸易安排实施了15年的时间。从1993年起东盟自由贸易区的进程正式启动，2010年1月1日东盟自由贸易区如期正式建成。截至2010年底，文莱、印度尼西亚、马来西亚、菲律宾、新加坡和泰国之间99.11%的商品关税已取消，柬埔寨、老挝、缅甸和越南98.86%的商品关税已经降至5%以下，东盟区内贸易已占进出口贸易的25%。2003年10月，各国同意建立东盟共同体，2007年1月东盟将实现共同体的时间表从2020年提前至2015年。2011年11月，第19届东盟领导人会议签署了《关于全球一体化下的东盟共同体的峇厘宣言》。

东盟与中国、日本、印度、韩国、澳大利亚和新西兰的五个“10+1”自由贸易区取得不同的进展，2007年6月韩国—东盟自由贸易区货物贸易协议生效，2008年12月东盟与日本经济伙伴协定（EPA）生效。2010年1月，中国—东盟自由贸易区全面建成，澳新—东盟签署了自由贸易协议和印度—东盟自由贸易区货物贸易协议生效。2011 年东亚峰会正式吸收美国、俄罗斯为成员国，这也是 2005 年首届东亚峰会召开以来的首次扩容。①

2008 年 12 月东盟签署生效的《东盟宪章》，对推进东盟一体化进程起到关键性作用。2009 年 2 月，东盟国家领导人在第 14 届首脑会议上签署了《东盟共同体 2009～2015 年路线图宣言》及相关文件，就建成东盟共同体提出了战略构想、具体目标和行动计划。2010 年 10 月，东盟国家领导人在第 17 届东盟首脑会议期间通过了《东盟互联互通总体规划》。该规划囊括 700 多项工程和计划，实施后将促进东盟地区全方位联通。2011 年 5 月，在第 18 届东盟首脑会议上，东盟领导人表示，按照东盟一体化路线图继续推进东盟共同体建设。直到 2015 年 11 月吉隆坡第 27 届东盟峰会及系列领导人会议宣布东盟共同体建成。总之，“二战”结束后的几十年，东盟尤其是在经济领域，通过制度创新获得了较快发展。东盟共同体的建成，更是推进制度创新的结果。

第四节　处于转型之中的东盟新四国

新四国加入东盟壮大了东盟的力量，但也形成了新老东盟成员两个发展阶梯，一定程度上为东盟的发展带来了新的难题。在东盟 10 个成员国中，新加坡、马来西亚、泰国是新兴工业化国家，印度尼西亚近些年经济快速发展，正在迈入新兴工业化国家行列，而越南、缅甸、老挝、柬埔寨四国则是世界上最不发达的国家，在经济发展水平和阶段上存在巨大差异。

在世界经济转型潮流和东盟区域一体化的推动下，从 20 世纪 80～90 年代起，越南、缅甸、老挝、柬埔寨也在不同范围不同程度地推进改革、革新和转型，逐步向市场经济过渡。新四国认识到，

① 王勤：《东盟国家的经济转型和结构调整》，载于《东南亚纵横》2012 年第 10 期。

推进市场化改革，根据国际市场经济规则改革国内经济体制，向市场经济转型，无论对于本国经济发展，还是对于推进东盟一体化，都是根本性的问题。20 多年来，新四国在推进市场化改革进程中取得了一定成效，但经济发展滞后、体制不健全、竞争力弱等，仍然是这些国家需要面对的共同问题。值当今全球化和区域经济一体化的潮流，加快向市场经济转型步伐，既是新四国家摆脱落后的根本出路，同时也是东盟共同体发展的迫切要求。新四国必须不断深化国内改革，建设更加良好的经济体制，在融入区域合作中发展壮大。

改革前，新四国原来各自的经济结构不一样，如越南和老挝原来是社会主义计划经济体制，如中国的经济转型一样，这两个国家都是由传统高度集中的社会主义计划经济向市场经济转型；而缅甸则是一个典型的军人执政资本主义国家，柬埔寨是君主立宪制资本主义国家，这两个国家向市场经济转型具有不同于越南、老挝的情况，因此，不能笼统地用由计划经济向市场经济转型来解释。但新四国改革的目标是相同的，即都是通过深化改革走市场化道路，都是向现代市场经济转型，通过构建更加优良的制度，在融入区域合作和国际社会中提高自身的竞争力。

推进市场化改革东盟新四国的经济取得了重要进展。例如，越南在推进市场化改革中取得了显著成就，老挝通过推行革新从自然和半自然经济逐渐转为商品经济。缅甸于 1997 年 7 月 23 日加入东盟，成为东盟的第九个成员国家。缅甸为了在政治上和经济上尽快与东盟国家接轨，做了许多工作，也取得了令人瞩目的进步。2015 年 11 月大选顺利进行，缅甸的变革“实实在在地发生着”。① 柬埔寨通过推进改革也使国民经济建设取得了长足发展。

越南、柬埔寨、老挝政府采取了较为渐进的道路来转向市场主

① ［美］约瑟夫·斯蒂格利茨：《缅甸迅猛转型不可逆》，载于“财经网”，2012 年 3 月 7 日。

导型经济。在早期阶段，两国政府都很重视外国投资，但却推迟实行诸如设立明确限定的财产权和（在越南）实行国有企业产权化等艰难的制度改革。老挝和越南似乎是为了实现其维持对改革进程的控制和保持其执政地位等政治目标来给其改革排定程序和选择时机的。缅甸的变革却有自己的特点。

从过去的改革情况看，新四国步子迈得不快。尽管东盟一体化和“10+3”等区域经济发展为新四国提供了广阔的天地，但由于这些国家国内市场配置资源的能力有限，没法有效地利用外部资源推进国内发展，因而未来的发展仍然是不确定的。尽管新四国走向市场化的道路不同，制度创新的方式也不一样，但走向市场化改革后，在市场经济转型取得一定成效后，这些国家的制度障碍因素越来越明显，制度约束仍然是这些国家经济社会发展的主要约束。目前新四国经济改革仍然相对滞后，几乎都面临进一步改善投资环境、改革国有企业、发展金融部门、完善市场体系、推进政治民主化进程和反腐败等问题。

改革和转型开始时，新四国的制度创新推动了该阶段的经济社会发展，即制度从原来不适应到逐渐适应，而随着经济社会的向前发展及国内外环境的变化，这些制度又逐渐不适应，必须通过新一轮的改革来构建效率更高的制度。可能说，这是包括新四国在内的转型国家推进转型的现实要求。只有深刻认识制度对于经济社会的功能的重要性，深刻认识改革和转型是一个动态过程，制度创新是一个不断推进的过程，才能坚定推进改革的决心和信心，才能不断提高制度适应性效率，从而改革和转型才能不断进步。

新四国历史上的社会结构、制度和文化方面存在着巨大的差别，不同的经济发展水平和不同的制度使各国面临的问题也不太一样，因而在学习和吸收现代文明的要素方面，需要付出更为昂贵的代价。在向市场经济转型的过程中，要经历更多的痛苦和磨难。因而总结过去、立足现在、展望未来，坚定推进市场化改革，向市场经济转型，创造完善优的制度，不断发展壮大，无疑是新四国经济社会发展中的必修课。

目前，新四国正处于良好的区域环境下。东盟共同体已按照原定计划于2015年12月建成，2010年建成的中国—东盟自由贸易区目前正努力提高运行质量，共建中国—东盟自贸区升级版已进入议程，中国—东盟开启未来合作“钻石十年”，等等，所有这些意味着双方发展前景更加广阔，为新四国推进改革和转型提供了难得的机遇。如何在以往改革实践的基础上，利用当前大好的区域机遇加快改革步伐，推进改革和转型进程，缩小与老东盟成员市场经济方面的差距，是新四国迫切需要考虑的问题。

新四国的当务之急，就是以东盟共同体机制为参照，制定和实施按国际惯例办事的规章制度，提高政府的透明度和包容性，通过深化改革尽快建立包括货物贸易、服务贸易、投资和经济合作等在内的市场经济运行架构，以新的更有活力的体制加快与区域经济接轨。

对于东盟新四国来说，重要的是正确认识改革和转型的本质。经济结构调整或推进经济增长方式转变，这两者都只是体制或机制问题，而重要的是制度创新。东盟新四国的转型不仅仅是进行简单的经济结构调整，或推进经济增长方式转变，更重要的是通过深化改革来构建现代市场经济体系。不能用结构调整和转变增长方式来代替制度创新。东盟新四国的改革，根本的问题在于坚定不移地推进基础性制度创新。①

---

① 黄信：《缩小发展差距的根本——谈东盟后发展国家的经济改革》，载于《广西日报》2012年5月3日。

第二章

为什么把东盟新四国作为一个整体看待

第一节　新四国作为一个整体具有诸多同质性

东盟新四国面积共 1 423 972 平方公里（缅甸 676 581 平方公里，老挝 236 800 平方公里，柬埔寨 181 035 平方公里，越南 329 556 平方公里），2008 年人口 16 353 万人（缅甸 5 700 万人，老挝 667 万人，柬埔寨 1 370 万人，越南 8 616 万人）。[①] 之所以把东盟新四国作为一个整体来研究，在于它们具有不少同质的方面。

第一，新四国地理上几乎是一个整体，经济上属于同一类型。中南半岛旧称“印度支那半岛”，位于中国和南亚次大陆之间，西临孟加拉湾、安达曼海和马六甲海峡，东临太平洋的南海，为东亚与群岛之间的桥梁。中南半岛通常特指曾经是法国殖民地的“法属印度支那”，包括越南、柬埔寨、老挝三国，广义的中南半岛则指“东南亚大陆”，包括越南、柬埔寨、老挝三国及缅甸、泰国、马来西亚的马来亚地区及新加坡、槟城、马六甲等地。越南、老挝、柬

① 资料来源：从东盟黄皮书《东盟发展报告（2014 年）》（杨晓强、庄国土主编）中整理而得。

埔寨原来属“印支体系”，法国殖民者曾将这三国列为一个政治联合体。可见，新四国地理上几乎是一个整体。

作为湄公河流域国家，新四国位于世界经济发展最慢的小块地区。多年来，亚洲开发银行等机构一直主张在从运输、基础设施到贸易和投资等领域促进这些国家的发展，加快它们的一体化进程。由于消费能力有限、受教育程度低、技能落后等，一直以来，四国的就业机会少，经济活动基本上是依靠自然资源的开发。四国现有法律、政策、程序、规则和条例等制度不够完善，对外国投资缺乏吸引力。第一章提到，越南 1995 年、老挝和缅甸 1997 年、柬埔寨 1999 年先后加入东盟，即东盟成立 30 年后这四国才加入东盟（因此称为东盟新四国）。在东盟 10 国大家庭中，东盟老成员如新加坡、马来西亚、泰国、印度尼西亚、菲律宾等国，早在 20 世纪 60 ~ 70 年代已经开始实行市场经济制度，经济发展较快。而新四国越南、柬埔寨、老挝、缅甸的市场化改革和向市场经济转型至少落后 20 ~ 30 年。目前，四国仍然处于艰难的市场化改革进程中，尽管这些国家已实施了重大的经济改革，大大地改变了其内外经济关系，但新四国经济上仍处于落后状态，国民经济发展水平有待提高。

第二，新四国作为中国的近邻，与中国有着悠久的历史联系。中老边境线 505 公里，中缅边境线 2 185 公里，中越陆地边境线 1 300 公里（水界 383.914 公里，北部湾中方 695 公里，越方 763 公里）。

由于地缘关系，历史上四国与中国在文化、民族、婚姻、经济、社会等方面有着千丝万缕的联系。

仅中缅边境，跨境少数民族就有数百万人，还有众多的华侨华人，总人口占缅甸总人口 1/5 强。他们所在的区域资源丰富，族群团结，有威望，也有实力。中方企业要想赢得缅方的认知与支持，首先要得到这些边境跨境少数民族和华人华侨的拥护与支持。越南的华侨也有几百万人，岱族、侬族也近 300 万人，他们比较了解中国的壮族等少数民族，乐意为化解中越两国交往合作过程中遇到矛盾而奔走。这种情况在老挝、柬埔寨也一样。因此，中国要拓展与四国的合作，进而搞好与大东盟的合作，就必须把跨境民族和华人华侨当作天然桥梁，发挥他们在化解投资风险、改善中国与周边国家关系不可替代的作用。

2014 年 11 月和 2015 年 5 月，中国广西壮族学者研究队先后两赴缅甸考察，了解到缅甸掸族与中国壮族、傣族关系密切。中国学界观点认为，缅甸掸族与我国壮族、傣族、布依族等是同源异流，与越南侬族、岱族、泰族、泰国的泰族、柬埔寨的泰族、老挝的佬族、印度的阿洪族是分布在不同国家的同一个民族。缅甸现有掸族人口约 600 万人，占缅甸总人口 5 415 万人的 11% 左右。壮族与掸族在语言、服饰、民居、饮食、稻作文化、婚俗、歌舞、崇拜、节庆等方面有相同的文化特征。例如，在生产生活语言方面，相同率 95% 以上，只是声调有些差异。语言是活化石，相隔几千里语言还相同，说明壮族与掸族是同源关系。再如饮食文化方面，掸族主食的稻米、鱼肉（猪鸡鸭），即“饭稻羹鱼”，赖那而食催生了系列食品，如米饭、糯米饭（五色糯米饭最具盛名）、糍粑、粽粑、米粉、沙糕等，与壮族相似。掸族较为有名的“阔伯”红糯米糕，以及他们特别爱吃的糯米饭，泰国、老挝的泰族和中国广西的壮族也一样喜好。①

总之，与中国具有悠久历史联系的新四国，为中国走出去提供了难得的人文条件。中国加强与东盟甚至整个中南半岛的合作，需要得到这些国家的理解和支持，而最可靠的就是紧紧地依靠跨境同源民族、宗教组织和华侨华人。

第三，新四国是中国与东盟对接的第一站，地理位置十分重要。作为中国—东盟的前沿，四国在与中国的合作中具有“边”的优势。中国应十分重视利用这一优势做好“边”的文章，包括政

① 黄信：《壮族文化在桂缅合作中大有作为》，载于《广西日报》2015 年 11 月 11 日。

治、经济、文化、外交、军事等方面的文章。越南是中国与东盟惟一海陆交界的国家，缅甸处于中国与印度两个大国的必经之地，柬埔寨和老挝处于中南半岛核心地区。四国是东盟进入东北亚、中国进入东南亚乃至印度洋的必经之路，通过四国向其他东盟国家和南亚拓展非常便利。

区域经济发展使新四国获得了良好的区域环境，推动了四国经济社会的发展。往前看，中国—东盟自由贸易区建设升级版，中国“一带一路”倡议的实施等，新四国都是重要节点，有待新四国加快发展。例如，与“一带一路”配套的“中印缅孟经济走廊”和“中巴经济走廊”，目的是将“一带一路”从陆上联通。在这条通道上，缅甸无疑是一个重要节点。同时，中国又先后规划了近10条油气主要油气运输线路，包括中缅油气管线、中哈油气管线、中土油气管线、巴基斯坦石油管线、东南亚运输线路、南海海上运输线路、非洲油气运输线路和中东油气运输管线、北线（从中哈边境、从中俄边境等进口）。在这些油气管线的规划中，中缅油气管线就是其中重要布局之一。越南、老挝、柬埔寨在中国企业走出去中也同样具有重要作用。

第四，新四国与中国经贸合作前景广阔。中国—东盟自由贸易区建设以来，双方交往合作不断发展。目前，中国是东盟第一大贸易伙伴，东盟是中国第三大贸易伙伴、第四大出口市场和第二大进口来源地。2014年双方贸易额超过4 800亿美元，增长8.3%，比中国整体对外贸易增速高出4.9个百分点。目前，双方相互投资累计超过1 300亿美元。近10多年来，在中国与东盟贸易中，前5年中国与老成员为主，后5年新四国后来居上，与中国的贸易额增速超过老成员。越南已经成为中国地东盟贸易的第一大伙伴国，中国与老挝、缅甸的贸易增长最快。

2015年11月，习近平主席在越南访问时提出，中国支持东盟发展壮大，支持东盟共同体建设，支持东盟在区域合作中的主导地位。2015年9月，中国国务院副总理张高丽在第十二届中国—东盟博览会和中国—东盟商务与投资峰会开幕大会上的致辞说，中国政府一如既往地高度重视发展同东盟的友好合作，坚持把东盟作为周边外交的优先方向。

新四国参与区域合作的积极性越来越高，但由于四国的劳动力总体素质不高，掌握和应用科学技术的能力也相对有限，限制了四国间自身的发展，需要中国的援助，希望在加强与中国的合作中能够更快地推进国民经济发展。例如，农业合作居中国—东盟各合作领域之首，中国与新四国都是传统农业国家，四国土地资源和劳动力资源丰富，中国农业技术具有优势，因此，拓展双方农业投资合作、农产品贸易、加工和农业科技合作等具有广阔天地。

第五，中国的改革开放和经济社会转型对新四国产生重要影响，而新四国加快改革步伐和推进经济转，对中国也有积极推动作用。中国与新四国既是近邻又是处于经济转型之中的国家，既有不同点，也有相似之处，相互学习借鉴市场化改革和经济转型的经验，取长补短，对于进一步推进双方的改革和转型，加快本国经济发展都有好处。

总之，无论从内部看，还是从外部看，新四国有着诸多同质的方面，具备作为一个整体看待的客观条件。中国需要加深对新四国重要地位的认识，新四国也要深刻认识和了解自己，加深认识与中国加强合作的重要性。把新四国作为一个整体看待来研究四国的改革和转型，对新四国对东盟对中国来说，都具有重要现实意义。

第二节　相关文献综述

中国—东盟自由贸易区建设以来，东盟问题成为研究热点。在我所看到的文献中，研究东盟整体经济或一国经济方面的较多，从市场化改革和转型视角对新四国进行系统、深入研究的还没有发现。

美国经济学家罗纳德·布鲁斯·圣约翰探讨了柬埔寨、老挝和越南早期（20世纪80～90年代）的经济改革和经济发展情况，认为这些国家改革方向正确，改革取得了重要进展，但今后的改革任务仍相当艰巨。[①] 我从缩小与东盟老成员发展差距的角度分析新四国改革后认为，由于新原有基础差，改革起步晚，因此新四国的经济改革不可能一蹴而就。[②] 林锡星的分析认为，进入21世纪头几年缅甸的民主化进程加快，为该国推进经济改革创造了有利环境。[③] 日本经济学家福地亚希和中国的刘晓民在探讨柬埔寨经济发展时都认为，只有通过深化改革，才能加快柬埔寨经济发展。[④] 老挝的颂赛分析了早期（20世纪70～80年代）老挝的经济体制改革和对外开放后认为，老挝早期改革取得了重要进展，但进一步推进改革和向市场经济转型的任务还相当艰巨。[⑤] 郭枫和张华对东盟老成员泰国、菲律宾、新加坡、马来西亚、印度尼西亚五国的市场经济建设进行比较研究后认为五国经济发展中政府与市场互动，尤其是政府职能转变等经验，对东盟新四国具有重要启示作用。[⑥] 梁晓丹探讨制度变迁对东亚经济一体化的影响，认为制度变迁理论同样适用于东盟新四国的改革。[⑦] 樊莹从营造良好国内环境引进外资的角度分析了新四国经济一体化的重要意义。[⑧]

---

① ［美］罗纳德·布鲁斯·圣约翰著：《柬埔寨、老挝和越南的经济改革早期发展阶段结束》，向来译，载于《当代东南亚》1997年第19卷第2期。

② 黄信：《东盟一体化的历程与前瞻》，载于《广西日报》2012年2月2日。

③ 林锡星：《缅甸民主化转型不会一蹴而就》，载于《时代周报》2012年第168期。

④ ［日］福地亚希著：《柬埔寨经济现状与展望》，原载日本《CLAIR通信杂志》2013年5月，柳弘译，载于《印度支那》1989年第3期。刘晓民：《进入21世纪后的柬埔寨经济》，载于《东南亚》2005年第2期。

⑤ ［老］颂赛：《老挝的经济体制改革和对外开放》，载于《东南亚纵横》1989年第3期。

⑥ 郭枫：《东盟五国市场经济模式探析》，载于《吉林省经济管理干部学院学报》2000年第14卷第1期。张华：《东盟四国经济发展中政府与市场的互动及其启示》，载于《广西民族学院学报（哲学社会科学版）》2005年第27卷第6期。

⑦ 梁晓丹：《试论制度变迁对东亚经济一体化的影响》，载于《湖南学院学报》2007年第28卷第6期。

⑧ 樊莹：《东盟新成员国一体化与中国企业投资谋略》，载于《投资北京》2005年10期。

上述文献都肯定了新四国革新的正确方向，并认为四国的改革和转型都取得了一定成效。但这些文献没有把新四国作为一个整体加以研究，因而缺乏整体性、系统性和研究深度。

陈万灵、吴喜龄的《中国与东盟经贸合作战略与治理》一书，研究了东盟组织演化和制度创新，东盟历届的首脑会议昭示着东盟组织演化的进程，同时伴随着东盟内部合作制度的创新与变革，该书认为，东盟组织演化对东盟的制度创新起到推动作用。东盟自成立以来，一直在进行制度和机制上的创新。例如，从区域安全问题的讨论到合作，从政治分歧到经济一体化，再到社会文化合作，直到政治、经济、社会全面合作的“东盟共同体”等，包含了一系列制度创新。尤其是《东盟宪章》的实施，对东盟机制产生了重大影响。[①] 周玉渊在《东盟到共盟共同体：东盟决策的模式与实践》一书，重点研究了东盟决策机制的形成根源、历史演化、发展阶段、主要构架和战略重点等。东盟的决策方式虽没有欧盟那样显著有力，却具有东方特别是东南亚的政治文化特色。[②] 彭森、张小冲、金春田在《中国经济体制改革的国际比较与借鉴》一书中，从经济全球化和区域一体化进一步推进、东亚区域合作加快以及中国成功避开金融危机、引领东亚发展等方面，分析了东亚模式的特点及其历史局限性。[③]

尽管上述著作没有直接论述东盟新四国的问题，但我认为，他们的思路在一定程度上为本书研究新四国提供了参考。

---

① 陈万灵、吴喜龄：《中国与东盟经贸合作战略与治理》，社会科学文献出版社2014年版，第34～50页。

② 周玉渊：《东盟到共盟共同体：东盟决策的模式与实践》，世界知识出版社2015年版，第3～4页。

③ 彭森、张小冲、金春田：《中国经济体制改革的国际比较与借鉴》，中国人民大学出版社2008年版，第132～137页。

第二篇

本篇包含第三章至第五章。作为全书的理论基础部分，本篇主要介绍制度的相关理论，着重阐述“改革和转型的根本在于提高制度竞争力”这一命题；论述东盟通过前段不懈的制度创新，实现了东盟共同体，分析东盟新四国走向市场化改革和经济转型的历史必然性。

第三章

国际竞争背后的制度因素

第一节　制度及制度的功能

托尔斯坦·凡勃伦认为，制度也要优胜劣汰，落后了就要改良。人类社会生活正像别的生物的生存一样是生存的竞争，因此是一种淘汰适应的过程；而社会结构的演进却是制度上的一种自然淘汰过程。[①] 曼瑟·奥尔森的相关论述也暗示了这样一个重要命题，即专制者之间也好，国家之间也罢，其真正的竞争在于制度竞争。[②]

制度是什么？制度的定义有多种多样，不同的研究视角有不同的说法。经济、社会、法律、政治、文化等各个研究领域都有自己关于制度的说法。美国经济学家蒂莫西·耶格尔认为，制度是指社会中的"游戏规则"，它是被创造出来规范人们之间的交流的。制

① 唐华山、刘维奇、袁辉：《经济学大师如是说》，人民邮电出版社2009年版，第73页。

② 引自盛洪主编：《现代制度经济学》（上），北京大学出版社2003年版，第139页。

度通过给人们建立行为规范降低了人们交流中的不确定性。[①] 诺贝尔经济学奖获得者美国经济学家道格拉斯·诺思认为，制度是用来决定人们相互关系的社会性“游戏规则”，它通过提供一个日常生活的结构，为人类发生相互关系营造框架，以确定和限制人们的选择集合，从而减少人们行为的不确定性。从更一般的意义上讲，制度可以被理解为社会中个人遵循的一套行为规则。制度经济学认为，制度确定了交易费用和组织从专业化和劳动分工中获利的能力，同时，制度确立了组织经营活动的有效激励，并决定了组织是否开展推动技术进步的活动。因而，经济增长的关键就是找到合适的制度框架来释放一个国家财富增值的潜力。[②] 总之，从经济学的角度来说，制度不过是一套交易规则。

据我的理解，制度是一个集，可称为制度集，各种制度相互联系、相互作用，共同影响一国经济社会的发展。制度变迁既是经济社会发展的必然结果，又是经济社会发展的内生动力。当我们从某一较长的历史时段来思考人类社会发展时，我们会发现，制度具有减少不确定性的功能。人类经济社会发展具有不确定性特点，即没有人能够知道一个国家或整个人类社会将来发展的确切情况，今天的人不可能知道以后的事情，但好的制度能够根据人类经济社会发展过程中产生的问题及时调整人们的行为，使经济社会向着最好的路径发展，从而减少发展过程中的大起大落。“在社会进化的过程中，那些能够减少或降低不确定性，有助于人们对未来建立长期预期，保护经济行为主体利益不受侵害，并有利于合作，能够保证个人利益从而保证社会整体利益实现的行为规范，就被筛选并固定下来，成为制度。”[③]

---

① ［美］蒂莫西·耶格尔：《制度、转型与经济发展》，陈宇峰、曲亮译，华夏出版社2010年版，第13页。

② ［美］蒂莫西·耶格尔：《制度、转型与经济发展》，陈宇峰、曲亮译，华夏出版社2010年版，第146页。

③ 梁晓丹：《试论制度变迁对东亚经济一体化的影响》，载于《湖南学院学报》2007年第28卷第6期。

中国学者对制度的理解与制度学派的观点基本一致，即都认为制度是出于集体生活需要而产生的约束个体行为的规则，是塑造社会秩序、控制社会冲突，进而减少人类行为不确定性的关键。国内经济学家论述制度的定义，包括10多项内容，但就是没有包括制度环境即社会制度或政治经济体制的内涵。依我的看法，不管制度如何定义，其内容必须包括社会制度这一层。道理十分简单，任何一个国家，社会制度或政治经济体制都对具体的“交易规则”产生直接的重要影响，有时甚至是主要影响，尤其是处于不断变革中的国家。①

我认为，推进改革和转型的理论经济学必须区分体制、机制、制度三者的关系。这里所说的制度，是指制度的本义，与通常所说的体制或机制不同。在既定的社会经济结构下，并在一定的范围内，体制、机制、制度三者的含义可以通用，但在不同的社会经济结构下，体制、机制、制度三者的含义是不同的。一般而言，制度是根，体制和机制是枝叶，不同的根会长出不同的枝叶；制度是舞台，体制和机制是这个舞台上的活动方式，不同的舞台会有不同的活动方式。如果这个问题在理论上不明确，就有可能用体制或机制调整（例如所谓的改革“试错”）来代替真正的制度创新，从而改革就难于取得实质性进展。

制度经济学把制度看作是经济表现最重要的决定因素。诺思在研究中发现制度因素的重要作用，他的新经济史论和制度变迁理论使其在经济学界声名鹊起，成为新制度经济学的代表人物之一，并因此获得了1993年度诺贝尔经济学奖。诺思认为，20世纪70年代前后，旨在解释经济增长的研究受到长期经济史研究的巨大推动，最终把制度因素纳入解释经济增长中来。制度变迁意义上的制度，“是一系列被制定出来的规则、服从程序和道德、伦理的行为规范”，诺思称之为“制度安排”。制度安排指的是支配经济体之间

① 黄信：《制度、不确定性与经济转型》，经济科出版社2015年版，第78页。

可能合作与竞争方式的一种安排。制度安排在于提供一种使其成员的合作获得在结构外不可能获得的追加收入，或提供一种能影响法律或产权变迁的机制，以改变个人或团体可以合法竞争的方式。

中国改革开放的过程就是制度创新的过程，尽管在这个过程中中国的制度建设时断时续，但总体上说，在改革和转型过程中建立起来的制度不断完善，不断适应中国经济社会发展要求，即制度适应性效率不断提高。从建设适合市场经济发展要求的制度环境来看，20 世纪 80 ~90 年代的政治改革和大规模的基本市场制度建设，有力地推动了中国市场经济的发展。只是其后曾有一段时间把经济发展作为重中之重，制度建设没有摆到应有位置。这与当时盛行“GDP 政绩工程”有关，“GDP 政绩工程”后来走到了极端，到了无以复加的程度，制度建设尤其是民主法制建设没有取得实质推进。从转型过程的视角看，总体上说，中国 36 年的改革过程，就是政府治理与市场治理相结合的过程，其中的重要体现，就是政府制度从过去纯粹的计划型政府正向市场型政府转变。经过改革，中国传统计划经济旧制度已经崩塌，在旧制度废墟上建设的市场经济新体制度正在不断完善，市场机制在资源配置中逐渐发挥重要作用。当然，中国的转型目前仍然在艰难推进之中。

制度变迁过程是更优的制度替代落后的旧制度的过程。为什么产生制度变迁？因为在现存制度框架下，外部性、规模经济、风险和交易成本等所引起的预期不能实现，于是制度创新不得不提到日程，经过改革阵痛，一种新制度应运而生，并代表旧制度，制度变迁就此发生。

蒂莫西·耶格尔认为，一些国家持久贫困的原因，是因为还没有理解制度和经济绩效之间的复杂关系，而且人类没有能力完全知道这个世界如何运行。我们用来做决策的信息是有限的，信息的匮乏和世界的复杂性使我们很难估计不同的经济制度对经济绩效产生的冲击。世界上大多数国家是贫穷的，这些经济体很多都是资本主义，而不是社会主义。社会主义由于缺乏竞争，找不到长期增长的激励因素。但为什么不是所有的资本主义经济都成功了呢？这是因为不是所有的制度都能促进经济社会的发展。[①] 制度的改变方式不尽相同，经济转型也有不同的路径，但只有那些更优的制度安排才能促进经济社会的发展。如波兰、韩国、中国内地及香港特区，包括东盟新四国前段改革，选择的路径虽然不同，但都通过改革使制度更好地促进了经济社会发展。

过去，关于科技发展对经济社会的推动作用，我们的认识比较深刻，而关于制度对经济社会发展的推动作用，我们的认识有限。例如，从农耕文明到工业文明再到今天所说的生态文明，人们更多看到的是科技的作用，制度因素好像作用不大。但实际上，人类经济发展史是技术创新和制度创新相互交集的历史，从中可以概括出，科技创新是经济发展的直接动力，制度创新则是影响科技创新进而影响经济发展的根本因素。因此，制度变迁过程就是制度为了更好地促进科技创新而不断调整的过程。

理解这一问题的关键点是，没有好的制度支撑科技就不可能更快更好地发展起来。人类历史上每一次重大经济变革都首先由制度变革引发，在此基础上科技才可能获得发展。由此观之，我们探讨中国封建社会为何发展缓慢这一问题时，只能从当时制度变迁缓慢中去寻找原因。且不说中国历史上各种变革失败的根本原因是制度的妨碍，就从慈禧太后下令拆除中国历史上第一条铁路（仅 1 公里多）这一千千万万相似事例中的一件，就足以说明制度对科技的阻碍作用。可以说，一部人类发展史就是一部制度变迁史。

美国政治哲学家罗尔斯说，“正义是制度的首要美德”。制度的德性在于看制度是保障还是侵犯公民的权利，是正义还是非正义，在于是否体现“自由”“民主”“人权”“平等”的价值，舍此，制度皆不足以论证其合法性。只有在“制度德性”良好时，才能为

① ［美］蒂莫西·耶格尔著：《制度、转型与经济发展》，陈宇峰、曲亮译，华夏出版社 2010 年版，第 70 ~ 72 页、146 ~ 200 页。

科技提供保障，在这种情况下，说科技是第一生产力才是正确的。而当制度缺乏德性时，制度就会阻碍科技发展，在这种情况下绝不能说科技是第一生产力。

第二节 从制度的视角看竞争最有效

当今世界，一切竞争归结为制度竞争，制度资本已经成为竞争最重要的资本，更优的制度资本，适应性效率更高的制度，无疑成为经济转型追求的动态性目标。

德国经济学家柯武刚和史漫飞基于对制度竞争的认识，提出了制度资本的概念："制度能增强生产要素——如劳动——在满足人类需要上的效能。这种作用的方式类似于其他一些生产要素，如资本。资本使劳动具有更高的生产率。因此，我们可视共同体的制度为一种宝贵的生产性资产。我们可称其为'制度资本'（institutional capital）。"① 制度竞争就是依靠制度资本进行竞争。柯武刚和史漫飞说，制度竞争概念突出了内在规则和外在规则体系对于一个国家的成本水平从而国际竞争力的重要性。由于全球化——密集的贸易和更大的要素流动性——对高成本的制度系统会存在更加直接的反馈，由此会出现调整那些制度的必要性，不仅会出现被动的制度调整，而且还可能出现预先主动进行的调整。经济转型和市场经济建设，就是这种"主动进行的调整"。柯武刚和史漫飞认为，尽管目前的全球化正在与国际性制度竞争紧密相连，但国际制度竞争的概念并不新颖。也就是说，制度竞争一直存在，只是有些国家看不到、认识不到，或者不愿意认识、不敢承认而已。曼瑟·奥尔森的相关论述也暗示了这样一个重要命题，即专制者之间也好，国家之

① ［德］柯武刚、史漫飞：《制度经济学——社会公共秩序与公共政策》，商务印书馆 2001 年版，第 567 页。

间也罢，其真正的竞争在于制度竞争。[①]

中国改革开放以来，结合经济社会转型实践，中国学者对制度竞争问题也做了一定的研究。陈书静认为，制度成为我们这个时代各领域竞争的中轴，对制度的反思是我们时代思想的最大特点。方竹兰认为，如何发育使民众具有充分原始性创新活力的制度，是当今世界任何一个国家具有国际竞争力的根本问题。卢现祥认为，越来越多的理论家们开始认识到，发展中国家与发达国家的差异主要是一种制度上的差异，也就是说，发展中国家在制度（包括法律制度等）上落后于发达国家。制度瓶颈使发展中国家的各种要素难以通过市场机制有效地配置。制度的完善不仅有利于经济活动的有效运作，也有利于人品的提高。制度并非万能，但是在我国市场化改革过程中，我们最缺乏的是具有激励功能和约束功能的制度。景维民和孙景宇认为，市场经济本质上讲是一个制度系统，它由各种相关的制度安排有机构成并协调运转。能否建立起支持市场经济体制运行的各项制度安排是至关重要的，因此各转型国家都把制度构建作为迈向市场经济的重要内容。[②] 经济转型实质上就是在更高层次上提升制度的竞争力，通过建设更优的适应性效率更高的制度去参与国际竞争。制度是重中之重，转型国家面临的最大问题，就是如何构建一个良好的制度框架来改善经济，提高经济实力。世界已经进入了知识经济时代，国家与国家的竞争表面上看是高新技术产业与传统产业之间的竞争，但实际上，在高新技术产业竞争的背后是经济、政治、文化等管理制度的竞争。如何发育使民众具有充分原始性创新活力的制度，是当今世界任何一个国家具有国际竞争力的根本。

制度竞争看不见、摸不着，并且越来越激烈，谁的制度好，人才、资金、技术等资源就流向那里。可以说，21 世纪世界竞争的核

---

① 引自盛洪主编：《现代制度经济学》（上），北京大学出版社 2003 年版，第 139 页。

② 黄信：《制度、不确定性与经济转型》，经济科出版社 2015 年版，第 208 页。

心是制度之间的竞争。国际贸易中，我们看到的是资本、商品、价格、服务等有形的东西，而这些东西的背后是不同的制度在起作用。例如投资，不管国外投资还是国内投资，都受到一定的制度的约束，即都必须遵守一定的规则，投在哪些行业、投多少、如何投等，都要按照投资国相关法律法规进行。我们知道，国际贸易中同类商品的竞争价格是关键，商品的价格是由一国生产条件如资源、科技、劳动力、制度环境等决定，其中起决定作用的是制度环境。在国内交换，商品价格受国内价值规律支配，价格低于同类商品的平均价格竞争力就强，反之竞争力就弱。在国际上交换，商品价格受国际价值规律支配，一国商品的价格低于国际同类商品的价格，竞争力就强，反之竞争力就弱。所谓提高竞争力，包括的因素固然多方面，但制度因素是第一位因素。所谓转变发展方式，首要的问题是转变制度对经济影响的方式，即如何为转变发展方式创造更优的制度环境。从劳动三要素看，劳动对象、劳动者、劳动资料等，既是自然的产物，又是制度的产物。从经济活动的全过程看，生产、分配、交换、消费等环节，更是体现了制度环境的作用。

从制度竞争的视角来分析当今经济全球化和区域一体化具有重要意义。例如，世界经济危机的爆发及之后各国的应对办法，实质上就是一个制度构建问题。当前，需要建立良好的国际经济秩序，需要重构国际制度环境，当今一切国际性峰会、会谈、回合、论坛等，其目的都是在形成共识的前提下建立互利共赢的交易规则，实际上就是形成良好的国际制度环境。

所谓制度创新，就是突破制度消极性因素，适应市场经济发展要求进行制度的自我变革，改革不合时宜的制度上的条条框框，为建设新的体制机制提供制度保障。制度属于生产关系范畴，它是经济社会中许多存在问题的根源，制度创新是解决这些存在问题的前提，是建立良好体制机制的基础；没有制度的深入变革和创新，建立新的体制机制就是一句空话，就不可能从根本上解决因循守旧、不思进取、片面发展等旧体制派生出来的问题。中国改革攻坚的难度在于传统体制下形成的持久而凝固的利益格局，以及支撑这种利益格局的思想、文化等社会意识。制度创新的核心问题，就是要突破传统制度下形成的这种持久而凝固的利益格局，就是要突破支撑这种利益格局陈旧的思想、文化等社会意识。只有这些问题解决了，才能为新的经济体制、政治体制、文化体制、社会体制的健全和完善提供前提条件。

有人认为，一些国家经济发展较快而一些国家发展缓慢，原因在于经济发展较快的国家具有产业、人才、科技、资金等优越条件，而后者则相反。我认为，从某一时点看，或者从事物的横断面看，确是这样，竞争其实就靠这些要素。但从一定历史时期看，即从一定的时间跨度看，这种认识就不一定正确。一些国家原来发展程度都差不多，后来由于别人创造了更优的制度环境，很快人才、技术、资金等就有了，从而产业就发展起来了。这就是发展差别的根本原因。制度综合性地体现一国良好的竞争力，产业、人才、技术、资金等不过是竞争的要素，而不是竞争的根本，好的制度可以很快获得这些东西。

1980 年，邓小平在总结社会主义历史经验，特别是“文化大革命”的沉痛教训时指出：“制度好可以使坏人无法任意横行，制度不好可以使好人无法充分做好事，甚至会走向反面。”“斯大林严重破坏社会主义法制，毛泽东同志就说过，这样的事件在英、法、美这样的国家不可能发生。他虽然认识到这一点，但是由于没有在实际上解决领导制度问题以及其他一些原因，仍然导致了‘文化大革命’的十年浩劫。这个教训是极其深刻的。”①

2007 年 7 月，诺贝尔经济学奖得主詹姆斯·莫里斯在中国广西泛北部湾经济合作论坛上，曾对中国—东盟自由贸易区及泛北部湾经济合作问题作过论述。莫里斯认为，中国—东盟零关税制度、用法律体系解决中国—东盟贸易争端、中国—东盟各国产品质量监管

① 《邓小平文选》（第 2 卷），人民出版社 1983 年版，第 333 页。

规则、环境与政府的规章、自贸区发展与竞争规则的建立，等等，都与制度有关，都是制度的含义。例如交通，莫里斯认为，交通系统不只是道路或者水运，还包括一系列的规章制度。莫里斯的观点事符合事实。例如，如果说目前一些国家交通收费过高，致使国际物流成本增大，那么交通收费显然与收费制度有关。人们关注交通收费问题，实质上就是关注收费的制度问题。莫里斯认为，北部湾经济区“这个区域在今后会成为令人兴奋的增长区域”，而“令人兴奋的增长区域”要靠竞争规则来支撑。可见，莫里斯的视角就是制度的视角。[①]

第三节　改革和转型：提高制度适应性效率的根本动力

在这里，有必要对市场化这一概念作一些说明。广义上，市场化泛指一国经济中市场产生、发育、成长和成熟的自然的动态和演化过程，主要表现为整个经济中的自给性部分不断减少，商品性部分不断扩大，进而市场起到主导作用的过程。一般意义上，市场化是以建立市场型管理体制为重点，以市场经济的全面推进为标志，以社会经济生活全部转入市场轨道为基本特征，按市场原理组织经济行为。人类历史上，迄今为止，市场化是实现资源和要素优化配置，提高社会效率，推动社会进步最有效的方式。几乎所有的国家或迟或早、或先或后都要经历市场化的过程。

本书所说的市场化，主要指从传统旧制度向现代市场经济制度的转型，即市场制度对旧制度不断渗透和替代的过程，它表现为市场机制伴随着大规模的社会制度变迁，对资源配置、生产要素组织的决定性调节作用持续不断增大，市场依赖程度也不断增强，进而

---

① 黄信：《制度的视角》，载于《广西日报》2012 年 9 月 20 日。

使市场经济从产生逐步发展到成熟的演变过程。特别需要指出的是，市场化过程意味着传统高度集权的政府对经济活动的直接干预不断减少，计划机制的作用在微观领域内越来越弱，市场机制的自动调节作用越来越强。

从世界经济史的视角考察市场化，迄今为止曾出现过三次大规模的市场化运动。第一次开始于16世纪，是以西方发达国家为代表的从自然经济逐步演化成市场经济；第二次开始于第二次世界大战后，是以拉丁美洲国家为代表的发展中国家所进行的全面照搬西方发达国家市场经济模式的市场化运动；第三次始于20世纪80年代末90年代初，主要是指明社会主义国家从传统计划经济向现代市场经济的过渡。[①] 本书探讨的正是后者。

从制度变迁的角度看，市场化运动的历史实质就是制度变迁的历史，每一次市场化运动的最终落脚点，都是新制度的产生和旧制度的消亡。从制度和经济绩效之间的关系来理解，就是经过市场化运动的制度创新适应了当时经济社会发展的要求，即提高了制度适应经济社会发展的效率，有力推动了当时经济社会的发展。

在开放的市场中，市场化以市场需求为导向，以竞争的优胜劣汰为手段，目标是实现资源充分合理配置和效率最大化。与这个过程相适应的是制度创新形成的新制度比旧制度更能够激励竞争，从而更能够实现资源充分合理配置。市场化改革和转型是一场持续的动态过程，这一过程推动了市场化程度的不断提高，从而新的更优的制度安排与之相适应。这个过程反复推进会反过来不断提高市场化程度。从当今转型来说，市场化程度是指市场在资源配置中所起作用的程度，是转型国家由旧经济制度向现代市场经制度转变的程度，一定意义上就是指经济决策权力从中央计划部门逐渐转到分散的经济主体手中的程度。可见，市场化程度提高的过程就是制度不

---

① 张仁德：《中外经济转轨比较研究》，经济科学出版社2007年版，第315～316页。

断创新的过程，是更优的适应性效率更高的制度形成的过程。

我们将在第四章看到，大东盟从成立至今，如何通过制度创新不断发展壮大，制度又是如何推动东盟走向区域化，走向共同体的。在第二篇各章中，我们将具体分析处于转型之中的东盟新四国，是如何通过前段市场化改革来推动这些国家经济社会进步的。第三篇各章将分析新四国要继续通过推进经济转型，就必须通过不断的制度创新来提高制度适应性效率，推动本国经济社会更快更好发展。

第四章

制度改变了东盟

从东盟经济一体化起步，到东盟自由贸易区建设，从《东盟宪章》签署生效，到东盟共同体建成，是制度创新使东盟一步步壮大，走到了今天。

第一节 东盟一体化的制度构建

2015 年 11 月，第 27 届东盟峰会及系列领导人会议在马来西亚吉隆坡召开，东盟 10 国领导人共同签署了《2015 年建成东盟共同体吉隆坡宣言》和《东盟迈向 2025 年吉隆坡宣言：团结奋进》，宣布东盟共同体于 2015 年 12 月 31 日正式成立，同时设立 2025 年东盟的发展路线图。

东盟一体化走过不平凡历程。东盟产生于冷战背景下，原本是一个安全组织，或者更应该被称为“安全认知共同体”。但是《东南亚国家联盟成立宣言》显示了东南亚国家希望通过地区经济合作来实现地区和平的精神。1977 年 8 月在吉隆坡举行的东盟第二次首脑会议上确定了东盟扩大区域经济合作的意图。20 世纪 80 年代末，东欧剧变，苏联解体，冷战结束。90 年代初，美苏从东南亚撤军，东盟认为该地区有可能实现持久的和平，从而为东盟发展经济创造有利环境，于是东盟的经济合作活动逐渐加强。1992 年 1 月在新加坡举行的东盟第四次首脑会议上，东盟 6 国首脑签署了《1992 年新加坡宣言》和《东盟加强经济合作框架协定》。1995 年 12 月在曼谷举行的东盟第五次首脑会议上，东盟通过了《曼谷首脑会议宣言》，签署了 38 项文件，这一系列会议和文件，旨在促进相互间在政治、经济等领域加强合作，表明东盟经济一体化起步。

东盟内部经济合作的实质性进展开始于 1992 年，并在随后不断加强，其合作程度主要经历以下几个阶段：1989 ~ 1994 年为倡议阶段；1995 ~ 2002 年为东盟自贸区加快建设阶段。在这一阶段东盟的组织不断扩大，构建了大东盟组织。1997 年东南亚金融危机也暴露了东盟的缺陷，使东盟各国更加坚定了建立“东盟自由贸易区”的决心。在 1998 年 12 月的东盟峰会（河内）上，东盟决定执行《河内宣言》《东盟行动计划要点》和《采取果断措施声明》。1999 年 9 月，在第 13 次东盟自由贸易区理事会上，各成员国确定东盟自由贸易区的最终目标为零关税，东盟 6 个老成员国印度尼西亚、泰国、新加坡、菲律宾、马来西亚、文莱实现零关税的最后期限为 2015 年，新成员国越南、老挝、缅甸和柬埔寨的最后期限为 2018 年。2003 ~ 2010 年为东盟自贸区完善和提升阶段。东盟各成员国落实自由贸易区各项协议，按照约定，逐步降低关税，并积极克服非关税壁垒。

2003 年 10 月的东盟第九次首脑会议签订了“巴厘第二协约宣言”，提出争取 2020 年建成东盟地区单一市场。2004 年 11 月的东盟第十次首脑会议签署了《万象行动纲领》和《东盟关于一体化优先领域的框架协议》两份文件，通过了《东盟社会文化共同体行动纲领》和《东盟安全共同体行动纲领》两个文件，并正式将制订《东盟宪章》列为东盟的一个目标。2005 年 12 月东盟第十一次首脑会议通过了关于制订东盟宪章的《吉隆坡宣言》，以加快实现东盟共同体的建设。2007 年 11 月东盟第十三次首脑会议正式签署了《东盟宪章》和《东盟经济共同体蓝图宣言》，这标志着东盟区域经济一体化取得新的进展。2008 年 12 月《东盟宪章》正式生效。

在《东盟经济共同体蓝图》的总体框架下，东盟第十四届首脑会议上签署了《东盟共同体 2009 ~ 2015 年路线图宣言》及相关文件，提出了 2015 年建成东盟共同体的战略构想、具体目标和行动计划。其战略目标为 2015 年在东盟地区内形成统一市场和生产基地，在其框架下实现货物、服务、投资自由流动以及更自由的资本往来，促进商界人士、技术人才和劳动力的自由流动。同时，确保经济平衡发展，消除贫困和社会经济差距。东盟经济共同体由四大支柱构成：一是统一的市场和生产基地，二是极具竞争力的经济区，三是经济平衡发展的经济区，四是与全球经济接轨的区域。

显然，东盟实施的《东盟宪章》和《东盟经济共同体蓝图》指引东盟向着区域一体化更高程度迈进。东盟组织不仅是一个经济组织，而且是一个组织化程度不断提高的政治、经济、社会文化一体化组织。早先的东盟组织仅是一个政治组织，在后来建设中加入了经济建设内容，经过 30 多年建设，东盟在政治、经济、社会文化一体化方面取得了重要进展。

再从东盟组织演化来看，东盟历届首脑会议昭示着东盟组织演化的进程，同时伴随着东盟内部合作制度的创新与变革。根据东盟议题的变化，东盟组织演化及其制度变迁大致经历了几个阶段：

（1）东盟组织初步形成和开始决策阶段（1967 ~ 1976 年）。从 1967 年东盟成立到 1976 年东盟第一届首脑会议这段时间属于少量决策阶段。1967 年东盟成立时发布的《曼谷宣言》明确了东盟组织的目的是解决印尼对抗政策后的国家间冲突，使东盟成为各国非正式的谈判协商平台和“地区安全认知共同体”；确立了东盟外长会议在地区安全和经济合作上的职能，发挥培育地区合作意识和习惯、塑造地区规范的作用。在“东盟外交部长会议”这一平台下进行接触和互动，逐渐形成了一套规范，即所谓的“东盟方式”，即主权平等，不干涉他国事务，不诉诸武力，和平解决冲突，东盟不得介入成员国之间的双边冲突，秘密外交，相互尊重和宽容等。这个时期的东盟组织具有以下几个特点：一是组织性质属于非正式、松散的组织，一年一度的东盟外交部长会议是东盟的决策主体，东盟常设委员会处理日常事务，由东盟成员国轮流承担，没有统一的中央秘书处，各成员国自行设立了东盟国家秘书处，直接隶属于成员国的外交部门，对东盟决策影响不大。二是东盟的组织性弱化，具有平台性质，东盟国家都想维持自身行为的最大灵活性，决定了东盟只是一个无法律约束力的、象征团结意义的形式组织。三是注重和平、自由和中立的国家和地区安全观。

（2）决策框架确立阶段（1976～1992 年）。这一阶段东盟的合作以政治、安全合作为主，其次才是经济合作，其经济方面的合作成果不突出。国际和地区环境的变化，以及东盟自身的发展酝酿着东盟机构改革的机会。越南地区霸权战争的升级，周边大国的介入，以及战争带来的难民问题等给东盟带来了更严峻的挑战。1976 年 2 月，东盟终于在巴厘召开了自成立 9 年以来的第一次首脑会议，峰会上签署了《东南亚友好合作条约》，增强了东盟内部的凝聚力，强化了东盟介入地区国际事务的政治合作和协调能力，并成为东盟一贯的政治主张和主要准则，提升东盟的地位和作用。在此之后，东盟经过几次调整，确立了以东盟首脑会议为最高决策机构，其他各部长会议为专门决策机构的决策体系。

（3）实质性决策阶段（1992～1997 年）。从 1992 年提出建立东盟自由贸易区到 1997 年东南亚金融危机这段时间东盟决策能力增强。冷战结束后，亚太地区的权力结构和战略环境发生了变化，东盟在地区整合中的作用显得十分重要。在此背景下，东盟的机制也产生了相应的变化。在地区安全上，东盟积极构建东盟地区论坛这样的多边机制，从而保障地区安全。在经济领域，东盟提出建立自由贸易区，从而维持东盟组织的联系，加强东盟各国实质性功能合作和约束力。

（4）决策机制改革阶段。在东南亚金融危机后，东盟进行决策机制的改革。1997 年，东盟在东南亚金融危机以及其他区域性问题上的反应滞后大大降低了东盟的声誉，使其组织性受到极大的挑战，促使东盟改革决策机制，但是改革的难度很大，进度缓慢。在 1998 年 12 月在河内召开的东盟峰会上，东盟决定执行《河内行动计划》和《采取果断措施声明》，并进行了组织和制度改革。一是东盟秘书处进一步改革。东盟秘书处人员由先前的 64 人扩充到 99 人，决定设立两个副秘书长，一个负责东盟秘书处的管理，另一个协助秘书长处理决策事务。对东盟提高决策效率有所帮助。二是东盟监督进程（ASEANS）的倡议与实践。在东南亚金融危机爆发半年后，东盟在马尼拉召开金融部长会议，首次提出了东盟监督进程的倡议，紧接着在 1999 年金融部长会议上决定建立东盟监督进程，企图协助国际货币基金组织（IMF）执行监督东盟国家金融运行的职能。三是决策的“东盟方式”和区域问题“不干涉原则”得到强化。对于跨境性区域问题的解决，马来西亚总理提出了“建设性干预”的概念，泰国外长提出了“灵活性接触”概念等提议没有获得大多数国家支持，1998 年 7 月的外长会议还是决定坚持传统的不干涉政策，主张“强化互动”。①

（5）组织化提升阶段。2007 年东盟通过《东盟宪章》后，东盟组织化建设进入新的提升阶段。直到 2015 年 12 月东盟共同体建成。

第二节　《东盟宪章》是东盟最具影响力的制度创新

大东盟的形成增强了东盟整体阵容，但从参与全球经济竞争和推动区域合作的要求看，大东盟的力量还很有限。随着全球化和经

① 陈万灵、吴喜龄：《中国与东盟经贸合作战略与治理》，社会科学文献出版社 2014 年版，第 34～50 页。

济一体化趋势的不断发展，东盟越发感到需要一部对成员国更具约束力的文件，来提高东盟的凝聚力，因此，必需继续推进一体化进程。东盟认为，加快一体化进程，增强自身实力和提高东盟在地区和国际事务中的影响力，既是东盟自身的迫切要求，也是参与国际竞争和应对国际风云变化的需要。要实现这一目标，就需要东盟成员国更加认真地执行东盟已经通过的文件，这样，需要一个更高层面的法律性文件来统领。《东盟宪章》正是在这一前景下诞生的，可以说，《东盟宪章》是东盟制度创新最重要的体现。

《东盟宪章》全称是《东南亚国家联盟宪章》。2007 年签署。这一年是东盟成立 40 周年，也是东盟发展史上具有里程碑意义的一年。当年 11 月 19 日在新加坡举行的第 13 届首脑会议上，东盟通过赋予其正式法律地位的一体化政治性纲领文件——《东盟宪章》。

《东盟宪章》不是一个临时性文件，它是经过充分准备才得以诞生的。《东盟宪章》出台经过了五个阶段：2004 年 11 月，东盟领导人签署《万象行动计划》，正式将制定《东盟宪章》列为东盟的一个目标；2005 年 12 月，东盟领导人签署《吉隆坡宣言》，并指定一个由 10 人组成的“名人小组”负责为宪章的制定提供建议；2007 年 1 月，东盟领导人确认了“名人小组”提出的关于制订《东盟宪章》的具体建议，同时签署了关于制订《东盟宪章》的宣言，并指定一个由 10 人组成的“高级别特别小组”负责起草宪章文本；2007 年 7 月，“高级别特别小组”向东盟外长会议提交宪章草案；2007 年 11 月 20 日，东盟领导人在新加坡签署《东盟宪章》。2008 年 12 月，《东盟宪章》正式生效。

《东盟宪章》对于推进东盟一体化进程具有里程碑意义。2009 年 2 月，东盟国家领导人在第 14 届首脑会议上签署了《东盟共同体 2009 ~ 2015 年路线图宣言》及相关文件，就如期在 2015 年建成东盟共同体提出了战略构想、具体目标和行动计划。2010 年 10 月，东盟国家领导人在第 17 届东盟首脑会议期间通过了《东盟互联互通总体规划》。规划囊括700多项工程和计划，实施后将促进东盟地区全方位联通。2011年5月，在第18届东盟首脑会议上，东盟领导人表示，按照东盟一体化路线图继续推进东盟共同体建设。这些情况表明，东盟加速迈向区域经济一体化已经成为历史的必然。

东盟自成立以来，一直在进行制度和机制上的创新。《东盟宪章》签署前，东盟的基本文件已有10多个，即《曼谷宣言》《和平、自由和中立区宣言》《东盟协调一致宣言》《东南亚友好合作条约》《东盟自由贸易区共同有效普惠关税安排协定》《东盟自由贸易区共同有效普惠关税安排协定修改议定书》《东南亚无核区条约》《东盟展望2020》《东南亚友好合作条约第二次修改议定书》《河内行动纲领》《东南亚合作联合声明》。这些基本文件主要涉及的是东盟的组织目的及宗旨、地区和平以及区域经济一体化等三大方面。但纵观这些基本文件，并没有关于东盟的法律人格及对成员国法律拘束力的明确规定。《东盟宪章》的实施对东盟机制产生了重大影响，标志着东盟正在进行转型，也标志着东盟正在迈向一个新的时代。

东盟自成立以来，其吸引力和发展动力不足，从发起国3个成员国到10个成员国的大东盟形成，用了32年时间。东盟在组织建设上一直比较缓慢，在提出共同体建设目标以前，东盟组织化程度比较低。东盟组织共同利益的吸引力和动力决定了其松散型组织性质和较低约束力的规则，即使是“东盟自由贸易区”对东盟各方都有利益吸引力，其建设仍然比较缓慢，实质性推进从1993年开始，直到2015共同体建成才完成，用了22年时间。而且东盟自由贸易区的规则和制度的约束力不强，没有惩罚制度，在争议前总是采取所谓“东盟方式”，即磋商和坚持“协商一致”原则。

可见，东盟的制度基础是一个松散型的组织，其制度就是国际社会认同的“东盟方式”，其特点：一是组织的绝大多数规定、协定、协议文件具有显著的模糊性质，多是比较笼统和宏观的“倡议”，甚至出现不同理解。二是制度非正式性质，不具有法律约束力，没有强制性，即使是争端解决机制也没有强制和冲突，都是通过高度谨慎、灵活的谈判方式达成“共识”来解决争端问题，即所谓“不干涉内政”。三是“协商一致”的谈判风格和文化氛围——对“协商一致”这项规定非常熟悉，形成了一种“习惯”，即一种“文化”的境界。东盟通过协商、调解、达成共识来维护其组织团结性。四是缺乏决策核心，决策过程也是采用实用主义方式，即所谓的“先同意再商谈”原则，即使东盟组织同意的决定，在国内也要用很长时间取得通过和授权。

从东盟成立和发展过程看，东盟松散型组织和“东盟方式”的制度特征是建立在其相应的微观基础之上的，即利益差别大，共同利益较少，发展水平差异大。首先，东盟多为岛国，其联络方式多是采取传统的海上交通和海洋运输方式，效率缓慢，联系松散，形成了离散型的国家，利益差别比较大。其次，各国民族和文化的差异性和多样性，在经济、社会发展水平、意识形态等方面都存在较大差异，其共同利益较少。新旧成员国之间的不同诉求已影响着东盟组织及机制的发展。最后，东盟 10 个国家处于不同发展水平不同，工业化进程不同，城市化和社会发展水平不同，未来经济发展条件和发展目标与要求不同。所以，东盟各国在强调一体化建设的同时，也在强调继续保持多样性。利益差别大和共同利益少正是东盟组织建设的微观基础，基础薄弱难以推进组织的形成和发展。利益差别大难以形成合作格局和组织，而共同利益少则难以形成制度约束。因此，东盟需要有适应性更高的制度来引导，一方面需要适应更高程度的“一体化”，另一方面又要“一体化”中的多样性、灵活性。

东盟提出建立经济共同体、安全共同体以及社会文化共同体，有实质意义的合作只有经济共同体，即建立单一市场，实现商品、服务以及投资的自由流动；安全共同体以及社会文化共同体短期内难以形成和发展。

由于东盟制度基础及其微观基础决定了东盟组织化和制度化程

度提高的难度。因此，东盟共同体强调各国的共同利益，必须要求有程度较高的组织性和比较严格的制度体系，这就需要上升到法律层次。正是从这一意义上说，《东盟宪章》对以前东盟制度进行了较大的创新。

从《曼谷宣言》到《东盟宪章》，东盟走过了40年的历史，东盟没有因为相关性的降低而消失。尽管东盟不是一个高度机制化的组织，但是，东盟从刚成立时期的松散型国际安全组织和少量决策，到当今在安全、政治、经济一体化、东盟共同体上的更加广泛的决策，反映了东盟的进步和发展。

东盟确定了建立东盟共同体的明确目标，而《东盟宪章》则第一次将这一战略目标以如此严肃的方式写入其中。宪章明确规定，东盟共同体将由东盟经济共同体、东盟安全共同体和东盟社会文化共同体组成，使未来的东盟具有一个目标、一个身份和一个声音，共同应对未来的挑战。这就需要在政治、社会文化、经济发展水平、司法制度和宗教信仰有着许多差异的东盟成员国进一步加强团结与合作，大力推进一体化建设，使东盟成为一个东盟成员国的共同利益体。

大东盟建立以来，东盟各国之间的联系加强，贸易增长也较快，但东盟本身整合得并不是特别好，没有能够按照一个区域性的组织来发挥作用。随着国际政治和世界经济形势的发展，东盟越来越感到大力推进一体化进程的重要性，而推动一体化进程就需要一部对所有成员国都具有法律约束力的基本文件，以确定东盟的发展方向，促使成员国为共同目标而努力。《东盟宪章》的目的就是增强东盟凝聚力，提高东盟整体实力和国际地位。

《东盟宪章》是东盟成立以来第一份对所有成员国具有普遍法律约束力的文件。这一文件的签署是东盟在机制化和法制化建设上的重要举措，是建立东盟共同体的重要法律保障，是东盟的一个重要里程碑。《东盟宪章》的意义在于，《东盟宪章》提出的法律和制度框架，东盟从一个松散的政府间组织成为一个受宪章约束的组织。《东盟宪章》规定，成员国应当严格认真地遵守宪章的规定，在本国法规与宪章发生冲突时要以宪章为准绳，从而保障成员国在相同或相似的法律框架下推进一体化进程。《东盟宪章》不仅明确了东盟今后的发展方向，还制定了实现东盟战略目标的重要举措。宪章在三个方面为东盟实现战略目标提供保障：第一，提供了法律上的保障。宪章规定，成员国应当严格认真地遵守宪章的规定，在本国法规与宪章有任何冲突时要以宪章为准绳，从而保障成员国都在相同或相似的法律框架下推进一体化进程。第二，确立了东盟的法人地位。这将确保东盟今后能够作为一个整体对外交往，并与其他国家和组织签署重要协议。第三，确保机构高效运转。将对东盟的机构进行改革，使其拥有四个分工明确的理事会和一个权力更大的秘书处，以便决策更加灵活。这将保证东盟的战略目标得以按时实现。①

在《东盟宪章》的框架下，东盟对外开放水平提升和经济持续快速增长，区域经济合作的外部条件和内在动力获得了统一，由此展示了东盟在世界经济全球化和区域经济合作中的重要地位。东盟不仅理性地面对了一系列历史遗留问题和主客观新问题，而且正确地选择了自己的应对战略与策略，同时，东盟对东亚的合作基础已经发生根本性转变，顺应了当前世界经济全球化和区域经济一体化的发展潮流与趋向。

东盟从一体化的制度构建开始，到《东盟宪章》生效，再到东盟共体建成，几十年来，东盟的国际影响力也在不断提高，在今天发展中国家的区域经济一体化组织当中，大东盟无疑是其中最强大的组织之一，在东亚的多边经济合作当中，东盟也显示了举足轻重的作用，无论是“10+3”，还是“10+1”，东盟都占据了重要的地位。

---

① 周玉渊：《东盟到共盟共同体：东盟决策的模式与实践》，世界知识出版社 2015 年版，第 81～84 页。

2015年11月东盟10国签署了《2015年建成东盟共同体吉隆坡宣言》和《东盟迈向2025年吉隆坡宣言：团结奋进》，同时设立2025年东盟的发展路线图。在东盟自贸区框架下，各国目前已经基本上消除了关税壁垒，这意味着东盟区域内的制造业将会在国际市场上更具竞争力。但与此同时，东盟各国还需要进一步消除仍然阻碍经济发展的壁垒，深化合作以拓展更广阔的经济前景。

东盟需要保证能够建立一个真正的单一市场和产品基地，以实现更加自由的商品和服务流通，为实现这一目标，东盟需要统一的标准，更加广阔的互联互通，以及消除阻碍我们经济增长与投资的壁垒。东盟预期，东盟整体GDP在2020年前能够达到47 000亿美元，在2030年前，东盟有望成为世界第四大经济体。

第三节 制度创新增强了东盟国际竞争力

国际竞争力是指各国在国际社会中的综合国力，它是一国经济、政治、军事和文化领域内的国际比较优势和劣势的综合体现。具体来说，东盟国家的国际竞争力实际上是东盟各国在国际竞争中所体现出的综合经济实力，它包括国家竞争力、产业竞争力和企业竞争力。

国际竞争力方面，据王勤《东盟国际竞争力研究》一书的研究，20多年，在著名的国际竞争力评价权威机构公布的国际竞争力世界排名中，新加坡一直名列前茅，马来西亚、泰国曾有较好的表现。在瑞士国际管理发展学院（IMD）的国际竞争力排名中，新加坡自1994年起连续8年位居世界第二，仅次于美国（IMD，2012）。2002年，新加坡的国际竞争力排名曾滑落到第8名。2003年以后新加坡的国际竞争力排名趋于上升，2007～2008年再居世界第2位，2009年居第3位，2010年跃居第1位，2011年和2012年分别下滑到第3位和第4位；在世界经济论坛（WEF）的全球竞争力排名中，1996～1999 年新加坡一直名列首位，2000～2002 年分别跌至第 2 位、第 4 位和第 7 位，2003 年升至第 6 位，2004 年退居第 7 位，2005 年和 2006 年分别升至第 6 位和第 5 位，2007 年退至第 7 位，2008 年升至第 5 位，2009～2010 年升至第 3 位，2011～2012 年跃居第 2 位（WEF，2011）。[①] 东南亚金融危机前，马来西亚、泰国的国际竞争力表现较佳，马来西亚国际竞争力的排名曾连续数年超越韩国，但金融危机后两国的国际竞争力出现了较大的波动，而其他国家的国际竞争力水平相对较低。1992～2012 年 IMD 国际竞争力世界排名中，在世界 59 个国家和地区中，马来西亚的国际竞争力世界排名保持在第 14 位，泰国从第 26 位降至第 30 位，印尼从第 37 位降至第 42 位，菲律宾从第 33 位降至第 43 位；2011～2012 年 WEF 的全球竞争力世界排名中，在世界 139 个国家和地区中，马来西亚名列第 21 位，文莱名列第 28 位，泰国名列第 39 位，印尼第 46 位，菲律宾第 75 位。[②]

产业竞争力方面，东盟各国特定产业与国外同类产业之间相互比较的生产力，一国的产业竞争力以工业竞争力为基础，而工业竞争力又集中体现在制造业竞争力和出口竞争力。根据联合国工业发展组织（UNIDO）公布的 1980～2005 年各国工业竞争力指数（CIP），在全球 122 个国家和地区中，新加坡从第 2 位跃居第 1 位，马来西亚从第 40 位跻身第 16 位，泰国从第 47 位跃居第 25 位，菲律宾从第 42 位升至第 30 位，印尼从第 75 位进到第 42 位。其中，各国在人均制造业增加值、人均制成品出口额、制造业增加值占 GDP 的比重、制成品占总出口的比重、制造业增加值的中高技术产品比重、制成品出口的中高技术产品比重等 6 项指标的世界排名均有不同程度的提高。另外，东南亚国家的出口竞争力逐步提高，在世界货物和服务出口贸易中的地位有所上升。据世界贸易组织的统计（WTO，2012），在 2010 年世界货物出口贸易的排名中，新加

①② 王勤：《东盟国际竞争力研究》，中国经济出版社 2007 年版。

坡、泰国、马来西亚、印尼、越南分别列有较好排位；在2010年世界服务出口贸易的排名中，新加坡、泰国、马来西亚、印尼分别列第10、27、29、40位。同时，东南亚国家有多种商品列入世界工业制成品出口贸易前15位。2010年，新加坡、马来西亚、泰国分别列世界第7、9、11大工业制成品出口国（占5.3%）。

企业竞争力，是各国企业与国外同类企业之间相互比较的生产力。各国企业的竞争力主要由企业的资本规模、经营方式、公司治理和创新能力等要素构成，资本规模和经营方式是企业竞争力的集中体现，而公司治理和创新能力是影响企业竞争力的决定性因素。由于东南亚国内企业的总体规模较小，产业技术落后，研发能力薄弱，劳动生产率不高，企业管理水平滞后，跨国化程度较低，因而缺乏一批具有国际竞争优势的企业。在美国《财富》（*Fortune*）杂志每年公布的世界500强企业中，上榜的东南亚企业相对较少（Fortune，2012）。1997年，马来西亚国家石油公司（Petronas）首次跻身世界500强企业，排名第385位。2001年，新加坡伟创力国际公司（Flextronics International）首次跃居世界500强企业，排名第425位。2004年，泰国国家石油公司（PTT）首次进入世界500强企业，排名第456位。2009年，新加坡丰益国际公司（Wilmar International）首次进入世界500强企业，排名第300位。2012年，跻身于世界500强企业的东盟企业仍为4家。其中，马来西亚国家石油公司以营业收入973.552亿美元排名第68位，泰国国家石油公司以营业收入796.896亿美元排名第95位，新加坡丰益国际公司以营业收入447.1亿美元排名第223位，新加坡伟创力国际公司以营业收入294.703亿美元排名第372位。与其他发展中国家相比较，东南亚企业进入世界500强的步伐仍显落后。①

随着东盟国家经济实力的增强，对外投资不断扩大。20世纪90年代，新加坡的对外投资成倍增长，1990年已达37.5亿美元，

① 王勤：《东盟国际竞争力研究》，中国经济出版社2007年版。

占当年国民生产总值的12%，1992年达83.5亿美元，相当于当年国民生产总值的18%。现在新加坡政府已经制定明确的海外发展目标，计划之后20年间，使在海外经济的发展规模扩大到相当于国内生产总值的25%～30%，从而建立一个全新的新加坡。马来西亚从20世纪80年代以来也注意扩大对外投资的规模，在1980～1993年间，共对外投资总额已达50多亿美元，其中直接投资约占一半。马来西亚与中国之间的投资合作已有良好开端。1992年，马来西亚对华投资达8亿多美元，是中国的第十大投资国；泰国对其他国家私人直接投资的全面增长始于80年代后期。1989年，其对外投资约为13亿铢，1990年增加到35.76亿铢，1991年达到44.73亿铢。泰国政府还制定了多项鼓励对外投资的方针政策，协助解决本国商人在法律、税务方面遇到的问题，并为到国外投资的商人提供各项服务。①

经过40多年的发展，东盟为本地区和整个亚太地区的繁荣、发展和稳定做出了突出贡献，在经济全球化和区域经济一体化进程中已经呈现出明显的多方面发展趋向，标志着东盟的国际竞争力越来越强。主要体现在如下方面：

第一，经济贸易、投资和要素流动的国际化，国际贸易、国际生产、国际合作拉动东盟与东亚地区的经济增长效果明显。同时，国际化得到了与之相适应的发展，各个东盟国家与东亚国家之间经济关系的国际化，亦正在克服种种困难，由构想到实践、由低级到高级、由松散到紧密而进一步趋向明确。

第二，东盟国家品尝到了在经济规模、市场占领、资源获取和经济利益方面的甜头。同时，经济一体化追求的降低或取消关税、要素流通等促使合作双边或多边成本最小化的行为也正在局部甚至将在全局范围里推广。并且，对一体化中贸易与投资自由化的承

① 郭枫：《东盟五国市场经济模式探析》，载于《吉林省经济管理干部学院学报》2000年第14卷第1期。

诺，也将推进东盟与东亚国家内部的体制改革与国际惯例的运用和推行。

第三，如果说大东盟成立前东盟国家之间各类经贸活动在全球范围的扩大是自发的、市场的、民间的、非制度性的，那么推进经济一体化后，其行为方式越来越成为自觉的、有组织的、官方的、制度性的行为，并且正在形成符合东盟与东亚地区情况的特色。

第四，当前，东盟国家企业之间的相互贸易、相互投资与相互合作正如火如荼。与此同时，东盟与东亚国家以及各种经济主体、独立关税区或者是国际组织，作为经济全球化的协调者，正在对生产国际化与资本国际化过程中发生的内部联系重新认识，重新整理，进行相应的整体构造。

第五，经济一体化为东盟与东亚赢得了体制创新的制度条件。尽管新四国与老成员，甚至与东亚地区仍然存在意识形态领域的问题，但是在市场经济体制方面差距越来越小，如整个东南亚都一致承认中国作为市场经济国家的地位。

第六，东盟与东亚各国正在区域内部建立更大的内部市场，正在消除贸易保护主义的不利影响，缓和地区各国之间的经济矛盾，从而进一步协调各国的经济利益与未来发展，并且，越来越多的东盟与东亚国家与地区正在加入到这一行列中来。

第七，东盟各种经济主体在世界范围内捕捉各种经济发展机遇，重构以产业链、价值链为纽带的新型生产体系。同时，东盟与东亚国家和地区政府正在急起直追，从而推动东盟与东亚间在一体化方面体制与机制的衔接，这种衔接将非常有利于东盟与东亚地区经济的健康发展，有利于重建世界政治经济新格局。

第八，东盟顺应了市场经济的自然演进历程，使各国、各地区之间的经济发展和联系日趋紧密，这种自然演进过程使得东盟与东亚地区经济贸易活动范围越来越广，涉足越来越深，层次越来越高。与此同时，当前东盟与东亚地区的经济一体化发展的认识正在进一步深化，合作行为正在趋向理性，趋向自觉，趋向创新，合作边界正朝着泛东亚方向进一步扩展与延伸，合作前景正在进一步清晰与明朗。

当然，也应看到，首先，东盟在其制度创新过程中也有不足的地方，在东盟的发展中甚至存在不少缺陷。例如，东盟缺乏强有力的组织机制，东盟实质是一个东南亚国家间的互动会议，缺乏公认的领袖角色和主导力量，这一重大弱点限制了东盟决策的效率，限制了东盟区域治理水平。如何通过进一步的制度创新来建立更加强有力的组织结构，是东盟发展需要考虑的问题。其次，东盟区域经济合作是一个缓慢的过程，表面看好像是循序渐进，但实际上显得组织松散。如需要通过互相的信任感和多渠道合作来进一步合作，需要通过合作实效让各方都感受到自由贸易带来的机遇和福利改善，才能使得该自贸区朝着更加健康和紧密的合作方向迈进。再有，文化差异不大，但文化认同落后。前面说过，东盟新老成员存在不少相同之处，如它们具有相似的自然环境、民族构成和历史文化。但由于各国经济发展差别较大，从而引起新的文化差异。当前东盟形成新老成员发展阶梯不同，融入世界潮流的步伐也不同，从而在制度、意识等方面存在差异，即使是在对“东盟”的认同感这一基本问题上，也存在不一致的看法。而这正是东盟一体化的基础。

因此，东盟要想形成紧密的组织，重要的还是取决于东盟各国对“东盟”区域的认同感，并在这个前提下进一步建立起更有约束力的制度。东盟成立之初的想法是政治与安全的需要，但经济一体化才是东盟未来合作发展的基础。东盟成立以来，尽管制度创新增强了东盟的竞争力，但东盟进一步的制度创新并通过制度创新进一步提高竞争力，现在看来仍然任重道远。因此，为克服上述不足，东盟新老成员应进一步秉持“东盟方式”，坚持以“东盟”为核心，尽快形成更加开放有力的机制。

第五章

发展滞后：新四国转型的历史必然性

第一节　新老成员发展差距

第四章提到，通过制度构建，尤其是《东盟宪章》的制度创新，改变了东盟，增强了东盟的国际竞争力。

然而，东盟各国在政治、制度、民族文化、经济水平和安全政策取向等方面仍然存在较大差异。政治体制方面，越南、老挝实行人民代表大会制，柬埔寨、泰国、马来西亚实行君主立宪制，新加坡实行议会共和制，印度尼西亚、菲律宾实行议会总统制。社会制度方面，越南、老挝实行社会主义制度，其他国家多为资本主义制度。民族文化方面，东南亚各国的民族、种族构成相当复杂，问题也非常突出，并与宗教问题交织在一起。菲律宾南部省区的分离主义运动、印度尼西亚的亚齐分裂运动、马来西亚与新加坡因领土和种族问题的摩擦时有发生。经济方面，由于发展不平衡，各国的利益关注点和参与合作的能力不同，经济发展依靠外部，导致内部向心力有限。安全政策方面，部分国家对东盟一体化建设的节奏和方式、推进东盟与大国关系的优先次序等问题认知也不同。随着东盟内外战略的进一步推进，成员国的这些分歧将更加凸显。

推进市场化改革，加快向市场经济转型，对于加快新四国经济发展以及提高整个东盟的实力，都具有重要意义。

回到新四国加入东盟时的历史。新四国加入东盟，在壮大了东盟力量的同时也加剧了东盟区域内经济发展的不平衡，形成了新老成员两个发展阶梯，一定程度上为东盟的发展带来了新的难题。在东盟10个成员国中，新加坡、马来西亚、泰国是新兴工业化国家，印度尼西亚近些年经济快速发展，正在迈入新兴工业化国家行列，而越南、缅甸、老挝、柬埔寨四国则是世界上最不发达的国家，在经济发展水平和阶段上不在一个档次。

因此，如何缩小新老成员发展差距，是加入东盟后的新四国不得不考虑的问题。根据国际市场经济规则改革国内经济体制，切实向市场经济转型，构建更加优良的经济体制等，已经成为新四国面对的紧迫问题。

大东盟内部差距集中体现为这个区域组织内生的脆弱性，或者说是一种先天不足。这种内生的脆弱性主要体现在以下几个方面：

第一，经济发展水平和发展阶段上存在巨大差异。在东盟的10个成员国中，既有新兴的市场化国家，如新加坡、马来西亚、泰国等，又有世界上最不发达的国家，如越南、缅甸、老挝、柬埔寨等。2000年新加坡的人均国内生产总值达到27 330美元，是世界上最富裕的国家之一，而越、老、缅、柬四国的人均国内生产总值还不到400美元，人均国内生产总值的差距约70倍，远远高于欧盟内部16倍和北美自由贸易区内部30倍的差距水平。[①] 2003年人均GDP最高的新加坡与最低的缅甸之间相差了117倍以上。

东盟共同体的建成提高了东盟在国际上的竞争力，但从新四国来看，越南和柬埔寨的国际竞争力相对落后，老挝和缅甸仍未进入

① 卢文鹏、李达：《创建中国—东盟自贸区的政治经济学分析》，载于《国际贸易问题》2002年第9期。

国际竞争力的世界评价体系中。2011～2012 年在瑞士国际管理发展学院 WEF 的全球竞争力世界排名中，在世界 139 个国家和地区中，越南名列第 65 位，柬埔寨名列第 97 位。新四国中，越南由于对外经济开较早，被世界银行列为亚太地区新经济增长区，而缅、老、柬的经济仍处于发展中的进口替代工业化阶段属于欠发达的发展中国家位居世界最贫困落后的国家行列。东盟内部经济发展的不平衡极大地限制了各成员国相互协调经济政策的余地，与欧盟和北美自由贸易区相比，这是东盟的一大劣势。

第二，制度差异与区域合作的矛盾。由于大东盟国家之间的贫富差距使新老成员国在发展经济方面具有不同的立场和观点，体制的差异必然造成东盟内部存在贸易自由化的多轨制，从而在一定程度上影响了东盟整体的区域经济合作。同时，如果大幅度降低关税，就会造成其他东盟国家的商品大量涌入本国市场，贸易逆差冲击本国的民族工业，使一部分相对落后国家对区域经济合作存在不少疑虑。

第三，经济、贸易结构的雷同化。地缘上的亲和力与经济优势的互补是区域经济实现整合的两大先决条件，其中区域内部成员国经济优势的非均质分布决定了区域经济一体化的贸易创造效应的大小。总体上说，东盟国家在经济发展的比较优势方面并不具备明显的互补性。东盟内部的新兴工业国家在经济起飞阶段主要是依靠劳动密集型产品的出口导向战略，到了 20 世纪 80～90 年代，又转换为以下游信息产品出口为主，内部经济结构和出口产品结构上呈现出雷同化的特征。1999 年，东盟、欧盟和北美自由贸易区的内部出口贸易额及在其总出口额中的比重分别为 819.29 亿美元，占 22.2%；5 811.62 亿美元，占 54.6%；13 763.14 亿美元，占 62.6%。与欧盟和北美自由贸易区相比，东盟尚处在一个较低的发展阶段。这也就证明，经济和贸易结构的雷同化极大地限制了东盟内部各成员国贸易创造效应的发挥。

第四，内部市场的狭小和对外部市场的依赖。东盟 10 国的总人口为5.3亿人，1998年的国内生产总值约为7 370亿美元，经济总量和人均占有量都不大，基本上属于东亚地区经济发展程度较低的地区，内部市场潜力较小，对外部市场的依赖严重。20世纪70～80年代，东盟国家主要是为日本生产下游的电子产品，出口方面主要依赖日本市场，到了90年代，随着日本经济的衰退和美国新经济的兴起，东盟国家的出口又开始严重依赖美国的市场。内部市场的狭小限制了东盟未来的发展空间，而对外部市场的依赖则严重削弱了东盟抵御外部冲击的能力，一旦主要的出口地区发生市场萎缩和剧烈价格波动，就会对集团内各成员国国内经济的稳定构成巨大威胁，从而增加了未来经济发展的不确定性。

第五，内部缺少核心经济力量和协调机制。区域性经济组织并不需要明文规定组织内部的核心经济力量，但从欧盟和北美区域经济一体化的成功范例中可以看出，区域性经济集团内部在客观上需要有核心的经济力量。在北美范例中，毫无疑问，美国执自由贸易区之牛耳，1995年墨西哥发生严重的危机，正是因为美国的全力注资解救才使得金融危机没有波及其他的美洲国家。在欧盟的范例中，德国和法国是两个核心国。区域内核心国家的职能在于承担区域组织的重大责任，起到协调成员国政策、稳定区域内部经济的作用。而东盟国家中则没有一个愿意而且有能力担当领导的责任，中坚力量的缺乏降低了东盟各成员国之间的凝聚力。如1997年的金融风暴，东盟各国出于对自身利益的考虑，竞相贬值本国货币而全然不顾整体的利益，结果造成危机在各个国家中迅速蔓延，损失惨重，充分暴露了东盟内部缺乏核心力量和难于共同应对机制的弊端。

第二节　新四国转型的历史必然性

曾有人估计东盟可能出现小集团化趋势，或许会形成泰国、菲律宾；印度尼西亚、新加坡、马来西亚、文莱；越南、老挝、柬埔寨、缅甸等三个集团。这种大东盟内的小集团，从传统社会文化观和现代政治观的角度看，似有可能。泰、菲政治上有相似的主张，印度尼西亚、马来西亚、文莱属于马来文化圈内的国家，新加坡则是在这个文化圈包围内的国家，经济发达决定了新加坡地位的特殊位置。越、老、柬、缅新四国作为东盟的后来者，从地缘政治的角度看，都有可能自成一体。

然而，东盟共地建成的客观现实证明东盟组织并未出现任何分化迹象，随着东盟共体的建成，区域一体化已成为东盟的主流。东盟自身的客观需要以及来自外部的不可抵御的压力，客观上推动东盟必须推进一体化，以维护区域团结，增强内聚力。东盟的任何瓦解或分化都不利于东盟地区乃至亚太地区的经济贸易发展与交流，不利于地区的稳定和繁荣。越、老、柬、缅加入东盟不可能改变东盟的性质和政治方向。因为构成东盟存在的基础并没有改变，即政治、经济、文化、安全多方面的友好合作，和平、自由、中立化的政治合作目标，协商一致、不干涉别国内政的内部关系协调准则，以及主导地区政治、平衡周边大国关系、发展与东盟以外的国家和国际组织关系的集团外交战略。

东盟各国认识到，在世界经济全球化和区域经济一体化快速发展的条件下，东盟共同体建成后要采取更加良好的战略与策略，以加强内部合作，扩大对外开放，推动东盟各国经济社会全面发展。

当然，除了尽量避免东盟各国在政治、文化、种族、民族以及宗教方面的分歧和矛盾外，东盟的当务之急是努力缩小东盟国家之间的差距。从新四国来说，适应当今世界发展潮流，推进市场化改革，努力向市场经济转型，无疑是根本性的选择。

2001 年 7 月召开的东盟外长会议通过了一项旨在推动柬埔寨、老挝、缅甸和越南四个新成员国向老成员国的出口实行优惠税率机制的《河内宣言》，希望在通过缩小内部差距的基础上推进东盟国家的一体化进程。宣言指出，东盟国家决心促进有效合作，相互帮助，通过共同努力，缩小东盟各成员国之间以及东盟与世界各地区之间的发展差距，以确保本地区经济持续、蓬勃发展。宣言指出，东盟国家将作出特别努力并投入专门资源，推动柬埔寨、老挝、缅甸和越南等四个东盟新成员国的发展，其中优先发展这些国家的基础设施建设、开发人力资源和信息通信技术。宣言再次呼吁，通过各项次区域合作计划，促进本地区的发展。宣言表示，东盟组织将继续扩大和巩固同世界各地区的联系，特别是在"10+3"框架内进一步加强与中国、日本和韩国的联系以及与东盟其他对话国的联系。为此，东盟决心通过与对话国和国际社会的合作，调动一切资源，优先发展基础设施建设、人力资源开发、信息通信技术等领域。

《河内宣言》15年后，东盟共同体建成，而其精神今后仍然值得称赞，其通过缩小内部差距的宗旨仍然值得坚持。作为一个存在地缘、文化、历史、经济等多方面联系的区域，只有各成员都发展了，整个区域才能强大起来。这些在《河内宣言》中都有阐述。

有一种观点认为，文化统一易，经济统一难，东盟应以文化发展推动经济发展。其实，文化是历史沉淀的产物，较牢固、范围广、时间较长，而经济发展和经济合作讲眼前、讲当下、功利性强。因此，一般情况下，依靠文化发展来推动经济融合其进程会相当缓慢。恰恰相反，作为基础的经济发展了，文化才能发生改变，尽管两者不是同步。①

新四国进一步推进改革，需要正确认识改革和转型的本质。有人认为，东盟新四国重要的是进行经济结构调整和推进经济发展方式转变。而笔者认为，经济结构调整和推进经济发展方式转变，两者都是体制或机制问题，不能与基础性制度创新同日而语，即不能把经济结构调整及推进经济发展方式转变等同于深化改革，尽管一定意义上深化改革和推进转型也涵盖了结构调整和发展方式转变。

① 黄信：《缩小发展差距的根本——谈东盟后发展国家的经济改革》，载于《广西日报》2012年5月3日。

但制度是根基，不同的制度有不同的体制从而有不同的机制；当制度创新推进到一定程度后，谈结构调整和发展方式转变才有前提。通常意义上的改革，正是从这个意义上说的，即通过制度创新来构建更加优良的制度安排。因此，不能笼统地谈结构调整和发展方式转变，更不能用结构调整和转变发展方式来代替基础性制度创新。诚然，正像本书前面说过的，东盟新四国原有体制不一样，经济结构等不一样（这些也是文化的范畴），如越南、老挝原来就是计划经济，与改革开放前的中国差不多，而缅甸、柬埔寨则是另一种情况，由此，这些国家经济改革的道路会不一样，也不能笼统地用由计划经济向市场经济转型来解释，但这些国家改革的目标是相同的，即都是走向国际化，构建更加优良的经济制度。一句话，新四国的改革的根本问题在于坚定不移地推进基础性制度创新。

从东盟自身的发展基础与条件来看，求同存异的协商制或许是未来的东盟发展道路。东盟是多样化而又分散的实体，它不可能像欧盟那样建立一种超国家形态的控制机制，它的政治结构是非机制性的，比较松散。它没有欧盟委员会、欧洲议会那样的超国家机构来进行运作。它的运作方式也不是以超国家的法律形式，而是行使协商一致的原则。由于成员国的社会制度不同，只能采取求同存异的协商制，从多样性中求得统一，这正是东盟的存在方式，即东盟方式。在面临共同困难的情形下，解决内部争端，更加强调这个原则。正如《河内宣言》所指出的："我们将按照东盟方式并根据国际法和惯例解决悬而未决的问题并防止出现争端。"这些基本原则或立场是东盟与其他共同体的根本区别，这一特点也为新四国的改革和转型提供了有利条件，在文化存在差别的情况下也可以实现相同的经济体制，从而为相互之间的贸易和投资合作等提供制度性前提。

新四国转型的背景当然离不开世界范围经济转型这个浪潮的推动。经济全球化和区域一体化的影响，尤其是东盟一体化建设，使东盟新四国看到自己落后的一面，认识到必须融入区域合作和世界潮流才能加快本国经济发展。为什么长期以来这些国家发展不快?国内经济为何长时间处于贫困、落后和无序的状态，沦为世界最不发达国家?除了加上持续不断的战乱、推行闭关锁国的政策外，经济制度是他们没有走上市场经济发展道路、没有推进市场化改革的根本原因。正是在这样的背景下，20 世纪 80 年代中期，作为东南亚的后起国家的新四国先后实施经济开放与改革政策，开始了向市场经济转型。

从世界范围看，经济转型的必然性总体上在于原来的经济制度已经不适应变化发展了的外部环境的需要，即本书论述的主题制度适应性效率问题，制度总是处于落后状态，说明制度创新没有完成时，只有进行时。新四国转型的历史必然性，除了具有一般制度转型的共性外，其与老成员的发展存在巨大差距，即经济落后，是最直接的原因。总之，一方面是顺应世界潮流要求，另一方面是改变发展滞后状况，缩小与老成员的差距，成为新四国推进转型的历史必然性。

第三篇

本篇包含第六章至第十二章：从农业改革、所有制改革、民主法制建设、金融环境建设、拓展与各国合作等方面，分析东盟新四国前段改革和转型取得的成就，目的是说明改革和转型促进了新四国经济发展，提高了新四国制度适应性效率。

第六章

新四国市场化改革
走过不平凡历程

众所周知，向市场经济转型，建设具有国家竞争力的经济体制，是当今国际经济的主流，是一国经济发展和参与国际竞争的重要途径。新四国先后于20世纪80～90年代开始改革，并在艰难中不断推进。有人怀疑，新四国中，有的国家的“改革开放是战略选择还是策略选择”，意即认为这些国家的改革仅是暂时应对，不是根本性变革。然而，即便四国改革的路径和具体措施不尽相同，但它们的改革是顺应当今世界市场经济发展潮流的真正的改革，即市场化改革。因此，怀疑这些国家的改革是没有根据的。[①]

正如美国经济学家罗纳德·布鲁斯·圣约翰所说的，1979年前后，柬埔寨、老挝和越南已经开始审慎地进行有限的改革，20世纪80年代中期它们加快了改革步伐，并在80年代末扩大了改革的范围和加强改革的力度。[②] 至于缅甸，也于1988年开始了经济改革，1997年进入新的军人政府时期，也开始了新一轮经济改革。

---

① 参见《缅甸改革开放是战略选择还是策略选择》一书，载于《国际在线（北京）》2012年1月18日。

② ［美］罗纳德·布鲁斯·圣约翰：《柬埔寨、老挝和越南的经济改革早期发展阶段结束》，载于《当代东南亚》1997年第19卷第2期。

第一节　越南的改革历程

越南从20世纪70年代末80年代初开始进行经济调整，并于1986年越共“六大”正式确立了革新开放路线，制定了经济开放与革新的方针，包括制定和实施了农业承包制、国有企业自主经营和自负盈亏、国内价格改革、金融体制改革、吸引外国投资等一系列重大措施，旨在推进计划经济逐步向市场经济过渡。此后，越南对传统计划经济体制进行了大刀阔斧的改革，如建立由国家管理的、按照市场机制运行的、坚持社会主义方向的多种成分的商品经济，从农业革新入手，重点改革工业，稳妥地进行财政金融革新，积极融入国际经济社会。90年代以来，越南革新不断深化。

越南走上革新之路，是经济全球化发展推动的结果。在世界各社会主义国家掀起改革浪潮推动下，与中国的改革开放一样，越南的革新开放也有一个认识发展过程，尤其是对传统计划经济体制有深刻的认识，感到传统计划经济体制已经越来越不适合当今时代的发展要求了。思想上理论上的突破是越南革新开放不断取得进展的重要前提。从越共“六大”开始对传统计划经济体制进行改革，自此，走上了革新开放的道路。

如同中国1978年的中共十一届三中全会标志着中国改革开放的正式开始一样，开始于1986年的越南革新开放被认为是越南推进革新开放的正式起步阶段。越共“六大”提出，要想把民族力量和时代力量结合起来，必须参与国际劳动分工，除了拓宽与社会主义各国全面合作关系外，争取在平等互利原则基础上，积极发展与世界各国的经济和科技关系。在经济革新方面，越共“六大”承认多种经济成分，强调建立新的经济管理机制，使生产和市场相衔接。可以说，越共“六大”这些思想认识，为越南的革新开放开了个好头。

1989 年 3 月召开的越共六届六中全会提出，必须深刻认识到，在当今经济国际化的情况下，一个国家如果闭关自守，不与外国进行交流，就不可能生存和发展，因此要在扩大对外经济关系、积极参与国际分工等问题上统一认识。1987 年 12 月 29 日越南国会通过并于 1988 年 1 月 9 日正式颁布《外国在越南投资法》，为大量吸引外资创造了制度环境。同时，从 20 世纪 80 年代开始，越南逐步调整了过去一边倒向苏联的外交政策，实行全方位的外交战略。至此，越南真正打开国门融入世界潮流。

1991 年 6 月越共“七大”召开。这次大会全面调整了越南在新的国内外环境下政治、经济和外交政策。在经济革新方面，越共“七大”明确提出坚持实行遵循社会主义方向的多种成分的经济政策，每个人都能按照法律自由经营，所有权及合法收入受到保护，各种所有制形式可以混合在一起，交织起来，形成丰富多彩的经营组织；为发挥多种经济成分的巨大潜在能量，必须废除官僚统包制度，转向由国家以法律、计划、政策和其他工具进行管理的市场机制。越共“七大”确立的经济改革方针及之后的经济革新实践，标志着越南真正进入战后经济的全面恢复和发展时期。

促使越共“七大”做出全面改革开放的政策，来自国际和国内两方面的压力。从国际环境看，20 世纪 80 年代末以来，国际局势的巨大变化，尤其是苏联东欧形势剧变，给越南造成了极大冲击。越南既失去传统的苏联东欧援助以及市场，又无法从西方国家或国际组织寻求任何援助。要走出这个困境，除了全方位的革新开放外，别无选择。从国内状况看，长期战争造成了越南的经济发展滞后。社会问题日益严重，陷入了全面而深刻的危机之中。为了摆脱危机，越南不得不加快经济改革步伐，不得不转换体制，即从战时经济体制转向和平经济体制，从高度集中的计划经济体制转向灵活的市场经济体制，打开国门，力图与世界市场接轨，借助外力摆脱经济困境。

越共“七大”提出，越南愿意成为世界上所有国家的朋友，为和平、独立和发展而努力奋斗，进一步奉行越共“六大”关于在平等互利原则上与各国进行合作的路线，在对外开放与融入区域和世界经济的进程中又前进了一步。

为了继承越共“七大”提出的开放路线，1994 年 1 月，越南提出要发挥对外领域取得的成就，继续实施独立自主、开放、多样化和多方位的对外政策，为越南的建设事业创造更便利的条件，也为全世界人民的和平、民族独立、民主和社会进步事业贡献力量。

2001 年，越共“九大”明确提出建设“社会主义定向市场经济”的目标，标志着一个以市场机制运行为基础的新经济体制逐渐形成。越共“九大”是越南在进入 21 世纪后召开的一次承前启后、继往开来的大会。这次大会在理论认识上有了重大突破，其提出的“社会主义定向市场经济”的概念，明确了社会主义定向的市场经济是越南新的经济发展模式。

越南所谓社会主义定向市场经济主要包括五方面内容：第一，要确定发展市场经济革新之前，越南效仿苏联模式实行传统的计划经济体制，排斥市场，认为社会主义与市场经济水火不容，市场经济是资本主义的经济特征，计划经济才是社会主义的经济特征。革新后，上述观点逐步被抛弃，目前理论研究者都认为，市场经济不仅可以在资本主义社会运行，也完全可以与社会主义社会相适应。所以说社会主义定向市场经济并不是发展资本主义经济，而是为更好地建设社会主义创造基础。社会主义定向就是要坚持社会主义的性质。第二，多种所有制成分并存。第三，经济增长与社会公平进步相结合。第四，按劳分配为主要分配方式。第五，由政府进行定向管理、检查和监督。

越南社会主义定向市场经济这一概念在各社会主义国家中独具特色，它既包含市场经济因素，又具有社会主义方向的限定。越共理论界将其概括为：社会主义定向市场经济属政治经济范畴，它反映了越南国民经济的目的和本质，即在国家管理下按照客观规律（尤指市场经济规律）来确定崭新的和进步的生产关系，按社会主义方向来发展多种成分的商品经济，以此来实现“民富、国强、社会公平、民主、文明”的目标。

如果说越共于2001年4月的“九大”标志着一个以市场运行为基础的新经济体制逐渐形成，那么，2006年4月越共“十大”后成为越南获得高速发展的阶段。2006年4月，越南共产党第十届全国代表大会在河内胜利召开，这次会议是在越南革新开放巩固和发展的关键时刻召开的重要会议。2006年11月7日，越南签署了“入世”的相关文件，逐步放开国内市场，使越南进一步融入到国际经济社会。

2008～2011年，由于全球金融危机造成的动荡和增长趋缓，东盟国家的经济增长呈现出减缓的趋势，因而东盟各国开始调整宏观经济政策的方向，加快经济转型和产业升级，推进区域经济一体化的进程。2011年越共“十一大”总结了越南25年革新的经验，提出继续探索适合本国发展的革新道路，强调在新时期越共要全面推进革新开放事业，为到2020年把越南基本建设成为现代化的工业国家奠定基础。

从越南革新历程看，越南改革过程就是思想理论不断深化的过程。越共在革新与建设的过程中，逐渐形成了一系列新认识，这是越共中央长期坚持理论探索的结果。比如，越共认为，越南尚处在“向社会主义过渡的初级阶段”，其主要任务是在政治、经济、社会等方面为大规模社会主义工业化创造必要的条件；关于经济体制的发展模式，越南已从过去高度集中、绝对计划化及平均主义、供给制经济的管理模式等，转变为社会主义定向的、有国家管理的、按市场机制运行的、宏观计划调节的、通过国家法律监督的新管理模式。越南这一思想理论的深化过程，为制定社会主义定向的市场经济模式、经济运行机制、所有制结构调整、分配方式改革等提供了前提。这与中国改革开放过程中思想理论水平的不断提高的方式基本一致。

当然，越南革新开放和融入世界经济的过程并不是一帆风顺的。比如，越南国内有些同志对普遍的开放和融入世界经济是否能保证民族独立和国家主权产生疑虑。对此，越南共“九大”强调，既要独立自主，又要融入世界经济；经济独立自主为有效地融入世界经济奠定了基础，而有效融入世界经济为建立独立自主经济创造了必要的条件。就是说，革新开放不再是以前自我封闭、与外界无关的发展过程，而是一个实行多样化、多方化关系，能创造出它们之间的互补性，更能变成各自独立的过程。越共“九大”的这些观点是对自越共“六大”到越共“八大”革新开放和融入世界潮流理论上的深化，是指导越南进一步实施开放、多样化和多方化对外关系，进一步融入国际和区域经济的理论基础。之后的越共“十大”继承了越共“六大”以来，尤其是越共“九大”的思想路线，更加坚定了革新开放的决心。①

中国社会科学院学部委员谷源祥在《越南的历史沿革：经验与教训》一文中，将越南的革新过程分为三个大的阶段：一是始于1979年8月越共四届六中全会，终于1986年12月的越共“六大”的革新的探索与试点阶段；二是1986年的越共“六大”为越南全面革新的起点和社会主义建设的转折点；三是从1989年越共六届六中全会开始的革新的深化与革新的定向阶段。三个大阶段概括了越南改革历程的特点。

第二节　老挝的改革历程

有研究认为，老挝的经济改革的起点可以追溯到1979年，即从老挝人民革命党二届七中全会后开始。在这次全会上，老挝初步制定了改革经济管理的若干政策，随后又连续公布了几项有关地方

① 黄信：《思想上理论上的突破是关键——越南对革新开放融入世界潮流的认识过程》，载于《广西日报》2006年9月29日。

和主管经济部门若干经济自主权的政策，如鼓励发展经济和促进商品流通，禁止乱设关卡进行经济割据等。这些新的经济政策和措施，对促进老挝当时的经济发展发挥了一定的作用。但总的来说，这些措施还未跳出旧的经济机制和模式，经济发展仍处于停滞不前状态。[①] 由于世界经济发展的影响，特别是一些社会主义国家经济改革成功经验的影响，以及老挝经济发展遇到了困难和障碍，1984年以后，老挝党和政府不得不再次调整自己的经济政策。此后，老挝政府逐步解散了国营农场，把土地和其他生产资料分给各个家庭，鼓励他们因地制宜，加快发展生产。总的原则是对现行的经济管理体制和经济管理系统进行根本、深刻和全面的改革，使新的经济管理体制更加灵活、有效和完善。具体来说，一方面，在国民经济计划化，充分利用商品货币关系，创造性地提出要承认商品经济任何时候都比自给自足的自然经济先进；另一方面，取消官僚主义权力集中和统包统管的经济管理体制，坚决实行社会主义经营核算制。

公认的老挝革新开放是从1986年起，因为当年老挝人民革命党“四大”确立了进行革新的指导思想，同时提出经济革新的目标，就是对所有制体制、农林领域、财政和金融领域进行改革，并在对外经济合作关系、政府经济管理职能等方面进行革新。所以，对于改革来说，1986年老挝人民革命党“四大”是一个重要标志。

改革前的老挝，正处于自然经济、半自然经济和计划经济向市场经济过渡的经济转型阶段。与本地区邻国相比，老挝被战争毁坏了相当长的时间，固然是制约国家发展的一项重要原因，但老挝认识到，一些条件与老挝相同的邻国通过改革开放超过了老挝。尤其是中国的改革开放取得的巨大成就、越南的革新不断推进、“亚洲四小龙”的成就、东盟其他老成员经济发展等，对老挝产生巨大冲击。

---

① ［老］颂赛：《老挝的经济体制改革和对外开放》，载于《东南亚纵横》1989年第3期。

革新开放之初，老挝主要是调整经济结构。1986年老挝人民革命党“四大”政治报告认为，老挝的主要存在问题是主观、急躁，不懂得调控与建设之间的配合，急于取消非社会主义的经济成分。在政府管理能力不成熟的情况下，就将一些工厂转为国家所有，同时也取消了私人贸易，从而造成生产降低。

与改革前的中国一样，改革前的老挝也是高度集中的计划经济体制，生产的供求指标、生产数据、产品销售等都由政府决定，自上而下实行集中统一的指挥体制，各生产单位依照行政命令开展工作。由于缺乏竞争以及实行高度的计划体制，从而造成各生产单位难以对效益、利润和成本进行有效负责。同时，政府资金和国有资产的使用、分发、管理、检查等都是按照行政命令进行管理。

在推进改革的过程中，老挝一方面承受扩大对外开放所带来的压力，另一方面要解决以前高度计划经济体制与发展市场经济的矛盾。老挝革新目标是明确的，即建立富强、人民幸福、社会文明公正的国家。老挝的变革从经济领域开始，因为经济直接关系到群众的暖饱问题。只有经济革新之后，才能进行政治体制方面的革新。最重要的是彻底改革国家经济结构和旨在推动自然经济、半自然经济向商品经济转换，以及从高度集中的计划经济向市场经济转换的经济管理体制。

在立足东盟、融入亚洲理念的指导下，老挝在推进改革中重视加强区域经济合作，强调发展与东盟国家、亚洲国家和地区间的经济合作，注意吸引投资，加强基础设施建设、进出口贸易、人力资源开发、高新科技发展等领域合作。

如果说1986年11月的老挝人民革命党“四大”是老挝走向全面革新开放的重要标志，那么，1988年老挝人民革命党召开的四届七中、八中全会则把该党“四大”有关发展经济的决议加以落实和推进。“四大”使老挝正式进入了全面革新开放的时期，“四大”在总结建国十年经验的基础上首次提出必须从改变自然经济开始，逐步变自然经济为商品经济，而四届七中、八中全会则制定了具体的改革措施，明确提出“变自然经济为商品经济的全过程就是管理体制的新变革，重点是废除官僚体制，建立企业的绝对自主经营体制”，从而为今后推进改革奠定了基础。[①] 从 1986 年开始到 1989 年，老挝政府成功实施了被称为新经济机制的改革方案，进一步明确了通过市场力量来配置资源，加快国家经济发展目标。

1990 年，老挝的改革主要是紧缩信贷和高利息率政策，以控制 1989 年初期工资和价格自由化带来的严重通货膨胀。1991 年，政府继续执行紧缩的货币政策，同时更加强调财政政策。这时，结构性改革也在推进，主要措施：一是银行体系改革，发展货币工具；二是推进私有化；三是贸易和价格自由化；四是出台适当的规制框架，旨在满足日益壮大的私营经济部门的需求。1991 年的老挝人民革命党举行“五大”后老挝走向全方位的对外开放。“五大”报告指出新的农业政策，使农民有了土地主人的感觉，促使他们以更加积极、主动的精神投入到农业生产中去，提高了生产效率。

在 1992 ~ 1994 年间，老挝在几个主要领域推了结构性调整，即国有企业改革和私有化，加强法制建设，建立国家财政系统，并集中进行预算立法和预算程序的制定。

1996 年人民革命党的“六大”报告指出，在农业、林业领域，广大农民以家庭为基础积极地实施自然经济向商品经济转变，农业的物质技术基础得到进一步的改善和发展，农林产品加工业在一些地方开始有所发展，有些地方在实施分地、分林给农民保护、管理和使用的政策上有许多创新。

2001 年 3 月的人民革命党“七大”提出，老挝将继续坚持社会主义制度和推进市场经济改革，并制定了未来阶段性发展目标。2006 年 3 月的人民革命党“八大”，重申老挝坚持以经济发展为中心推进改革，计划到 2020 年摆脱世界最不发达国家行列。“七大”

① ［老］颂赛：《老挝的经济体制改革和对外开放》，载于《东南亚纵横》1989 年第 3 期。

报告还指出，根据老挝的经济特点，把家庭作为实施自然经济向商品经济转变的基本单位。

应该说，老挝从“八大”后至现在，坚持了“四大”以来的改革路线。

第三节 柬埔寨的改革历程

柬埔寨1953年11月独立后，先后经历了西哈努克时期（1953～1970年）的自力更生、平稳发展阶段，朗诺政权时期（1970～1975年）以经济停滞、靠美国援助为特点的战争经济阶段，红色高棉（民主柬埔寨）时期（1975～1979年）的闭关锁国、经济倒退阶段，以及随后战乱时期（1979～1992年）的经济割据及金边政权领导下的初步恢复阶段。

20世纪50～60年代初期，柬埔寨曾是湄公河地区经济最发达的国家。90年代虽然取得了较为平稳的增长，年均增长率平均达到6%～7%。截至2000年，柬埔寨仍然是一个落后的农业国，农业部门产值占GDP的51%，工业（主要是服装业）占15%，服务业（主要是旅游业）占34%。农业基础薄弱，严重受制于自然条件。①

柬埔寨于1985年开始向市场经济过渡，1989年后改革范围扩大，步子加快。柬埔寨长期经受战争影响，国家动荡不安。1993年5月，在联合国驻柬埔寨临时权力机构的主持和监督下，柬埔寨成功地举行了大选，组建了联合政府，颁布了新宪法，确立了君主立宪制的政治体制。大选基本结束了柬埔寨持续20多年的战乱，奠定了柬埔寨国内和平、稳定的基础。大选后柬埔寨开始了社会经济体制的重建，通过改革建立新型的政治、经济体制，成为重建工作的重中之重。通过改革，柬埔寨的社会经济面貌发生了显著的变

① 刘晓民：《进入21世纪后的柬埔寨经济》，载于《东南亚》2005年第2期。

化，国内政治实现了长期的和平与稳定，积极融入国际社会的全方位外交政策的实施，使柬埔寨的国际地位不断提高，国家形象不断改善，经济上建立了自由市场的经济体制，在融入世界经济、参与国际和区域经济合作中，实现了国内经济稳步发展。目前虽然还存在这样那样的问题，但从主要方面说，柬埔寨的改革取得了重要成效。

1993 年后，柬埔寨推行的市场经济体制是“自由市场经济”。这种“自由市场经济”参照了泰国的做法，其基本特征是：农村土地全部分给农民，企业部分实行私有化，国家不控制工业企业，除了不出卖土地之外，任何行业和领域都允许外国投资者前来投资，外汇可以自由兑换，也可以自由汇出国外。同时，柬埔寨政府还确立了以改善人民生活为中心的经济建设路线，着手整顿国家经济秩序，建立健全相关机构，制订并实施经济发展计划，使国家经济有序发展。联合政府成立后不久，西哈努克国王就根据当时柬埔寨的实际情况，提出了以改善人民生活为中心的经济建设方针，指出新政府当前的首要任务是解决人民的吃饭问题，安定民心，并在此基础上逐步提高人民的生活水准，全面开展经济的重建，医治战争创伤，从而全面振兴柬埔寨社会、经济和文化，缩小与周边邻国的差距。

改革使柬埔寨放弃了几十年的计划经济体制，改而实行市场经济体制。这一决定被以法律的形式确定下来，载入了 1993 年 9 月由国民议会通过并经西哈努克国王签署而生效的《柬埔寨王国宪法》中。这部宪法的第 5 章第 56 条明确规定：柬埔寨王国实行市场经济体制。

同时，柬埔寨实施全方位对外开放战略。1994 年，柬埔寨国会通过《投资法》草案来吸引投资，该法当时被称为“亚洲最优惠的投资法”。

1998 年，柬埔寨第二届王国政府实施了旨在稳定局势、重建经济、融入国际社会的“三角战略”。所谓的“三角战略”，就是柬埔寨社会经济发展的三大长期性目标：一是维护国家和人民的和平、稳定和安全；二是柬埔寨融入国际社会，并与国际金融机构实现关系正常；三是柬埔寨坚定不移地走改革开放的道路，重点就是要做好复员军警、财政、管理和司法改革以及严禁非法砍伐树木等方面的工作。此期间，柬埔寨顺利实现了民族和解、政局稳定、经济平稳发展。

第二届柬埔寨联合政府继续实行的以“自由市场经济”为目标的经济改革，与前一阶段的经济改革相比，改革所受到的政治干扰要少得多，因而改革具有更好的连贯性。同时，第二届联合政府成立后，柬埔寨的政治局势有了明显的变化，整个趋势是政局持续稳定。虽然政党间的斗争从来没有停止过，但方式有了明显的改变，理性的成分越来越多，非理性的成分越来越少，合法手段成为首选。

1999 年后，柬埔寨政府出台和实施了一系列发展经济的政策和措施。其中主要包括：继续坚持改革，扩大对外开放，以吸引更多的外资，争取更多的外援；裁减军队编制，精简行政机构，完善司法条例，健全行政和财政管理制度，建立税收监督体制，坚持反腐倡廉等。在农村地区，政府通过实行对外开放引进外资来发展水利、交通、电力、通信等基础设施，鼓励银行向贫穷、落后和边远地区发放贷款，鼓励农民科学种田，增加面积，提高单位产量；加强森林及其他资源的管理，帮助农民发展橡胶种植，增加农民收入；由政府把非法出售和占用的土地收回后再分配给农民耕种，并给予农民税收优惠。这些政策和措施推动了“三角战略”目标的实现。

2004 年，第三届王国政府在“三角战略”目标基本实现的基础上，提出了以优化行政管理为核心，加快农业发展和基础设施建设，吸引更多外国投资，开发人才资源的“四角战略”。“四角战略”实施以来，柬埔寨在服装业、建筑业、农业和旅游业等获得较快发展。2005 年、2006 年、2007 年柬埔寨经济增长率均都超过了

10%，分别为13.3%、10.8%、10.2%。2008年，第四届王国政府颁布了继续推行“四角战略”第二阶段进程的计划，其中包括反腐败、推进管理和公共行政改革、法律改革、司法系统改革以及军队与武装力量改革的进程等。①

此后，柬埔寨以提高人民生活水平为指导思想，开始制订年度发展计划，大力发展农业，加强基础设施建设，发展教育、电力事业，并通过制定相关政策，整顿了国家经济秩序，完善了经济管理机构。

改革推进过程中，影响柬埔寨经济增长有三大产业：农业生产，约占柬埔寨GDP的35%~40%，以及制造业部门的服装出口、服务业部门的旅游业收入。由于这三大领域产业的发展受全球经济危机影响较大，使柬埔寨经济增长率在2008年降回到6.8%。2009年创出增长新低。然而随着国际宏观经济向好，2010年柬埔寨同比增长恢复到6%，GDP总值为114.4亿美元。

柬埔寨于1999年加入东盟，成为东盟第十个成员国。加入东盟后柬埔寨积极参与东盟政治合作机制和经济一体化进程，主张加强合作，缩小新老成员差距。柬政府也重视加强东盟内部和大湄公河次区域经济合作，并积极推动柬、越、老经济三角区，柬、泰、老经济三角区及柬、泰、老、缅四国的经济开发和合作。

这段时间，柬埔寨的改革进程虽然受到过政治动荡的干扰，出现过短暂的停顿，但没有出现倒退现象。

2010年7月，柬埔寨政府公布了《2009~2013年国家发展战略计划（修正案）》。该五年发展计划是根据“四角战略”第二阶段政策制订的，旨在进一步推动各领域发展，实现新的发展目标。这一五年发展计划需要投资总额61.2亿美元，包括公共设施建设、扶贫、应对金融危机影响、巩固社会保障制度、提高政府工作效率等各个方面。

① ［日］福地亚希著：《柬埔寨经济现状与展望》（原载日本《CLAIR通信杂志》，2013年5月，柳弘译）。

2011 年 2 月，柬埔寨总理洪森在肯定了经济复苏成果的前提下，为确保国民经济的可持续发展，又提出了工业化发展方向，即提高重要产业的产品附加值，挖掘现有产业的发展潜力，发展潜在的新兴工业。他认为，柬埔寨经济单一，过于依赖成衣业、旅游业和建筑业，制约了抵御危机的能力，要防止国家经济在危机中遭受重创，今后要推动国家经济迈向工业化发展道路，实现经济现代化和多元化。为此，柬埔寨正在抓住亚洲新兴经济体“东移”的机遇，扩大吸引外资规模，积极引进国外先进技术和产业，特别是吸引大型跨国公司到柬工业园区或经济开发区进行投资。世界银行和国际货币基金组织对柬埔寨经济发展也持乐观态度，认为柬埔寨如能充分发挥相对优势，有潜力长期维持年均 7% 左右的增长速度。

2011 年 7 月，在柬埔寨人民党第五届中央委员会会议上，中央委员会对洪森总理领导的王国政府在维护国家和平、稳定、安宁以及推动经济发展、改善人民生活取得的重大成就表示赞赏，并且全力支持王国政府的第二阶段四角战略政策和 2009 ~ 2013 年国家发展战略计划的实施。可以肯定，柬埔寨政府将继续有序、务实地在全面推进落实“四角战略”的道路上稳步前进。

2012 年 4 月 18 日，柬埔寨历史上首个股市交易日开启，标志着柬埔寨金融市场揭开了崭新的一页，由此柬埔寨迈入了资本市场新时代。这是柬埔寨推进改革融入国际经济的重要体现。①

第四节　缅甸的改革历程

缅甸是东南亚资源最丰富的国家之一。“二战”前，缅甸曾是东南亚经济发较快的国家。19 世纪中期开始，缅甸逐步沦为英国殖

① 黄信：《东盟后发展国家培育金融市场意义重大——有感于柬埔寨首开股市》，载于《广西日报》2012 年 4 月 25 日。

民地，经济也转变为畸形的殖民地经济。但在当时落后的东南亚地区，缅甸算是“经济先进国”。《列国志：缅甸》一书中的资料显示，1914 年，缅甸铁路总里程达 2 500 公里，超过法属“印度支那”，是泰国铁路里程的两倍多。20 世纪 20 年代末，英资伊洛瓦底江轮船公司是当时世界上最大的内河航运公司之一。缅甸石油产量 1921 年达 100 万吨。1925～1929 年间，缅甸年均出口大米 300 万吨，为世界最大的稻米出口国。然而，缅甸此时经济繁荣主要依赖大米等农产品出口，工业生产、交通、金融、保险等关键行业则被英国控制。这种畸形经济越发展，民族工业和百姓生活就越惨淡。“二战”时，缅甸成为日本与英美等国交锋的战场，遭遇空前浩劫，经济退回到百年前。

1948 年 1 月 4 日缅甸独立。之后的几十年，其经济尽管有所发展，却总处于跌宕起伏的困境之中，如经济政策频频失误、绵延不断的内战耗费大量财源。闭关锁国 20 余年，西方制裁 20 余年，使缅甸经济从东南亚“优秀生”沦为“差等生”，民众长期挣扎在贫困线上。独立时缅甸交响总的形势是经济濒临崩溃，农民失地严重，世界第一大米出口国的光环不再，经济命脉仍受制于人。

此时的缅甸政府，努力于振兴民族经济，制定发展规划，力图改革畸形经济体制和大地主主导的土地所有制，推动经济对外开放，并积极争取美国、日本、中国等国的援助。20 世纪 50 年代，缅甸经济年增长率约 4%，属于不快不慢的水平。但缅甸政府的土地国有化等改革政策难以落实，经济规划也沦为纸上谈兵，仍然是以农业为主的落后状况，未能扭转殖民地时期遗留下来的畸形经济体系。从 20 世纪 60 年代开始，缅甸经济开始落后于曾同属一个水平线的泰国，并且差距越拉越大。

不过，此时缅甸经济实力在东南亚仍属中等。据报道，20 世纪 50 年代的仰光堪称东南亚花园城市和“灯塔之城”。新加坡前总理李光耀亲自率团到仰光学习城市规划。然而，三十年河东三十年河西，师徒境遇已颠倒，后来的岛国新加坡已荣升世界发达国家之一，人均GDP是缅甸的60倍。

1962～1988年这26年，缅甸最终沦为“世界最不发达国家之一”。1962年，缅甸建立军人统治，并推行以国有化为主要特征的系列经济改革措施。从20世纪60年代起到20世纪70年代中期，缅甸政府盲目对所有企业采取国有化措施，实际上就是没收国内外资本家的财产，搞封闭式自我发展。

此时的国企主导了经济发展，但由于管理不善，国企亏损严重，开工不足，产品供应短缺。农业方面，缅甸政府将全部土地收归国有，再将土地使用权分给农民，并对大米等农产品实行低价收购、统购统销的政策，挫伤农民积极性，大米产量连续下挫。

缅甸政府还严限内外投资，实行的是近乎闭关锁国的对外经济政策，内外经济基本失去联系，加之连年内战耗费大量财力物力，经济不振。政府推行的计划经济缺乏活力，发展处处受阻，经济增速低于人口增速，外贸长期逆差，外债上升，外汇储备一度仅够一个月的进口需求，国家无法偿还国际机构债务。从20世纪70年代中期开始，缅甸放宽对经济的控制，尝试吸引外资和国外援助，却已无力回天，经济危机四伏。

直到1988年9月，缅甸进入新的军人政府执政时期，才开始新一轮经济改革与转型。这一阶段的改革，旨在建立市场经济体制，摆脱闭关锁国的局面。新政府上台以后，废除“社会主义计划经济”，实行以建立市场经济为目标的经济体制改革，鼓励发展私人企业，积极引进外资，调整农业政策，建立多元化的金融系统。新政府的军人政权虽然表示将向市场经济转变，但难以取得实效。

尽管缅甸自1989年起实行对外开放政策和进行市场化改革，但开头那10多年，改革时断时续。进入21世纪的头5年，是缅甸实行对外开放政策和市场经济制度以来经济发展最快的5年，这5年缅甸国民经济增长率都达到或超过了2位数，人均国民收入比5

年前接近翻一番。[①] 2010 年 11 月，缅甸举行 20 年来的首次全国大选，大选后执政的新政府表示，已经进行的缅甸的改革“绝对不会走回头路”。

此后，由于军政府拒绝向在 1990 年的选举中获胜的反对党全国民主联盟移交政权，西方国家以其无视民主和人权为由，不断扩大和强化对缅甸的经济制裁，使其越来越孤立于全球经济体系，经济状况每况愈下。有数据显示：第二次世界大战结束时，缅甸的人均 GDP 为 746 美元，而 2010 年仅为 648 美元，不仅停滞不前，而且有所倒退。

缅甸是个农业国，农业一直是缅甸的经济支柱。据统计，农业在缅甸独立前的 1938 财年对 GDP 的贡献是 48%，到 2007 财年仍为 43% 左右；1938 财年的大米、矿产、木材和其他农产品几乎占缅甸总出口额的 3/4；而在 1990～1999 年 10 年中，这 4 种商品的出口额仍超过包括边境贸易在内的总出口额的 70%。[②] 工业发展水平极低的现状使缅甸经济发展缺乏动力，随着人口增长而增加的劳动力的就业也严重不足。此外，经济法律缺失，法治薄弱，合约的实施难以得到保障；腐败现象渗透到各个经济部门，基础设施落后、电力供应短缺等问题，都严重阻碍着经济发展。

寻求通过改革开放使西方国家解除制裁，发展经济，改善民生，以显示其政权的合法性，就成为军政府进行改革的重要动因。

缅甸军政府长期面临的国内政治压力也是促使其不得不另谋新路的重要原因。1990 年大选后军政府拒绝向在选举中获胜的民盟交权，导致反对派与当局的对抗持续不断。缅甸国内旷日持久的民族问题也使军政府疲于应对。各地的少数民族反政府武装林立且十分活跃，严重威胁国家的政治稳定和经济发展。虽然缅甸军政府曾经与一些少数民族反政府武装多次达成停战协定，但民族冲突仍时有

---

①② 刘连银：《跨入新世纪以来缅甸经济发展述评》，载于《东南亚纵横》2006 年第 5 期。

发生。在这种情况之下，缅甸政府意识到只有通过政治改革，才有可能实现民族和解，共同建设新缅甸。

从国际因素的影响来看，走上改革开放之路，也是缅甸对付西方国家实施的长期政治、经济制裁的重要对策。1990 年以后，西方国家以民主、人权问题为由持续对缅甸军政权施加政治和经济压力，要求军政府改善缅甸国内的人权状况，释放昂山素季，并向在大选中获胜的反对派移交权力。2003 年以后，西方的制裁进一步扩大和深化。欧盟除了直接对缅甸施压和制裁以外，还把缅甸的人权问题作为东盟与欧盟发展合作的前提条件。在西方的压力下，缅甸甚至被剥夺了 2006 年担任东盟轮值主席国的权利。西方的制裁，使缅甸在国际社会长期处于孤立状态。为了改变现状，及早解除西方对缅甸的经济、政治制裁，缅甸军政府不得不考虑如何通过“求变”来“减压”的问题。在历经 50 多年的与世隔绝后，缅甸正欲通过经济、政治的全方位改革，再度重回世界舞台。

从国内因素来看，经济落后和民生困境是促使缅甸政府实行改革开放的最主要原因。前面说过，缅甸自 1948 年独立以来，由于历届文官和军人政府的政策失误，国内危机不断，使国家经济发展屡失良机，从刚独立时东南亚的比较富裕国家，沦为今天该地区最为贫穷的国家之一。1987 年，缅甸被联合国定为世界上最不发达国家。同年，缅甸政府在没有事前通知以及不提供任何补偿的情况下宣布废除流通最大面值的货币，引发大规模的政治暴动。

实际上，缅甸的改革开放经历了长期的酝酿和探索，其中不乏国内各派政治势力，甚至军政府内部不同派别之间的角逐和协调。1990 年大选后，拒绝交出政权的军政府已开始考虑如何在保证其权益的基础上逐步推行改革，以实现其政权合法地位以及国内实现和解的可能性。当时，军政权内被视为温和派的总理钦纽就倾向于与昂山素季领导的民盟开展对话。1993 年，缅甸召开了国民代表大会，后由于国内和解条件尚不具备而于 1996 年中断。但是，军政府与反对派之间的沟通并未完全终止。

缅甸1992年加入东盟后，一方面，在外交政策上保持与东盟国家间在政治上和经济上的合作；另一方面，缅甸国家领导人多次出访东盟国家，努力为加强缅甸与东盟国家间的合作营造良好的政治氛围。经济上，缅甸政府在贸易、水运和旅游合作方面均迈出了重要的步伐。当时已与东盟一些国家签署了相关的合作协定。其中包括避免双重关税协定、预防投资滥用协定等。这一系列的官方举动，表明缅甸开始融入东南亚地区的区域合作。

2003年8月，缅甸军政府公布了由钦纽总理主持制定的“民主路线图”，计划让国家逐步向“有纪律的民主”制度过渡。该计划包括重新召开1996年中断的国民大会；按照由国民大会制定的基本原则起草新宪法草案，经由全民投票予以通过；举行大选组成议会；按照新宪法召开议会，最终由选举产生的国家领导人、内阁及权力机构，以领导国家迈向建立现代化的、发达的现代民主国家的目标。当然，军政府从一开始就把保障军队在国家的新政治架构中的地位和权力问题放在首要位置，当局在设计2008年宪法时就为保障军人在国家和议会中的地位和权力做出了规定，如非经选举产生的军队代表在各级议会中占有25%的席位，三军总司令是缅甸武装力量的最高统帅，必要时可以接管国家政权。这使议会实际上不可能通过军队所不赞成的法案，也给军队留下可随时以“维护宪法尊严”之名重执政权的机会。但在当时的条件下，这种安排也在一定程度上减轻了军队对改革的担忧和可能设置的障碍。

从2010年11月缅甸举行20年来的首次全国大选到现在，新政府虽仍由军人支持，但上台后已做出了一系列改革。当年，缅甸新政府推行了一系列改革措施，如开放网络和媒体、释放政治犯、提出让昂山素季担任政府职位、与美国发展关系、加大私有化力度。2015年11月的全国大选，获胜的民盟领导人昂山素季表示，缅甸将继续执行与所有国家友好相处的外交政策，更加重视与邻国的关系。由于缅甸长期军政府执政以及复杂的民族和宗教矛盾的现实，缅甸的未来改革之路仍困难重重，新政府发展经济、实现民族和解的使命任重道远。

缅甸的改革看来势不可挡。哥伦比亚大学教授，诺贝尔经济学奖获得者约瑟夫·斯蒂格利茨认为，缅甸这个曾经的世界第一大水稻出口国正在落后于邻邦。如今，在政治变迁停滞了半个世纪的缅甸，新的领导层正在试图进行由内而外的快速转型。政府举行了选举，开始了经济改革，并开始大规模向外部投资示好。在经济领域，预算过程引入了前所未有的透明度，变革实实在在地发生着，变革所带来的机会也是不容置疑的，能够为占缅甸人口70%的贫困农民带来直接的好处，还能创造就业机会。①

缅甸政府意识到，只有改革才是确保国家安全与稳定的最好方法。在缅甸，“民主”与“民族和解”是两回事，或者说，“民族问题”要比“民主问题”更复杂。民族冲突反过来会阻碍民主进程。缅甸不可能因为要“民主”了，“民族矛盾”就迎刃而解。因此，不能期望缅甸的民主能在短时间内达到和该区域其他国家相同的水平，还要拭目以待。②

本章简述了新四国的市场化改革历程，从中可以看出，尽管四国改革的初始条件不一样，改革推进的路径和方法不一样，改革取得的成果也各有差异，但它们也有共同点：第一，推进市场化改革和经济转型是这些国家经济社会发展的共同需要，是他们发展进步和融入区域合作、提高竞争力的必然要求。第二，四国在推进市场化改革和向市场经济过渡进程中，都利用市场机制来促进经济发展。第三，四国的改革都是经济体制和政治体制相结合，尽管经济体制和政治体制改革并不一致，各国有自己的特点。第四，四国通过市场化改革都取得了重要成就。

本篇接下来的几章，将具体分析新四国改革取得的成就。

---

① ［美］约瑟夫·斯蒂格利茨：《缅甸迅猛转型不可逆》，载于“财经网”2012年3月7日。

② 林锡星：《缅甸民主化转型不会一蹴而就》，载于《时代周报》2012年第168期。

第七章

经济转型为什么从改革农业开始

第一节　经济转型从改革农业开始

东盟新四国的市场化改革都从农业开始。实际上，所有转型国家的改革和转型都是从农业开始的。转型国家原来的经济发展水平低，尤其是农民、农村、农业落后。农业人口占全国人口大多数，农民生活困难，转型国家推进改革和转型的第一位问题，就是解决本国农业的生活问题。农民生存、农业发展、农村现代化是一国经济发展的基础。经济转型含义有多方面，其中包括实现农业现代化，就是从传统农业经济向现代工业经济发展。

众所周知，20 世纪 70 年代末，中国社会的大变革是从农村开始的。在中国改革开放之初，由于传统计划经济体制的影响，面临许多复杂的矛盾和问题，如国有企业改革、效率和公平问题、政治体制改革、民族问题的处理、意识形态的变化等，这些问题都要抓好，但第一位的问题是农民问题。农民问题解决得不好，农村现代化解决得不好，由传统计划经济向市场经济的转型、由传统农业社会向现代工业社会的转变就不可能实现。

中国的农业集体化制度是从苏联那里学来的。苏联农业集体化发生于20世纪30年代初，后来的历史证明那是一条错误的道路。中国在20年后，也就是20世纪50年代后的几十年还在搞苏联那一套，深层次的原因，恐怕还是宁可让百姓吃苦受难，也要一味富国强兵的指导思想在作怪。在农业问题上，不仅完全重复了斯大林的那一套，甚至在此基础上还有了“发展”，例如“一大二公”“一平二调”、公共食堂、“亩产万斤”、大炼钢等，完全超出了人们的常识范围。所造成的后果，并不比苏联轻，甚至某些方面有过之而无不及。①

开始改革中1978年，当年中国全国内生产总值只有3 645亿元，城市人均年收入为430元，而农民人均年收入只有133元。②中国改革的第一阶段，重点是在农村。经过改革，中国的农业获得了迅速发展，到了20世纪80年代初，主要农产品从长期短缺的状况大大改观，基本实现自给，初步解决了人民的吃饭问题。

中国改革之初的措施是提高农产品收购价格和逐步松动农产品价格，进而逐步松动了种植计划和土地制度。当时，作为农村最大改革的农村家庭联产承包责任制，其实并没有真正搞过什么联产承包，而是直截了当的土地承包，俗称大包干，把原来形式上集体所有、实际上生产队经营土地的使用权和收益权，重新直接分到每个农户。农民对这种大包干最真切的通俗理解，就是所谓的“交了国家的，留了集体的，剩下全是自己的”。土地承包制度安排解决了传统“三农”的一个更深层次的核心问题，即土地的农户占有权以及生产经营的自由支配权相结合，调动了农民的积极性。③

中国改革已经过去37年，但当我们思考中国改革与发展问题时，仍然可以发现：中国社会发展最基本的动力依旧在农村，中国

① 述弢：《国家灾难：苏联农业集体化》，载于《经济观察报》2011年9月29日第49版。

② 黄信：《透视中国体制转型热点》，广西出版社2002年版，第211页。

③ 华生：《老三农问题的终结与新三农问题的挑战——中国土地制度研究》（上），载于《经济观察报》2011年8月15日第46版。

农村的改革和发展必将极大地推动整个中国社会的改革和发展，中国农村的文明和富裕是整个中国社会走向文明和富裕的必由之路。[①]

中国农村改革在集体所有制的框架下，以市场为导向，大胆突破传统体制的束缚，探索了集体经济在市场经济条件下新的实现形式。改革给农民带来实惠，解放和发展了农村生产力，推动了农业特别是粮食生产的快速增长和农业结构的不断优化，使中国农业取得显著成就。一是对农业的产权进行改革，确立家庭联产承包责任制，改革经营管理体制。1978～1984 年，中国农业产出平均每年保持了 7.7% 的增长速度。1984 年与 1978 年相比，农业总产值以不变价计算增加了 42%，其中约有一半来自家庭联产承包制改革带来的生产率的提高。二是粮食流通体制改革。三是农业全面向市场经济转变。四是农业税费改革，并完善农业支持保护制度。五是鼓励农民因地制宜从事多种农业生产经营，农、林、牧、副、渔各业竞相发展。六是农业剩余劳动力从就地转移到跨地区有序流动。改革开放以来，随着农业生产力的提高，农村大批的富余劳动力都涌向了改革开放的前沿地区，不仅极大地促进了这些地区的经济发展，而且为广大的农村人提供了就业机会。

改革使中国农业生产得到快速发展，中国农业用占全世界约 10% 的耕地解决了占全世界 21% 人口的吃饭问题。1979 年，中国粮食总产为 6 642 亿斤，到了 2007 年突破 10 000 亿斤大关，达到 10 030 亿斤的水平；肉、禽、蛋、奶、菜等主要农产品生产也越过了长期短缺阶段，呈现出总量平衡、丰年有余的新格局，为城乡居民的生活质量的稳步提高提供了坚实可靠的保证。经过 37 年的改革发展，今天，中国的农业基础地位大大增强，农业对国民经济的保障和支撑力得到了稳步提升。

俄罗斯的经济转型也十分重视对农业的改革。从 1992 年起，俄罗斯对所有权进行改革。一开始俄罗斯照搬美国的家庭农场形

---

① 黄信：《透视中国体制转型热点》，广西出版社 2002 年版，第 211 页。

式。但是，俄罗斯由于资金、技术和设备条件不足，由于文化心理因素的特殊性，家庭农场形式简单移植在实践中无法达到预期目的。首先，家庭农场的推广遭到地方政府和广大农民的严重抵制。1992 年，农业私有化一开始，总统令要求所有集体农庄和国营农场在一年内完成生产组织的改造，但据俄罗斯国有资产管理委员会的资料，80% 的农业企业进行的只是形式主义的改组。其次，相当多农户农场因规模小和经营困难，商品率和效益都很低。从 1998 年情况看，俄罗斯土地经营规模平均每户为 5. 5 公顷，而美国为 180 公顷。1999 年俄罗斯粮食作物的商品率仅 52%，牲畜和家禽为 58%。[①] 目前，俄罗斯农业制度正朝着新的国营农场、股份制、合作社或集体农庄等多种形式的方向发展。

尽管中国的传统农业体制是从苏联学会的，但中国农业向市场化的转型完全是中国式的，即实行家庭联产承包责任制。它的产生一方面是历史上的“制度记忆”，即在计划经济年代某个时期和地区曾经实行“三自一包”（自留地、自由市场、自负盈亏、包产到户）制度的延续，另一方面又是改革开放初期个别地区农民自发提出“包产到户”（1979 年安徽凤阳小岗村 18 户农民联名要求放弃人民公社、坚决实行“包产到户”）制度的发展。[②]

第二节　新四国的农业改革

改革前的东盟新四国，都是落后的农业国家，农民生活在贫困线上。这也是东盟新四国与老成员发展差距的重要体现。我曾经在越南、老挝一些地方调研，发现那里的农村十分落后，农业生活贫困，许多人仍然居住在茅房里，不少农村以玉米为生活的主要必需

① 许新：《转型经济的产权改革》，社会科学文献出版社 2003 年版，第 173 ~ 175 页。

② 张仁德：《中外经济转轨比较研究》，经济科学出版社 2007 年版，第 23 ~ 24 页。

品，刀耕火种在一些地方至今仍然流行。因此，改变落后的农业发展方式，是这些国家推进改革和转的当务之急。

一、越南的农业改革及与中国比较

中国和越南的国情有着相同点，直到20世纪80年代末，中国和越南都是一个农民占人口绝大多数的农业国家。面对严峻的国内和世界形势，这两个国家都开始了新的社会主义建设，中国开始了改革开放，越南开始了革新，并且这两个国家新建设的突破口都是农业。

1949年以后，中国进行了土地改革，废除了封建土地所有制，使广大人民成为土地的主人，极大地促进了生产力的发展。1953年开始的农业合作化运动，实现了分工协助和按劳分配，克服了小农经营的局限和生产技术的落后，中国走上了社会主义道路。但“一大二公”的人民公社大搞“共产风”，严重束缚了农业生产力的发展，粮食严重短缺。中国农业改革36年来，农村在集体所有制的框架下，以市场为导向，大胆突破传统体制的束缚，探索了集体经济在市场经济条件下新的实现形式。改革给农民带来实惠，解放和发展了农村生产力，推动了农业特别是粮食生产的快速增长和农业结构的不断优化，使中国农业取得显著成就。

越南改革前的经济体制与中国改革前的经济体制都是实行高度集中的计划经济。越南1945年独立后，国家在农村推行集体化运动，将收归国有的土地交给农业生产合作社，集中管理和统一经营，社员实行工分分配，农产品实行统购统销政策。这种农业经营体制压抑了农民的生产积极性，致使农业发展缓慢，粮食生产停滞，每年都需要大量进口。1976年南北统一后，越南集体化运动在南方的推广遭受挫折。到20世纪70年代末，饥荒遍及越南全国，食品短缺十分严重，最终引发了农业改革。

1988年4月5日，越共中央召开政治局会议，对当时越南农业承包的发展趋势采取了开明态度，做出了关于改进农业生产承包制的“10号决议”。“10号决议”的主要内容为，一方面，完善家庭承包责任制。即把土地彻底承包到户，农户拥有土地长期稳定的使用权，10~15年不变，承包定额指标一定5年不变。土地属于国家公有，集体即合作社不再有土地的使用权。国家和地方政府的职能主要是对土地排灌设施等生产资料进行管理和监督，推广科学技术，增加公共投入。该政策明显吸收了中国家庭联产承包责任制的经验。另一方面，重建新型农业合作社。农业合作社和生产集团改为农民自愿参加的经济组织，具有法人资格，自己管理自己，自己确定生产经营的形式规模和方法，其职能转变为向农户提供产前、产中和产后服务，成为独立核算的经济实体。而中国在分田到户之后，原有的农业合作社随之自动解体，政府也没有再出台相关的农业合作社改进性政策。这使得此后中国农业生产经营方式又回复到分散落后的小农经济上，错失了向规模化和集约化经营方式转变的良好时机。

1993年7月，越政府出台的《土地法》，从法律上确认农民长期拥有土地使用权并可进行变更、转让、出租、继承、抵押等。这就为发展规模化、集约化经营创造了有利条件。到了1996年，越政府进一步放手营造宽松的政策氛围，当年出台的《合作社法》规定合作社应由社员按自愿、平等、互利、民主的原则入股形成，按股比分享成果；合作社规模和生产领域不受限制，一家农户可加入多个合作社，也可按有关条例退社，社员自主权得到进一步加强。

新型合作社制度的完善，对于促进越南农业经济效益的整体提升和农民收入水平差距的缩小，具有积极意义。越南于1996年11月12日颁布首部《外国投资法》，鼓励外资进入农业领域，以加快推动农业自由化进程。此举对于缓解政府和国内融资部门的压力十分有利。

从20世纪80年代初开始至今，越南的农业改革经历两个阶段。从1981~1988年，允许个人承包农业生产的部分环节，是越南农业改革的初始阶段。1988 年后，越南的农业改革进入了具有突破意义的第二阶段，即由计划经济向市场经济转变，由自给半自给的传统农业向以出口为导向的现代农业转变。

（一）越南农业改革的主要措施

越南改革的具体措施包括以下几个方面。

第一，长期稳定地实行家庭联产承包责任制，切实减轻农民负担，妥善解决土地问题。1981 年 1 月，越共中央书记处下发了有关实行农业承包制的第 100 号指示，拉开了农业改革的序幕。前面提到的 1988 年 4 月越南进一步完善生产承包制的“10 号决议”，把土地使用权长期稳定地承包给农户，在全国推行家庭联产承包责任制，将国有土地的使用权直接交给农民，生产流程全部由农户自主经营，农户除了向国家纳税和履行合约义务外，剩余产品可以自主出售，同时，鼓励各种形式的联合和联营，整顿国营农场林场并允许员工承包等。后来越南国会对《土地法》进行了几次修改，进一步把土地归全民所有，由国家统一管理，农民可承包使用并可以将继承、出租、转让和抵押的原则以法律的形式确定下来，并允许和鼓励农民通过合法转让、出租、抵押土地使用权实现联合和联营。

第二，粮食流通体制改革。1989 年 4 月，越南放开大米价格，粮食流通体制改革正式启动。这项改革的基本思路是，取消粮食统购统销，以增进出口为导向，实现粮食生产的商品化和经营的市场化，建立国家管理下的粮食自由贸易体制。改革的主要内容和做法包括：一是价格改革。国家取消价格双轨制，购销两头价格放开，随行就市。二是收购制度改革。国家取消粮食定购任务，农民不必再按限定数量和区域交售粮食，而且是出售稻谷还是大米完全由农民自主，粮食公司与农户也不签订收购合同。三是改革国营粮食公司，建立经营和专储两大体系。四是建立国家宏观调控体系，主要措施是建立粮食专储系统，建立与最低保护价相配套的利息补贴制度，建立粮食专项基金，进出口限额和关税调节制度等。

第三，以农户为核心的经营体系。越南在稳定农户土地使用权、完善农业经营体制方面的许多做法，概括起来主要有：一是以法律形式明确界定土地使用权。二是改革农业税收制度，为了规范和减轻农业税赋，1993 年越南国会颁布了《农业耕地税收法》，改革前按产量计征农业税为按土地等级计征耕地使用税。1995 年实施新税制后，实际税率随单产提高，1997 年进一步下降，不仅减轻了农民的税赋，而且使分配关系变得更为明了和规范。三是合作社改造。合作社的改造或者说引导旧式合作社向新式合作社过渡，构成了越南完善农业经营体制的核心内容之一。在这项改造工作中，越南的许多具体做法都体现出这样一种基本的指导思想，那就是把合作社推向市场，在市场竞争中促其完成从管理型向服务型的转变。1996 年 4 月，越南国会颁布了新的《合作社法》。这部法律充分肯定了合作社的作用，同时对新的合作社做出了与旧合作社有本质区别的规定。四是建立健全劝农系统。越南的劝农系统类似中国的农业技术推广体系，是在改革后为适应农民对科技的迫切要求和为推进农业科技进步建立起来的。近些年来，越南农业科技推广成效显著，水稻开始使用了优良品种，这在很大程度上应归功于越南在革新中制定的鼓励发展农业的政策。

第四，改革农产品流通体制和价格政策。鼓励发展多种所有制经济，注重新型合作社等集体经济的发展，推广庄园经济等新型农业生产模式。改革农产品流通体制和价格政策，允许农户剩余农产品在自由市场上出售，并提出要推动自给自足的农业生产转变为多种成分的商品生产，平等对待个体经济和私营经济。越南一贯重视发展新型合作社等集体经济形式，强调应进一步充分认识新型合作社模式的特征，确立和完善发展集体经济的相关机制和政策，为其快速发展创造有利的社会环境，鼓励农民按照“自愿、民主、互利”的原则参加新型农业合作社等合作组织。庄园的规模经营比一家一户的家庭经营有优势，农业生产效率较高，便于生产的专业化。

农业开始改革的 1981 ~ 1989 年，越南不仅保证了粮食自足，而且出口大米 142 万吨。20 世纪 90 年代以来是越南农业农村快速发展和全面转变的时期，农业产值年均增长 4.5%（其中 2005 年增长 5.2%），农产品出口年均增长 13.05%，农民人均收入年均增长 10%，越南粮食产量年均增产 120 万吨，增幅达 5.8%。据越南国家统计总局最新数据，2005 年粮食产量达 3 560 万吨，出口大米高达 500 多万吨，已连续多年稳居世界第二大粮食出口国的位置。此外，越南咖啡、腰果的出口量居世界第二位，胡椒、橡胶、茶叶出口居世界高位，水海产品出口在美国、日本等国也占有很大的市场份额。越南农业生产关系和农村经济结构发生了明显转变，从传统的单一农业生产合作社经济（集体经济）转变为以农户经济为主导作用的多种经济成分，农 S 村工业、服务业得到恢复和发展，农产品加工能力提高，非农经济比例增加到了 30%，农民生活明显改善。[①]

（二）越南与中国改革农业比较

把越南的农业革新与中国的农业改革进行对比，可以看出，越南农业革新和中国农业改革具有不同特点。

一是农户与社区型合作社的关系不同。越南的农户与社区型合作社的关系正在改造之中，已经独立经营的农户可以自愿参加某个合作社，并获得应有的种种服务。在中国，废除了人民公社，农户直接与村民委员发生关系，实行的是以家庭承包经营为基础、统分结合的双层经营体制，双层经营中统一经营层次有载体、它应承担起管理、经营、服务和积累等功能，而村民委员会并没有履行这些职能。这就是双层经营体制最不完善的部分。二是越南粮食流通体制改革力度更大，目标更明确，进程较顺利。越南比中国粮食流通体制改革力度更大，目标更明确，进程较顺利。1986 年 12 月，越南决定把发展粮食和食品、消费品和出口产品作为经济建设的三大

① 沈亚军、姚宝珍：《浅说越南农业改革之路》，载于《发展研究》1999 年第 2 期。

主要任务，其中又把发展粮食和食品作为首要任务来抓。之后，政府又出台了一系列法律和许多配套措施，为农业发展创造宽松的法律环境，从财政拨款、税收、外贸、吸引外资等方面对农业给予大力支持，激发了农民的生产积极性，粮食生产有了突破，实现了自给有余，成了大米的出口国。越南粮食流通体制改革成功的关键是政府掌握并采取了比较有效的调控市场的手段和措施。在中国，通过推行农村税费改革，取消农业税等一系列措施来加快农业发展。1998 年，中国推进以“三项政策、一项改革”为主要内容的粮食流通体制改革，2001 年进一步深化粮食流通体制改革。

三是庄园经济是越南农业改革的特有产物。庄园经济是越南在 20 世纪 90 年代初期涌现出来的一种新型生产组织形式。庄园主采取与土地承包者合营，或购买农民土地使用权以及承包荒地秃岭等方式，实行土地连片经营。后来，越南的庄园经济发展很快，遍布全国，主要经营农业、畜牧业、林业、经济作物、水产养殖等。庄园经济成功地解决了越南农村剩余劳动力的就业问题。为了推动庄园经济的进一步发展，越共明确允许党员和现职领导干部参与或自营庄园经济，并鼓励国内外投资，以进一步形成农业的规模经济。越南政府于 2000 年专门做出了关于鼓励和保护庄园经济长期发展的决议，对庄园经济的性质和地位做出了明确规定，并从土地、投资信贷、劳动力、科技环保、市场、保护庄园财产、庄园主应尽义务等方面制定了具体政策。①

但越南的农业改革与中国的农业改革也有相同之处：一是两国农业改革都是自下而上渐进式的改革，改革形式是群众创造，国家加以引导推广。二是越南、中国的土地都是在归国家、集体所有的基础上，允许土地的自由流转。如 1993 年越南国会颁布的《土地法》对交给农户的土地使用权做出了明确的而且是扩充性的界定，规定使用权是包括置换权、转让权、租赁权、继承权和抵押权在内

① 沈亚军、姚宝珍：《浅说越南农业改革之路》，载于《发展研究》1999 年第 2 期。

的一组权利。并且，越南用于粮食作物及水产养殖的土地的使用期限为20年，用于多年生作物的土地的使用期限为50年，到期后一般可以继续使用。在中国，2008年，中国《中共中央关于推进农村改革发展若干重大问题的决定》，要求建立健全土地承包经营权流转市场，按照依法自愿有偿原则，允许农民以转包、出租、互换、转让、股份合作等形式流转土地承包经营权。但中国承包期限一般较短，而且土地承包经营权改革较晚。三是两国都以法律的形式来确保农业改革的进行。四是两国的农业发展模式都是从传统农业到现代农业的发展。五是两国在实行市场经济过程中都对粮食流通体制进行改革，将粮食放到市场上进行自由贸易，但国家也采取建立粮食存储制度等各项措施来稳定粮食价格。

二、老挝的农业改革

老挝位于大湄公河次区域的中心，是一个内陆国家，农村人口占总全国人口的85%，国民生产总值（GDP）53%由农业部门提供。改革以来，尽管老挝的制造业、建筑业和服务行业持续发展，由此推动了国民经济快速发展，但老挝目前仍然没有从根本上改变农业经济落后的状况。

老挝边境线外生活着至少2亿人，周边国家的大市场，为老挝加快农业发展提供了良好机遇。老挝人口少，却拥有丰富的自然资源，极好的地理位置，便于所生产的食品向邻国市场出口。随着工业化在这些周国家的加速发展，农用的土地资源被转向非农部门，这部分人口将成为老挝的稻米、牲畜、蔬菜和其他农产品的主要消费群体。老挝的农产品可通过边境贸易形式出口到泰国、越南和中国，主要包括玉米、大豆、落花生、棉花、烟叶、芝麻、红豆、橄榄、大白菜、香蕉、罗望子果、西瓜、桑树皮和其他非木材林业产品，以及水牛、黄牛和猪等。目前，老挝的农业经济发展还跟不上这种发展要求。

一直以来，老挝农业发展存在的主要阻碍依地理、地貌区的不同而不同。沿湄公河流域的河谷平原地区和河谷坡地，在老挝农业经济中占有十分重要的地位。因此老挝政府十分重视发展这一区域的农业经济。河谷平原地区正在进入农业转型期，而坡地农业基本仍是生存型。制约这些地区农业发展的主要因素是，缺乏市场信息及市场联系、商品生产落后、缺乏商业信贷支持、农业技术落后、交通运输及装载的不便利、极低的农村储蓄与农业投资等。

老挝政府认为，需重新调整河谷坡地与河谷平原地区发展的不平衡，实行资源转移战略，将加速河谷坡地农业纳入国民经济作为重点，同时保持沿湄公河区域的市场经济发展步伐。重点是保持沿湄公河走廊目前的发展势头，与此同时扩大开发河谷坡地发展进程。在河谷坡地地区，最迫切需要的是获得政府的支持，纠正在这一区域内影响农村部门增长和发展的市场运作失误的举措和务虚的东西。老挝政府针对上述不同地域的特点采取不同的对策，对于河谷平原地区，基本战略是保持和加快农业的多种化和集约化步伐。平原地区的政策和策略应是支持和保持该地区市场经济发展步伐，并逐渐将市场经济扩展到河谷坡地区域。总的来说，老挝农业部门还是一个低投入低产出，农业劳动生产率极低的系统。

从20世纪70年代后半期，老挝对农业制度实行改革。集中在销售与分销制度、财产权和农业税收制度等方面，市场销售制度和农业税收政策的变革先于财产权制度的改革。1976年，老挝政府建立了公营贸易网络并由国家垄断省际贸易。结果，老挝出现两种价格双轨制，即由政府制定价的管制价格制度和由供需状况决定价格的自由市场价格制度。伴随着市场销售制度的改革，旨在创造收入来支持国家机关和向国营销售网络提供基本食品的农业税收制度也发生了重大变革。然而，由于政府没有进行协调一致的努力来说明实行新农业税的必要性，这就使老挝政府与农民的关系恶化了，公众对集体化不满。

最初对集体化的强调导致了在1978年底建立了1 300多个合作

社，然而合作社的迅速增多却造成了农业产量的下降和农民抵制情绪的增强。农民们以种种形式来反对这项政策，例如，将产品私运往泰国、销毁农产品、移居国外和在行政管制鞭长莫及的边远地区进行开垦。老挝政府不得不在1979年中突然宣布暂停强行建立农业合作社。

改革开始之时，老挝所进行的农业改革对其农业实绩产生很小的影响。在农业改革实践中，老挝党和政府逐步认识到“左”的农业合作化政策不仅会带来经济危险，影响生产和人民的生活，而且会带来政治危险。1980年初，老挝政府宣布提高粮食、牲畜和其他农产品的收购价。当年6月，老挝党中央发布《关于整顿农业合作化运动中若干问题的紧急指示》，决定废除1976年发布的《农业条例》，调整了1978年颁布的《关于农业合作化的暂行规定》《在全国开展农业合作化运动的决议》中的过激条款，决定从思想上和组织上对农业合作社进行整顿，强调农业合作社的发展要放慢速度，逐步进行，由低到高，由小到大，一边发展一边整顿，要求各地合作社要严格遵守自愿、国家集体个人共同受益、民主管理等三项原则，并把原定在1980年年底基本实现合作化的计划推迟到1985年。

1986年8月，老挝政府颁布了《关于农业税规定的通告》决定废除，“少产少征”“多产多征”的税收政策，把1976年《农业条例》中规定的按农户收成征税的政策改为按土地优劣征税，并规定新垦土地免税3~5年。农业税政策的调整，大大减轻了农民的负担，调动了农民生产的积极性。1984年以后，老挝政府逐步解散了国营农场，把土地和其他生产资料分给各个家庭，鼓励农民因地制宜发展生产，总的原则是对现行的经济管理体制和经济管理系统进行根本、深刻和全面的改革，使新的农业管理体制更加灵活、有效和完善。

同时，老挝在对农业合作社进行整顿和合并中，逐步推行家庭承包制，把家庭作为主要的生产小组，把土地给予农民。为了使农业及其相关部门取得预期的增长率，老挝政府将改革扩展到法律制度领域，使税收管理合理化，并加强对银行、投资合同和贸易活动的监管。1986 年 11 月老挝“四大”决议规定，农民具有长期使用自己耕作的土地的权利以及转让给他人并提取土地耗损费的权利，实行土地承包制，土地专利招标和使用合同制。国家干部、工人、城镇居民也可以承包土地来进行家庭副业生产，或按合同年限建私人住宅。

在山区，由于地广人稀，土地承包数量还可以比平原地区增加，期限也可延长。这样做的目的一个是刺激生产发展，另一个是为了结束山区广大土地无人耕种的状态。承包者在自己承包的土地上生产的产品，除按 5% ~8% 缴纳国家税收外，有充分权利使用和自由变卖，不管是议价卖给国家，还是根据买卖双方商议的价格卖给私人都可以。承包制被运用到种植业、养殖业、林业、手工业等各个经济领域，促进商品经济进一步发展。“对已划归国有的原个体资本家的财产，我们制定把某些归还原主的政策。鼓励企业家扩大对承包形式下的各种生产方式的投资，如公私合营公司、私人企业和外国合营公司等”① 集体农业社形式由家庭承包责任制取代，农民自愿合作形式开始出现，并得到迅速发展。小型商会、金融信贷协会、用水协会、农机服务协会在发展商品生产中起到了举足轻重要的作用，为解决农村贫困做出了重要贡献。

1991 年老挝人民革命党的“五大”报告指出，新的农业政策使农民有了土地主人的感觉，促使他们以更加积极、主动的精神投入到农业生产中去，提高了农业生产效率。1996 年人民革命党“六大”报告，就农业、林业领域指出，广大农民以家庭为基础积极地实施自然经济向商品经济转变，农业的物质技术基础得到进一步的改善和发展，农林产品加工业在一些地方开始有所发展，有些地方在实施分地、分林给农民保护、管理和使用的政策上有许多创

---

① ［老］颂赛：《老挝的经济体制改革和对外开放》，载于《印度支那》1989 年第 3 期。

新，2001 年老挝人民革命党“七大”报告指出，根据老挝的经济特点，老挝要把家庭作为实施自然经济向商品经济转变的基本单位。老挝人民革命党“八大”基本继续坚持“四大”以来党在农村的经济政策。

老挝在第三、第四、第五、第六个社会经济发展规划中，确定农林领域革新的根本任务是从自然的农业经济向商品生产农业转变，全面建设新农村，着力提高人民生活水平，特别是占人口大多数的农民。

三、柬埔寨的农业改革

柬埔寨是一个“靠天吃饭”的农业国家。农业是柬埔寨国民经济的命脉，农业人口占总人口的 85%、占全国劳动力的 78%。早期经济政策（1979～1989 年）受到越南顾问的很大影响。为了适应恢复农业生产的迫切需要，柬埔寨政府建立了称为“生产合作组”的合作组织。由于在红色高棉重建柬埔寨农村之后，作为向全体成员提供经济与精神支持的大家庭，“生产合作组”对这样一个同样重要的问题做出了反应，地籍规划和地界荡然无存。生产合作组还成为政府政策在地方的工具，这些组织有助于政府的政治管制与政治教育和军队的征兵。①

像中国和越南一样，柬埔寨在经济改革中也放弃了集体化。20 世纪 80 年代改革前，集体化农业一直是柬埔寨的理想，但整个 80 年代却显示出一种相反的趋势，即个体生产者日益支配着生产，使集体化受到挑战。实际上，大多数生产合作组更像乡村互助组而不像合作社，因为大部分土地都分配给各家农户。在 80 年代后半期，柬埔寨普遍允许建立农产品和制成品的自由市场，在柬泰边境地带

① ［美］罗纳德·布鲁斯·圣约翰：《柬埔寨、老挝和越南的经济改革早期发展阶段结束》，载于《当代东南亚》1997 年第 19 卷第 2 期。

逐渐出现了活跃的农产品贸易。

1989 年初柬埔寨实行土地所有制改革，使公民有权管理和使用国家授予他们的土地。但新的土地改革并不是土地私有化，仅涉及收益权。然而，1989 年的土地改革确实使农民牢牢地掌握对其耕地的使用权，而土地租佃的安全性往往足以刺激农民对农业进行更多的投资来促进农业生产。1992 年的土地法认可了土地暂时占有权和持证所有权。根据 1993 年的宪法，柬埔寨的土地属于国家所有。虽然大多数柬埔寨人尚无明确的所有权凭证，但他们却认为自己已拥有他们所耕种的土地。

放弃集体化促进了柬埔寨农业生产复苏，然而，农业生产率仍然较低，这意味着通过提高技术水平来提高生产率的余地是很大的。

2002 年，柬埔寨加快农业经济发展，但需要改进法律作保障。尽管柬埔寨在进行了林业立法、禁止非法砍伐森林、规范森林犯罪监控等工作，但农林渔业部门的改革仍有大量的工作要做，尤其是在土地、林业资源、渔业资源的租让和让贫困农民取得土地所有权方面更需加快改革步伐。柬埔寨大量的良田是公有租让地，尚未得到充分的利用，而许多小农户尤其是贫困农民却得不到足够的耕地。如何让贫困农民公平地取得耕地、公有林资源和渔业资源的承租权，既是提高农林渔业资源的利用率，又是减少柬埔寨贫困人口和保持经济稳定增长的重大政策问题。柬埔寨政府在这些方面的改革所面临问题，是如何在政府发放使用公有资源租让权和让贫困农民得到这些资源之间找到一个平衡点。此外，只有 10% 民户持有合法的土地所有证，农民缺乏为提高农业效率进行投资的积极性，因此，柬埔寨还要通过深化农业改革，为农民取得合法的土地所有权证提供制度保障。

四、缅甸的农业改革

在改革过程中，缅甸政府明确提出农业是国民经济建设的基础，强调要充分利用土地资源发展农业，并在发展农业的基础上，带动国民经济其他各行各业的全面发展，尤其是带动与农业相关的农业机械制造业的发展。联合国曾发布的一项报告指出，如果缅甸能在农业和制造业方面进行有效的改革，那么缅甸国内生产总值增幅将大大提高。

在2011～2012财年开始的经济发展五年计划中，缅甸政府提出要实现每年7.7%的经济增长，目标是要让缅甸从一个贫穷的农业国向一个生活富足、经济发达的现代化高科技工业国家转变，表明在这一转变过程中，缅甸首先要解决的是吃饭问题。

2012年9月，在中国南宁举行的中国—东盟博览会期间，缅甸总统吴登盛接受中国媒体采访时说，国家的和平稳定是缅甸宏图远略中最基本的环节。吴登盛说，经济发展粮食供给是最重要的保障，缅甸的粮食现在自给有余，还能够出口。但随着人口增长，缅甸要努力增加粮食供给。缅甸现有人口6 000万人，将来人口增加到1亿人的话，要保证这些人口的粮食供应，就必须要倍加努力，就不能用传统的方法来搞农业了。所以，缅甸要优先开展农业改革。吴登盛总统说，要从机械化、科学化种植收割到粮种优选，从鼓励农民发展农业到规模化种植。

为提高农业生产率和农民收入，缅甸在推进改革进程中还制定了发展农业的三大基本方针和五大战略措施。三大基本方针是：按照市场规律促进农业和食品生产，争取大米生产盈余，食用油供应自给，同时积极发展主要用于出口的农产品和食品加工业；扩大耕地面积，保护农民权利；鼓励私营经济参与农业发展。五大战略措施为：保证并继续扩大农业用地；多方筹措资金修建农田水利设施；加快农业机械化发展步伐；指导并鼓励农民掌握先进的农业生产和管理技术；培育和引进并举，扩大良种种植面积。三大基本方针和五大战略措施对缅甸农业发展起到了重要推动作用。

稻谷是缅甸农业的主导产品。缅甸政府还专门制定了发展稻谷生产的多项措施，其中包括提高稻谷产量计划、开发水洼地种植计划、改一年两季为一年三季的稻谷种植计划、发展优良品种培育和引进计划、高效化肥和农药的普及计划、科学种田和现代农机具的推广计划等。为调动农民种田积极性，缅甸政府还调整了稻谷收购政策让利农民，同时全部或部分免除了农机、农药、良种和化肥等农用物资的进口关税。正是这些政策措施的有效实施，才使得缅甸农业有了长足发展。

五、结语

总体上说，新四国的改革或革新的最初阶段，都以农业改革为突破口，并且，四国的农业改革都取得了重要成就，大大提高了农民的生活水平，农村面貌得到改变，为全面推进经济改革和转型创造了有利条件。但是，目前新四国的农业基础仍然薄弱，农业经济发展水平不高，农村现代化建设滞后，在向市场经济转型的过程中，四国的农业改革仍然任重道远。中国的农村改革取得了巨大成就，但时至今日，农业、农村、农民问题仍然成为当今中国的重要问题。新四国也一样，在今后的改革中也要解决好本国的农业、农村、农民问题，为国际经济的发展，推进面上的改革和转型奠定更加牢固的基础。

第八章

核心是所有制改革

第一节　经济转型要突破所有制问题：中国的例证

对所有制进行改革，尤其是对国有企业进行改革，是推进经济转型的内在要求。几乎所有的转型国家都对国有企业进行大刀阔斧改革。例如，东盟老成员在完善市场经济措施中，也包括国有企业改革的内容。马来西亚采取加速出售国营企业的措施，到 1993 年底，政府已经转移了 75 家国营企业的部分股权和管理权，其中 1/5 已在吉隆坡股票交易所挂牌上市。20 世纪 80 年代中期以后，马来西亚国营企业数量由 1983 年的 69 家减少为 1990 年的 61 家。80 年代中期以后，印度尼西亚更加重视私营部门的发展，取消了对私营部门的很多限制，并通过股份制改革和企业内部经营机制的调整，使国营企业也逐步走向市场。菲律宾在经济自由化方面采取的主要措施是，实行国有企业的私营化和合理化，1986 年菲律宾政府颁布文告，设立私营化委员会和资产私有化信托机构，出售来源不正和经营不善的 399 项国有资产和 132 家国有企业。90 年代以来，菲律宾进一步加快私有化的步伐，到 1998 年中，该国政府通过出售和转让方式处理的国家资产已达543亿比索。在中国，1984年10月，中共十二届三中全会后，改革的重点转移到了城市，主要是国有企业，增强国有企业活力。

所有制改革主要包括两个方面：一是提高国有经济水平，尤其是提高国有企业适应市场经济的能力；二是提高非公有经济地位，发展混合所有制经济。转型国家的经济落后，生产力水平低，人民生活困难，主要表现为国有企业所占比重大且效率低下，非国有经济成分得不到应有的发展。这种所有制结构是转型国家的普遍现象。所有制结构是一国经济制度中最牢固的部分，它会阻碍一国生产力水平的持续提高以及经济制度向更高层次变迁。因此，旧体制向新体制的转换，根本问题是对旧体制的核心部分即高度单一的所有制进行深刻改革。诚然，所有制改革不能代替一切，但它是改革诸因素中根本性的因素，因为所有制改革的实质是建立市场经济的微观基础，这个问题不解决或解决得不好，其他社会经济问题就受到影响，从而整个改革就不能彻底，体制转型就会因缺乏稳固的根基而不可能成功，或变型扭曲。因此，转型国家的改革和转型的核心问题是对所有制进行改革。

中国的改革开放走过37个年头，取得的实质性突破就是从所有制改革突破开始的，经济领域取得的成就首先归功于推进所有制改革。同样，今后改革的进一步推进和最后取得成功，也有待对所有制改革的深入进行。

从所有制方面来说，转型国家在推进旧体制向新体制转型过程中必须解决以下几个方面的问题：一是如何建立适应市场经济的所有制结构，即如何根据市场经济的等价交换原则、价值实现原则、交换程序原则等特征来优化所有制结构。这不仅仅是一个理论问题，更重要的是一个实践问题。二是如何通过深化所有制改革来解决国有企业的机制转换问题。不进一步改革所有制，国有企业改革就难于取得实质性进展。如何改革国有企业是转型国家改革的重大举措。由于受“所有制迷信”的影响，以前中国不提国有企业改革，而是提国有企业“解困”。但实践证明不能用所谓的“解困”来代替国有企业改革。例如，如何建立现代企业制度更是国有企业改革的一个深层次的问题。诚然，除了现代企业制度外，企业活力还涉及产品结构、技术水平、内外经济环境等，但现代企业制度是基础和前提。三是其他社会经济问题，如社会保障制度的建立和完善等，都要依靠所有制的深化改革来解决。①

中国改革前的30年，尤其是“大跃进”和“文化大革命”时期，由于受“极左”路线的影响，所有制问题被神秘化了，“所有制迷信”在人们的头脑中根深蒂固。中国曾照搬了苏联集权计划经济体制模式，在这一模式下，尽管也集中全国的物力、财力干一些大工程，但这种导致模式官僚主义膨胀、家长制横行，一个接着一个的政治运动，让亿万民众沉陷在相互倾轧中，使中国丢掉了30多年经济发展的最好时期，人民群众的生活水平贫穷低下。

改革能否成功，市场经济体制能不能最终建立，从根本上说，取决于是否能按市场经济的一般原则对国有经济进行改革。1978年，中国国内生产总值结构：公有制经济占99.1%，非公有制经济占0.9%，而在公有制经济中，国有经济占56.2%，集体经济占42.9%。从20世纪70年代末起，中国用4年多时间摧垮了农村的人民公社制度，逐步建立了家庭联产承包责任制和双层经营的管理体制；用10多年时间消除了计划定价并逐步形成了以市场定价为基础的价格形成机制；用20多年的时间发展多元市场竞争主体，并推动国有资产存量调整，培植市场竞争机制。统计显示，2006年非公经济所创造的国内生产总值已占全国国内生产总值的65%左右，多层次的法律、法规、规章和规范性文件，在法律层面上确立了非公经济平等的市场主体地位，非公经济对社会经济发展的贡献越来越大。这就使得国家集权控制全社会经济运行的格局发生了根

① 黄信：《透视中国体制转型热点》，广西出版社2002年版，第48页。

本性的变化：国家不再对企业经营承担无限责任，企业也不能继续吃国家的“大锅饭”，国有企业已逐步成为法人实体；个人对社会成果的分配，也不再是抽象的劳动支出，而必须是社会必要劳动，不仅个人劳动以社会标准衡量，各种生产要素也有偿参与社会价值的创造、实现和分配。农村不再是城市工业化资金积累的来源，提高农业生产率和农产品商品率，发展城乡商品关系；中央和地方政府，在统一的国家政权组织内，一级政府，一级事务，有独立的财政收支权限。随着市场主体的逐步形成，资本、土地、劳动力、技术和信息市场等生产要素市场逐步建立，利率、汇率、税制也在逐步适应国内外市场的需要而市场化。这种状况表明，要想让集权计划经济体制复归，已是完全不可能的事了。

改革前和改革之初，中国舆论界对所有制问题谈虎色变，中共“十五大”以前，中国回避了所有制问题。中共“十五大”明确肯定了所有制改革，并在所有制问题上做出了不少前所未有的阐述，如指出“非公有制经济是我国社会主义市场经济的重要组成部分”，这是一大进步。中共“十五大”后，所有制问题被公开提出。实际上，由于经济体制改革的需要，中共十一届三中全会之后中国已经进行了所有制改革，只是在舆论上没有明确提出而已。过去的37年，中国经济改革的成就是在所有制结构不断变动和优化的情况下取得的。中国所有制发展的趋势是，非公有制经济和集体所有制经济在市场导向的作用下，它们在国民经济中的比重不断提高。据统计，到1998年，非公有制经济和集体经济部门已经创造出73%以上的工业总产值、63%的GDP、100%以上的新增就业和80%的经济增长。而国有经济即国有企业，尽管它仍占用70%左右的银行信贷资源，但在工业总产值中它的贡献率不足30%，对GDP的贡献率不到40%，对经济增长贡献不到20%。也就是说，国有经济部门问题再严重，只关系到20%～30%的经济收入与经济增长。只要占70%～80%的非公有制经济和集体经济持续发展，中国的经济就仍然能够增长。目前，中国非公有制经济GDP所占的比重超过

60%，税收贡献超过50%，就业贡献率超过80%。当然，中国国有企业表面上占GDP比重逐渐下降至4成左右，但国企并未退出市场，实质控制企业的还是政府。

可能说，否定非公有制经济是中国改革前30年国民经济濒于崩溃的主要原因。在中国，长期以来由于受姓“公”姓“私”、姓“社”姓“资”的束缚，人们人为地搞所有制的单一化，造成了传统所有制“一大二公三纯”的目的崎形状态。在“极左”思想的影响下，人们把所有制看成是绝对的东西，认为所有制只有公有制和私有制之分，犹如一条河的两岸，非此即彼；公有制是绝对的好，私有制是绝对的坏，两者水火不相容。现实生活中，人们看到的只是纯粹的社会主义公有制经济，而非公有制经济被当作是资本主义的东西被完全排斥，甚至连房前屋后种一棵树也被当作“资本主义的尾巴”割掉。“宁要社会主义的草，不要资本主义的苗”堂而皇之成了公理。正是这种“公理”，导致了我国国困民穷，国民经济走到了崩溃的边缘。饥饿和贫穷终于使人们觉醒，困惑了我们几十年的所有制问题，无论弄得怎样神秘也不过是一种搞饭吃的手段。传统“大、公、纯”的所有制为什么会达到如此登峰造极的地步？就是把本来属于经济关系的所有制问题，当作了意识形态问题来对待，并且无限“上纲上线”，同时，用“大、公、纯”的公有制经济来排斥非公有制经济。

究竟非公有制经济存在和发展的原因是什么？这是一个关系到非公有制经济前途和命运的大问题。以前，这个问题似乎已有定论，没有再讨论的必要，因为当时比较一致的看法是：非公有制经济的存在由社会主义初级阶段的生产力水平决定，是旧体制向新体制过渡的产物；由于目前中国的生产力水平落后，因而需要落后的所有制形式即非国有制或非公有制与之相适应。这个定论的理论依据是，生产力决定生产关系，所有制是生产关系的基础，而非国有制或非公有制经济是所有制的一个组成部分或形式，自然由生产力决定；我国处于社会主义初级阶段，生产力水平落后且呈现多层次性，非公有制经济只不过是这种多层次的生产力反映在生产关系上的一种。

如果说非公有制经济成分完全由生产力水平决定，那么，推而论之，生产力高度发展之后就不需要非公有制经济了，或者它会“自行消亡”。但这样一来，就意味着我们现在允许非公有制经济存在和发展不过是权宜之计，而不是长久稳定的政策，从而也不能说明“非公有制经济是我国社会主义市场经济的重要组成部分”。进一步说，如果非公有制经济在生产力水平提高后会“自行消亡”，那么就难于解释当今世界发达国家中非公有制经济占相当大比重的现实。再从我国改革前 37 年的生产力情况来说，那时的生产力水平比现在要低得多，手工劳动所占的比重较大，社会产品相当短缺，人民生活困难，按照“非公有制经济由生产力水平决定”的观点，非公有制经济在那时应该得到充分发展，但事实恰恰相反，那时的所有制是纯粹的社会主义公有制，非公有制经济是“非法”的，没有容身之地。所以，并不是“非公有制经济与落后的生产力水平相适应”。

与上述观点相联系的还有一种观点，即非公有制经济由“交换的多样性”决定，是社会主义市场经济条件下交换发展的需要，即在发展市场经济的条件下，市场交换的多样性决定了多种经济成分同时并存，非公有制经济只是其中的一种。这种观点也值得讨论。不可否认，交换的发展为非公有制经济的存在提供了空间和条件，然而这仅仅是一种必要条件，而不是充分必要条件。一方面，非公有制经济自从人类社会进入原始社会后期出现以来就一直存在，而交换是在私有制产生之后才出现的，以交换为特征的真正商品经济不过是资本主义时代的事。另一方面，现实生活中的非公有制经济并不完全为交换而存在，相当一部分个体生产者的生产是自给自足的需要。可见，“非公有制经济由生产力发展水平决定”与历史、现实和逻辑相悖。

非公有制经济经过漫长的发展历史，今天仍然不断地发展。那么非公有制经济为什么在社会经济的长河中会长盛不衰？其主要客观依据是：“社会需要的多样性”和个人经济自主权是非公有制经济存在的主要原因。

事实证明，非公有制经济对支撑国民经济增长和市场经济体制的形成都具有重要作用。因为非公有制经济对市场的反映敏感，是市场经济条件下最活跃的市场因素，直接关系到市场经济的定型和完善。非公有制的发展有利于形成竞争充分的环境，促进国有企业经营机制的转换，有利于增加就业机会，减少国有企业发展、下岗分流造成的社会震荡，有利于经济的稳定与增长，为国有经济结构转换和企业管理重组提供宽松的环境，有利于企业家这种稀缺资源的发育成长等。

所有制问题给我们的深刻启示是，在今天我们深化经济体制改革和建设市场经济的情况下，必须使所有制结构适合市场经济发展的需要；不论哪种所有制形式，只要能够较快发展生产增加社会财富，不断改善和提高人民的生活水平，就采取哪种形式。

所以，端正对非公有制经济的错误认识，是关系到所有制改革深化的重大问题，关系到“多种所有制共同发展”的局面能否形成的重大问题。正是从这个意义上说，修正对非公有制经济的错误认识，是深化所有制改革的前提。

第二节 新四国的所有制改革

东盟新四国在全面推进改革过程中也十分重视对所有制进行改革。如同改革之前中国所有制面临的问题一样，新四国的所有制也存在不少弊端，这些弊端直接影响这些国家经济发展，迫切需要进行制度创新。

一、越南的所有制改革

2001年越共“九大”提出的“社会主义定向市场经济”，其中一个重要内涵，就是坚持多种所有制成分并存。越南的所有制改革首先体现在对国有企业进行改革，而传统的国有企业体制是计划经济的产物。在越南经济中，国有企业占绝对优势。在传统体制影响下，国有企业没有自主权，经营状况不佳。所以，所有制革新首先是对国有企业的改革。

越南绝大多数国有企业都很小，这是越南国有企业的一个显著特点。1990年时，越南大大小小约有12 000家国有企业。当时，越南的国有企业拥有的资产总额约为120亿美元，企业就业总人数约为230万人，尽管其规模不大，但它们在越南的国民经济中却起着很重要的作用。大多数中小型企业归越南各省和地方政府以及党的机关所有（总共有10 389家左右）。这些较小企业的效益极低，约有40%亏本，另有30%濒临破产。

1979年起，虽然国营企业仍然是越南中央计划的一个组成部分，但越南政府还是鼓励它们转向独立核算和自筹资金发展。1986年12月的越共“六大”后，越南对国有企业进行了深入改革，主要是扩大企业自主权、破除统包统管体制。“六大”规定国有企业享有经济和财政上的独立性。两年后，越南政府调整了企业员工的报酬，取消了大多数实物补助。除了诸如石油和电力企业等几个特殊部门之外，企业的自主权因强制性计划指标数目减少而普遍得到了加强。

1987年，越南对国营企业经营自主权作具体规定的217号决议强调，企业有权根据实际情况制订生产计划，组织生产和出售产品。1989年越共六届六中全会规定，废除官僚集中统包制，国家尽量减少指令性计划，把企业推向市场，让企业彻底转变经营机制，以适应市场的变化。企业被进一步推向市场，只有一些特定部门和领域维持国家的垄断经营。此外，越南政府还实行一项双管齐下的战略来提高效率与生产率以及促进市场导向行为。这项战略一方面通过采取诸如让私营企业享有更多机会获得银行信贷和使所有企业遵守统一的征税规则等政策来促进竞争。另一方面越南力图促使较为自主的国营企业进行利润最大化活动，这种努力包括采取一些有关的措施来加强预算限制。通过清算或合并，国有企业的数目在1993年底减至7 000家左右，后来又减少到6 000家左右。

越南于1993年颁布了《国有企业破产法》，1994年颁布了《国有企业法》等规范企业经营的法律法规。为了给国有企业的发展提供更好的条件，2001年8月越共九届三中全会后，越南对国有企业的股份制进行了大刀阔斧的改革。为使国有企业改革有法律保障，越南组织相关专家修订了《国有企业法》。在政策支持方面，完善了与国有企业股份制相关的各项政策、条理和法规，这些在制度上对国有企业的重组、解散、破产等都做了明确规定。上述法律和政策使得国有企业的权利和义务更加明确，经营更加有保障。近些年来，越南的国营企业在国民经济中所占的比重在增大，因为很多国有企业由越来越多的外资参与经营。不少外国投资者通过与国有企业以合资协议形式进入越南，同时，国有企业还享有获得信贷、土地使用、特别是国家银行信贷的有利机会以及较大份额的外贸许可证。这些特权是私营企业所不易得到的。

越共《中央委员会在第八届全国代表大会上的政治报告草案》(以下简称《草案》)明确指出，有必要对国有企业实行进一步的改革，因为随着越南经济的日益开放，其与世界经济越来越融为一体，若不推进国有企业改革，国有企业的良好业绩就不可能持续下去。该《草案》还意识到，国有企业在生产性的非战略性部门不利于开展竞争，从而阻碍了私营企业的发展。如果国有企业一直在获得土地、信贷和贸易机会方面受到优惠，那么私营部门就有被扼杀的危险。若未能减少国有企业的数目和未能把非战略性企业转移到私营部门，那么就无法通过增进私营企业的参与而把大部分紧缺的公共资源用来投资于其他方面。

越南在大力改革国有企业的同时，还积极促进非公有制经济的发展，调整对非国有企业的政策。其实，越南自改革之初就积极发展民营经济，政府制定宽松实用的政策法规，扶植私人个体经济。1986 年越共“六大”之后，政府允许私有企业进入农业、养殖业、手工业、服务业、小型制造业等部门。

越政府于 1988 年 3 月 9 日颁布了《关于对工业生产和工业、建设、运输服务方面的个体和私营经济政策的规定》。该文件提出，国家承认个体经济和私营经济成分在国民经济结构中的长期存在和积极作用。国家鼓励这些经济成分发挥积极作用，限制消极因素，推动生产发展，为越南建设社会主义做出贡献。国家为这些经济成分在工业、建筑、运输服务等领域以适当规模开展活动创造有利条件。

1990 年 10 月 1 日，越共八届三次会议通过了酝酿已久的私人企业法，使越共和越南政府提出的发展多种经济成分的方针路线，很快落实在法律上，让人们放心投资和开展经营。该法规定，年满 18 岁的越南公民有权依法成立私人企业，国家承认私人企业的长期存在和发展，承认私人企业与其他企业在法律面前的平等和营业的合法赢利。在法律许可范围内，私人企业主在一切经营活动中拥有自主权。私人企业主的生产资料所有权、资金、财产的继承权以及其他合法权利受到国家保护。该法规定还明确“承认私人企业与其他企业在法律面前的平等和营业的合法赢利”，显示出越政府对民营经济地位和作用的认识已经大大进步。

1992 年的越南宪法承认和保护私有财产，允许私有企业进入除军工生产以外的任何领域。2001 年越共“九大”进一步明确提出，国家将在政策和法律上创造有利条件，在法律不禁止的生产经营部门鼓励私人资本主义经济广泛发展，包括向国外投资。随后，越南提出要将大力发展私营经济视为推动社会主义定向的多种成分经济发展的一项长期战略。在各种有利政策的鼓励下，越南的私有经济发展迅速，近些年已初具规模，在经济发展中发挥了重要的作用。

同一时期的中国，1988 年 4 月 12 日，第七届全国人民代表大会第一次会议通过《中华人民共和国宪法修正案》，第 11 条始增加“国家允许私营企业经济在法律规定的范围内存在和发展。私营经济是社会主义公有制经济的补充。国家保护私营经济的合法权利和发展。对私营经济实行引导、监督和管理”的内容。“私营经济”的提法第一次出现在中国的根本大法中，并且只是作为“社会主义公有制经济的补充”而存在，对待它的态度和方式是“引导、监督和管理”。

从 1986 ~ 1990 年，在越南的经济结构中，私营个体经济获得较快发展，其在整个国民经济中占的比重逐步上升。在工业领域，私营个体经济由占整个工业经济的比例大大升，在商业领域更为显著。经过这些年的发展，私人经济占了优势，国有经济地位下降，集体经济更是下降到了无足轻重的地位。这一时期，胡志明市成为越南的工商业中心，该市生产的产品有 60% 来自私营工商业，全部企业生产的工业消费品约占全国一半，创造的收入约占全国的 1/3。又如，越南首都河内的个体工商业也发展很快，据统计，1987 年就已有 4 万多家。总之，民营经济的迅速崛起，促进了越南民间资本和财富的大量积累，越南老百姓生活水平大大提高。

二、老挝的所有制改革

社会主义改造时期，老挝的中心任务是建设和发展国营企业、农场、农业社，以达到快速建设社会主义的目的。从 20 世纪 70 年代末至实施第一个五年（1981 ~ 1985 年）计划，这一时期高度集中的国营经济成分，为奠定老挝社会主义物质技术基础做出了重要贡献，但同时对全国生产力发展所造成的负面影响也是巨大的。

从 1984 年开始，老挝对国营企业进行改革，但当时仅限于扩大企业的自主权。老挝认识到，国营企业最大的问题是经营效益低下，必须从改革国营企业经营体制入手，主要是增强经营自主权，调整国营业企业体制和规模，按照市场经济向经营管理方式转变，做到真正开放，也就是说按照国际惯例开展经营。1984 年 8 月老挝人民革命党的三届六中全会提出，要对工业管理体制进行改革，建立将经济管理机制与生产经营机制分开、把生产经营权下放到企业、实行企业核算与自负盈亏的新体制。至第二个五年计划（1985～1990 年）实施阶段，老挝各种所有制形式被认可和推广。不仅如此，老挝还于 1988 年由党中央颁布了《关于私营和个体经济政策的决议》，改变了以往人们对农民、手工业者个体经济和私营经济的不公正认识。

1979 年后，老挝开始逐步实行政府经济权力下放，从而使原先几乎等于是政府部门的国有企业成为实行内部核算制的半自主企业。1981 年年中实行的第 11 号决议，要求国有企业必须达到由监管机构所制定的十几项强制性计划指标。除此之外，国有企业享有一定程度的自主权，并保有 10% 的利润用来进行再投资。1983 年，老挝政府授予几个主要国有企业更多的自主权，允许它们保有 40% 的利润和一定比例的任何海外收入，并允许它们在公开市场进行有限的直接销售。

1986 年 11 月的老挝人民革命党“四大”以后，老挝正式进入了全面革新开放的时期。“四大”报告提出，在生产关系的变革过程中，既不能把所有制因素同生产关系中其他因素割裂开，也不能把改变生产关系与发展生产力割裂开。经济改革的重点是要解决所有制政策的调整问题。老挝“四大”报告承认在社会主义改造方面老挝的主要缺点是主观、急躁，不懂得把改造与建设结合起来，试图一下子消灭各种非社会主义经济成分。报告要求立即坚决地终止动员农民加入合作社或成立新的农业合作社，并允许被强迫入社的社员退出合作社。1986 年 12 月，老挝政府颁布了允许建立自由的农产品市场的“贸易令”。老挝人民革命党“四大”提出了深化国营企业改革的具体措施，企业除了把其年度产值的 20% 上缴国库作为政府税收外，其生产规划、产量目标、招工、产品分配和积累等，都由企业自主负责。“四大”还提出取消官僚主义权力集中及统包统管的经济管理体制，坚决行社会主义经营核算制。

1988 年 1 月，老挝人民革命党的四届五中全会，就国营、集体所有制形式统一了认识，并在“五大”“六大”和“七大”会议上又有进一步的发展。老挝政府认为，国营、集体所有制形式是奠定社会主义基本要素、创造经济效益的重要经济成分，国营经济既要掌握国家经济的重要命脉，又要充当把先进科学技术有效运用于生产、服务和经营的优秀代表。因此，初期的国营和集体所有制革新是实行经济核算制，用市场指导生产和服务，进一步划清政府在行政管理和经营方面的职能，发挥基层经济实体的自主权。为贯彻落实中央和当时部长会议的方针，老挝采取了合并、解散、出售、持股、出租等重大举措，重新设置、调整国营企业。之所以这样做，是为了减少政府扶持国营企业所带来的沉重经济负担，从而使老挝国营企业的数量大大减少。通过上述新政策的实施，使国家的财政状况出现了好转，提高了企业的经营自主权，解决了亏损，同时也有效地改革了经营管理体制。

然而，由于老挝缺乏经验，加之急躁思想存在等，致使国营企业的改革出现了一些偏差，向其他所有制形式转变的一部分企业未能给社会带来较好效益，造成了国有资产的部分损失。

针对国有企业的平庸业绩，老挝政府于 1988 年 3 月颁布了第 19 号法令，正式确定了国营企业的自主原则。这项新措施通过各种制度来限制国有企业获得银行信贷的机会，授予其制定价格的自主权，并对国有企业开始实行私营化。政府强制性生产指标被取消了，每家企业都可以自行决定要生产什么商品和如何生产这些商品，只要它能按指标交纳税款就行。但遗憾的是，不少授予自主权的国营企业并不能使企业的业绩得到改善，结果令政府大失所望。在其他制度创新跟不上的情况下，自主权实际上导致了更大的管理随意性和在减少投资的情况下增加本期收益，从而导致了国营企业的非资本化。

为了解决这些问题，老挝政府于 1989 年开展了一场国有企业私营化运动。1990 年，私营化企业的数目在略微减少。于是，政府于 1991 年 3 月颁布了第 17 号法令，以此来加速除了一些关键企业以外的国有企业私营化。在这项新法令颁布以后，老挝的国有企业私营化进程加快了，其中最普遍采用的国有企业私营化做法是租赁。在 1991 ~1992 年，老挝约有 37 家受到中央监管的企业实行了私营化，其中一半以上企业就雇员人数而言属于大、中型。农业部门的私营化相对较快，仅在 1991 ~1992 年就有 22 家农林业部监管的国有企业实现私营化。1995 年 2 月，老挝政府任命一个新机构来改善私营化的结构和程序。现在，除了 20 家主要的国营企业以外，包括公用事业企业在内的一切国营企业都被纳入私营化的计划中。

1990 年 3 月，老挝政府发布的《关于把国营企业转变为其他所有制形式的决定》，规定除在国民经济、社会和国防中有重要作用的企业之外，其他领域不需保留的国营企业，以租赁、出售、股份制或承包经营的形式，转为其他所有制形式。1991 年 2 月，在第一届日用商品和出口商品生产工作会议上，老挝政府明确指出，要继续主动地把从事日用商品和出口商品生产的企业，转向其他所有制形式。根据这一精神，政府决定除电力、邮政、自来水、公路桥梁建设、采矿和军品生产等少数骨干企业外，其他企业均陆续通过承包、租赁、合资、股份制等不同形式由公有制转为其他所有制。老挝中央和省市两级成立了“国有企业租赁和拍卖委员会”，对现有国营企业进行财产评估和登记，划分类别，分出保留的企业、租赁的企业、拍卖的企业和实行股份制的企业，对国营企业的民营化进行具体指导。到 1997 年，除了具有战略性的国营企业外，多数国营企业都实行了民营化。

同时，由于老挝金融体制改革也在推进，货币在市场经济的发挥了作用，中央银行鼓励个体户和小生产者向国家银行借贷办家庭手工业和副业，企业只向国家缴纳 20% 的所得税就可以自由营业。2001 年老挝人民革命党的“七大”出台了关于改造当前国营企业的政策，重点是提高市场体制效益以及各种经济成分的平等竞争。2006 年 3 月召开老挝党“八大”指出，在发挥各种经济成分力量和作用的同时，巩固和建设国有经济和集体经济，使之成为经济的主干和中坚力量，发展生产力，建设和巩固与生产力相适应的生产关系；在农林业、加工业、电力产业以及过境服务、旅游和矿业等优势领域和农村实现工业化和现代化，运用新科技，建立起与工业和服务业相结合的农林业经济结构和合理的区域经济布局。同时，积极发展家庭经济，促进人民增收和提高人民生活质量，因地制宜进行项目投资，促进家庭经济发展，为今后自主发展积累资金。①

在推进改革过程中，老挝政府进一步明确加强宏观指导和管理作用的必要性，同时要求彻底废除国营企业依赖上级的“大锅饭”体制，政府各部委要履行“中间裁判”的职能，创造公开透明的执法环境，重视服务，制定政策，特别是财政政策、高科技发展政策，为包括国营企业在内的各种形式的企业提供公平竞争、优胜劣汰的政策环境。老挝政府认为，目前老挝国营企业最大的问题是经营效益低下，增强经营自主权，调整国营业企业体制和规模，按照市场经济规则进行经营管理，并按照国际惯例开展经营。

三、柬埔寨的所有制改革

由于柬埔寨农业基础十分薄弱，经济增长来源已经十分狭窄，主要依靠服装出口和旅游业。柬埔寨国内早已普遍认识到，必须培育和开发新的经济增长来源。然而，开发新的经济增长来源需要大幅度提高生产率，需要获得巨额投资，苦于政府财力十分有限。为

① ［老］颂赛：《老挝的经济体制改革和对外开放》，载于《印度支那》1989 年第 3 期（总第 3 期）。

此，近些年来，柬埔寨政府已经致力于改善私营企业的投资环境和经营环境。在扶持发展中小私营企业方面，政府表示尽快通过一些扶助发展中小私营企业的规定，以加快这些企业的发展。

1985 年，柬埔寨在开始进行市场导向型改革过程中，就鼓励私营部门的积极发展经营，允许建立合资企业并取消了大部分价格管制措施。改革进程在 1989 年以后扩大并加快了，主要的措施是恢复表面上的私有财产权。柬埔寨政府在实行农业合作化和促进国营企业自主与私营化的同时，还放宽了对外贸易限制。由于实行了较开放的贸易政策、较低的关税和减少当时所盛行的强制命令做法，这些宏观经济政策有效地促进了 20 世纪 90 年代初柬埔寨的经济发展。

1979 ~ 1989 年这十年，柬埔寨以高度中央集权的方式来管理有限的国营企业，并根据传统的政府计划经济路线来对外贸实行国家垄断。因此这一时期柬埔寨外贸出口额很有限，而且主要流向苏联、东欧国家和越南。1989 年底，柬埔寨开始对国营企业实行一种新的财政独立制度，该制度设想国营企业要在指示性规划但不受国家干预的制度内运转。国营企业在财政上自负盈亏并保有全部税后利润，企业只需向国家偿付一半的分期偿付款项。这一措施似乎使柬埔寨国营企业变成了市场经济的商业企业，而实际上国营企业的真正自主是难以实现的，因为面对预算问题恶化、通胀率居高不下和将要进行的全国大选，政府的相关政策迟迟没有实施，相反，政府还继续通过向国营企业抽取流动资金的办法来筹措预算费用。

与老挝和越南不同的是，很多人把柬埔寨的私营化看成是对国营企业进行长期改组的一项有吸引力的替代方案，一个主要论据是，在国营企业私营化后能更有效地对其进行改组。到 1992 年，柬埔寨 224 家国营企业中有 40% 已实进行私营化，其余的也希望得到政府的批准进行私营化。城市房地产与工业公司和地方小企业在内的国营企业，私营化进展最快。

由于缺乏管理私营化的法规，柬埔寨政府便于 1989 年 7 月制定并于 1994 年修改《外国投资法》，旨在为私营化提供法律基础。

然而，遗憾的是，柬埔寨政府更务于快速地实施，而不注重制度的透明度和公平，尤其是在私营化早期阶段。同时，与越南不同的是，租赁也很快就成了柬埔寨私营化的首选形式，它占了国家各部和各省、市政府所订立的契约的一半以上。柬埔寨最初偏爱租赁的一个原因，是要使资本很有限的柬埔寨本地人能接管企业（尽管最终大多数投资者是外国人），而对外国人在柬埔寨的土地所有权采取了限制性措施。由于柬埔寨经济与政治环境不怎么稳定，因此投资者也把租赁看成是风险较小的一种形式。

2003 年 9 月加入世贸组织后，柬埔寨强调扶持发展私营企业的紧迫性。但柬埔寨要进一步促进私营经济的发展，政府仍有大量的改革工作要做。当前存在的制约私营经济发展的诸多因素有，如社会基础设施不完备、金融机构的贷款机能薄弱、缺乏熟练工人、政府管理工作效率低下、行政服务质量低下、政府工作人员贪污腐化、财政资金紧缺等。必须继续推进改革，消除制约私营经济发展的不利因素，尤其要为私营经济的发展创造更加良好的制度环境。[①]

四、缅甸的所有制改革

与柬埔寨的所有制改革有某些相似，缅甸的所有制改革的重点也是使国有企业走私有化道路。前面说过，甸军政府上台后推行改革，主要是废除计划经济体制，推行市场化、私有化、自由化、开放化等经济改革政策，而在所有制改革方面的主要措施有，推进国有企业改革，颁布《国有企业法》《私营工业企业法》，设立缅甸工业发展银行，建立多个商会、行业协会，推动私营经济与国有企业建立合资企业，允许私人租赁国企；鼓励私人经济发展，允许私营企业经营国内外贸易，放开边境贸易，推动经济的对外开放，实

① ［美］罗纳德·布鲁斯·圣约翰：《柬埔寨、老挝和越南的经济改革早期发展阶段结束》，载于《当代东南亚》1997 年第 19 卷第 2 期。

施出口退税政策来鼓励企业出口；实施《缅甸联邦外国投资法》，重视吸引外国直接投资；推行金融体系改革，允许私人开办银行，允许外资银行在缅甸开办分支机构，允许缅甸银行开展外汇交易；颁布《缅甸农业和农村发展法》，取消国家对粮食的统购统销制度，放开农产品市场，允许农产品自由交易，并建立畜牧与渔业发展银行来支持农业发展；推出《缅甸饭店与旅游业法》，发展旅游服务业。

缅甸于1995年开始实施国有企业私有化改革计划，2006年是私有化进程最快的一年。到2007年1月，计划实行私有化改革的国企总数为288个，其中已有215家国营企业卖给私企，8个国营企业由私企承包，65家国企待转让。其中，转让最多的是宣传部，提出申请转让企业数125个，实际卖给私企数124个；其次为商务部，提出转让企业数79个，已经卖给私企数25个。提出国有企业转让申请的部还有，第一工业部、林业部、饭店与旅游部、农业部、畜牧水产部、矿业部、第二工业部和合作社部等。

据缅甸媒体报道，2011年1月，缅甸政府正计划对国家经济实行重大变革，当年要把90%的国有企业转化为私有。缅甸商业杂志《11双周刊》援引工业部负责人的话说，政府计划在未来将绝大部分国营企业卖给私人。该媒体报道说，在这次的私有化改革过程中，除了国有企业之外，其他的国有资产包括汽车、加油站、物业、土地、公路、桥梁、港口等都将私有化。但当地观察家认为，缅甸政府不可能将攸关国家主权的敏感企业全面私有化。

2012年3月，缅甸央行官员表示，政府可能给国有企业提供补贴和贷款，以帮助企业应对该国开始实施新汇率体制造成的影响。央行一副行长向媒体披露，预计汇率改革对经济活动的冲击有限，因国有企业规模仅占经济总量的10%左右。国有企业是现行汇率体制的主要受益者，可以利用1美元兑换6.4缅元的官方汇率开展进口贸易，而其他企业和普通民众仅能在黑市以约800缅元兑换1美元。

从上可知，新四国的改革中都极力推进国有企业改革，尽管四国对国有企业改革的具体措施和路途不尽相同，各有特点，但目标是相同的，即都想方设法使国有企业走上市场，发挥市场配置资源的基础性作用。这个大方向是正确的，因为它与市场化发展和向市场经济转型的内在要求相一致。

第九章

绕不开的民主法制建设

第一节　民主化法制化是市场经济的内在要求

东盟老成员新加坡、马来西亚、泰国、印度尼西亚、菲律宾等，都依照本国的实际，制定并颁布了许多法律法令，为市场经济的发展提供了良好的法律保证，使市场经济有序健康运行和发展。如为了吸引国内外投资、促进和加速经济的发展，新加坡十分重视法律法令的制定工作，并且根据形势的变化及时加以修订。新加坡所制定的《企业法》《外国投资法》《金融法》《外贸法》《工业产权与技术转让法》《税法》《会计法》《劳动法》等，内容非常全面，规定十分明确。①

诺贝尔经济学奖得主道格拉斯·诺思认为，第三世界国家的政治秩序较为复杂，这使得这些国家的政治体制更难研究。尽管政治经济学家们对第三世界国家的政治体制问题较为关注，他们从政治体制的实际运行出发，对现实的政体结构建立模型，但是，没有模型能够很好地解释政治体制结构。政治体制绩效的巨大的差异使得

① 郭枫：《东盟五国市场经济模式探析》，载于《吉林省经济管理干部学院学报》2000年第14卷第1期。

政治体制这个主题成为改善我们对经济变迁过程理解的一个关键的问题。一般地说，我们对政治过程的研究没有对经济市场的研究成功。对政治市场的交易过程做简要阐释有助于我们找出其中的部分原因。政治市场不像经济市场那样运行。为行为设定合适的假设是比较困难的事情。这些行为假设比我们在经济模型中设定的要复杂得多，它们反映了道德、伦理规范和“非理性”行为反应。由于意识和意向性的本质，政治决策对认知有更复杂的需要。人类“理性自利行为”（经济模型的基本假设）和意识形成式的信念之间的复杂结合源于人类自我意识，这种结合是政治科学家们面临的一大挑战。而且这种挑战在下面的背景下更为清晰，即在动态的框架下分析政治市场能够更有效地分析非各态历经情况下的不确定性问题。鼓励永无止境的制度创新，因为制度能够降低不确定性。经济运行中的正式规则是由政治体制定义和保证实施的，因此政治体制是决定经济绩效的基本因素。

以前经常听到这样一种说法，即“市场经济需要民主法制来保驾护航”，这一说法的目的在于强调民主法制建设对于发展市场经济的重要性。但这种说法容易使人误认为民主法制建设是市场经济外在的东西，而实际上，民主法制是市场经济的内在要求，是内生于市场经济建设实践的。换言之，市场化改革和向市场经济转型，其内涵已经包括了民主化法制化建设。正是从这种意义上说，改革和转型绕不开民主化法制化问题。

更为重要的是，我们应认识到，民主法制不是什么抽象的东西，作为制度建设的题中之义，民主法制与人们的实际生产生活息息相关。例如，当下中国民间消费水平低下，表面看好像是一种个人经济行为，但实际上与基础性制度改革不到位密切相关。据相关资料，在新中国成立初期的 1951 年，中国民间消费占当时 GDP 的 68%，政府消费是 GDP 的 16.5%，而今天民间消费只是 GDP 的 37.5%，政府消费是 GDP 的 28%。跟其他国家相比，今天韩国和日本的民间消费分别占 GDP 的 52% 与 55%，巴西民间消费占

59.9%，印度为55%，美国最高，民间消费是GDP的71%。不管从历史，还是从跨国比较的角度看，今天中国民间消费真是稀有地低。为什么会是这样？如果要刺激中国的民间消费，应该做哪些根本性改革？经济刺激措施只是对短期经济增长有作用，但是，不会也不能从根子上铲除抑制民间消费增长的制度基础。①

所以，要转变中国经济增长模式，没有别的选择，必须进行基础性制度改革。首先，从对政府财政预算进行民主监督开始，包括公开听证、广泛的媒体自由讨论。民主制度监督可以减少政府开支的“硬件”投资偏好，引导政府开支往民生倾斜，包括基本医疗保障、社会安全网、基础教育等方面的国家投入。其次，征税权、加税权必须掌握在全国人民代表大会的手中，行政部门不能有征税权，新增税种、税率提升必须经过广泛的公开听证和媒体讨论。如果征税权不能卡紧，民间的收入就无法与GDP同步增长，政府拿到的国民收入比重就会继续膨胀，民间消费当然就没有收入基础了。只要政府收入的增速不被控制住，民间资费的增长当然难以实现。可见，民主法制改革是非常具体的东西，关系到经济模式能否转型的基础性问题。“人的幸福感在于制度建设的突破。”②

在20世纪90年代，迅速的经济发展和不断高涨的全球化要求许多东亚国家在推进行政治体制的变革。与其他第三世界国家相比，尽管东亚国家此前也进行了较多制度改革，包括政治体制改革，但它们的制度演化并没有与迅速的经济发展和全球化的要求保持同步。③

过去我们谈“软实力”，往往加上“文化”，即“文化软实力”，认为只有文化才是真正软实力。我认为，这种认识有失偏颇。

---

① ［美］道格拉斯·诺思著：《理解经济变迁过程》，钟正生、邢华译，中国人民大学出版社2008年版，第52页。

② 陈志武：《国富民穷，怎能转型经济》，载于《中国新闻周刊》2008年11月19日。

③ ［德］柯武刚、史漫飞著：《制度经济学——社会公共秩序与公共政策》，商务印书馆2001年版，第566页。

实际上，民主法制是制度的根本，制度才是最重要的软实力，是一国制度竞争的重要体现。具体说，软实力包括法律制度安排的质量，法律制度安排的质量约束是转型的重要约束。法律制度的设立不仅在于数量上增加，更为重要的是基于一个全面完整的制度规则体系之上的制度安排质量。如果说，法律制度安排不是建立起一个公平公正竞争的制度环境，不是对政治权力有效制衡，而是成了少数人谋利的工具，成了既得利益集团把其利益制度化的工具，那么，就制度安排而言，“软实力”就会弱化。

学者把新加坡选举的做法称为“新加坡模式”。其特点是，第一步先开放自由，给社会更多的公民自由权，让老百姓讲话、自由结社、自由出国、自由信仰，然后下一步开放选举民主。[①] 新加坡大选让世界对华人社会产生信心。迄今为止，既没有历史经验，也没有理论逻辑可以证明民主需要特定的基因。在某种意义上，“新加坡模式”就是稳健的民主演进模式，这也应该是新四国借鉴和学习的真正内核。民主是以跻身世界主流文明为目标的中华民族复兴这个宏伟目标不可或缺的一环，更何况民主政治本来便是人民共和国的应有之义。[②]

改革和转型要培育公民热爱自由的民主精神，创造出一种公平竞争的法制环境，这是改革和转型成功的重要前提。托克维尔在《旧制度与大革命》一书中指出，法国大革命并非在完全停滞的状态下发生，而是在改革已经启动，统治已经显得开明，社会看起来已经繁荣的条件下发生。“对一个坏政府来说，最危险的时刻通常就是它开始改革的时刻”。因为旧制度的某些部分已经废除时，人们对余下的部分更加不能忍受，也更加怀抱铲除的希望。[③] 就改革和转型而言，《旧制度与大革命》至少为我们提供了这样的启示：

---

① 李凡：《改革是唯一的选择》，载于《南风窗》2011 年 5 月 31 日。

② 新加坡《联合早报》2011 年 5 月 10 日。

③ 高斌：《王岐山为什么推荐读〈旧制度与大革命〉》，载于《检察日报》2012 年 12 月 18 日。

旧制度最大的弊端是统治者的腐败，只是在旧制度末期的时代条件下，这种腐败没有带来经济的凋敝，相反却促成了前所未有的物质繁荣（因为技术发展带来了创造财富效能的增长），然而也正是这种繁荣加速了大革命的到来——腐败的旧制度下的经济繁荣就这样成了大革命的催生婆。同时，旧制度统治者的腐败，主要表现为贵族阶级的没落——这个中世纪以来的社会统治阶级，此时已随着王朝集权（绝对王权）的发展失去了它过去的社会管理职能，脱离了人民，却仍保持着种种令人憎恶的特权（主要是免税特权）和占据着高官显爵的尊崇地位，而且还越来越顽固地维护之，从而加剧了社会不平等这个旧制度的顽症，而这也正是引发法国大革命的根本原因。[①]“繁荣却引发革命”，这就是所谓的托克维尔“悖论”。托克维尔的这种视角，就是改革的视角。中国现在正处在社会转型、制度转型的关键时期。当前腐败案件多发高发，反腐形势依然严峻，很大程度与“改革进入深水区”“改革进入攻坚阶段”有关。在这样的历史关头，处理社会政治矛盾既有技术问题，更有远在技术问题之上的本质问题，即权力将要受到怎样的制度约束。

当前，我们的改革和转型要继续推进，托克维尔的“悖论”的思路似乎为我们提供了借鉴。实际上托克维尔正是在提醒社会变革的主导者，必须革新出一种能够替代革命的社会变革方式。“不改革死路一条”，虽然已经是包括决策者在内的人们的共识，而认识到这一点其实还远远不够。《旧制度与大革命》在警示制度创新的重要作用时认为，改革者必须直面制度创新。

就地区治理的法制化而言，它是国际政治区域化的一个重要表现形式，有助于更好地认识区域集团及其成员国家的国家行为、决策倾向以及对外政策，这对于区域合作发展具有积极的意义。

要想使转型成为一个平滑、连续的过程，就必须注意在改革的

① 王尔德：《王岐山荐〈旧制度与大革命〉，学者解读现实意义》，2012 年 12 月 13 日。

每一步尽量减少政治交易成本，力求获得更多的政治支持。从这种意义上说，法律改革更多的是一种“政治平衡的艺术”。①

如果经济效率低下的根源在于政治制度组织，那么对政治机构和组织机构的调整就是扭转经济不景气的必要方法，政治体制和经济体制改革必须同步实施。因为现有的政治体制无法构建出先进的经济体制。“如果一个国家要达到高的生活水平，政治体系就必须建立一种促进市场发展的制度。”②

20 世纪 70 年代末中国开始从计划经济向市场经济过渡的改革。但时至今日，中国仍处在由集权计划经济体制向现代市场经济转变的漫长过程中。在取得巨大成就的同时存在的问题也不容忽视，如贪污、受贿、腐败，贫富差距扩大，市场秩序混乱，特别民主问题法制化建设滞后等。仅就后者而言，我们通常说没有民主就没有社会主义，就没有社会主义现代化，那么，中国进一步推进改革就必须做到保证人民充分行使民主选举、民主决策、民主管理、民主监督的权利，完善社会主义民主的具体制度，逐步深化对国家领导、立法、决策、司法、人事、行政管理、监督制约、基层民主等方面的体制进行改革，加快政府职能的转变。

东盟从刚成立时期的极少决策，到当今在政治安全、经济一体化、东盟共同体上的更加广泛的决策，尤其是东盟共同体蓝图提出后，东盟在各个领域的合作推进，反映了东盟的进步和发展。一个基本的机制框架，或者更准确地说，是一个协商框架已经形成，这不排除东盟由规范协调框架向高度机制化的框架发展。因为东南亚国内政治和民主化的发展，以及新兴地区非政府行为体的产生和地区参与都在积极地影响着东盟的决策。从这个意义上，东盟共同体的决策系统已经开始形成，其决策机制发展很大程度上取决于这个

① 张仁德：《中外经济转轨比较研究》，经济科学出版社 2007 年版，第 311 页。

② ［美］蒂莫西·耶格尔著：《制度、转型与经济发展》，陈宇峰、曲亮译，华夏出版社 2010 年版，第 78 页。

系统的运转和互动水平。①

《东盟宪章》强调不干涉内政和协商共识的“东盟理念”，宪章明确表示“尊重各成员国的独立、主权、平等、领土完整和民族特性，通过和平对话、协商谈判的方式解决争端”“倡导以和平为取向的价值观，维护本地区公正、民主、和谐的环境”。尽管“东盟方式”的这些规定与欧盟一体化偏重维护“民主、人权”的做法存在着差异，但对于大东盟而言已经是一种进步。

第二节　新四国民主法制建设特点

东盟新四国在推进市场化改革进程中也不断加快民主化法制化进程，并取得了重要成就。

越南的民主改革始于1986年，经过30多年的努力，越南的民主改革已经取得实质性的进展。截至2002年，越南国会可质询中央政治局等核心机构，2006年，越共“十大”已经实现了总书记的差额选举，同年，越南加入世贸组织，国会议员实现了直选，国会甚至可以否决政府总理提出的关于高铁投资的计划；2009年，越南又实现了地方党委书记由党员直选的制度；2010年，越南建立了官员财产申报制度，党政军及社会组织、国有企业副科级以上干部均需公开个人财产。

具体说，越南的政治民主化建设在以下几个方面取得重要起步：一是强化中央委员会对中央政治局和中央书记处的监督。越共规定对重大政策主张、重要干部任免、大型工程项目等都要在中央委员会集体民主讨论基础上进行无记名投票表决。二是越共在中央全会上实行质询制度，开创了党内民主新形式。每位中央委员都可

① 周玉渊：《东盟到共盟共同体：东盟决策的模式与实践》，世界知识出版社2015年版，第84页。

以对包括总书记在内的其他委员提出质询，也可以对中央政治局、中央书记处、中央检查委员会集体提出质询，直到得到满意答复为止。三是提前公布党代会政治报告草案，广泛吸收党内外意见，聚集智慧。这一制度从1986年的越共“六大”开始，提前两月公布，在全党进行充分讨论，对文件做了重大修改，正式提出革新开放路线，越共“七大”越共“八大”继续这一做法。到了2001年越共“九大”，越共首次通过媒体提前两个月向社会公布政治报告草案，不但在全党甚至在全国范围广泛征求党内外意见，进行补充修改，越共“十大”前将《政治体制改革报告》交全民讨论，这不但集中了党内意见，还反映了民意，充分表现了执政党的责任心和自信力。四是实行中央委员和重要领导职务的差额选举和信息公开化。党的最高领导人，总书记有两名候选人角逐后，实行差额选举产生。选举前，将党和国家领导人在内的所有候选人的基本情况、家庭地址、电话等向全社会公开，便于党员干部和群众直接实施监督。省委书记及所有省级干部均需有10%差额比例，在全省干部大会上进行无记名投票选举产生。还允许党员干部自荐参选党政群团领导职务。五是越共内有“内部派系竞争”，党内可以发出不同声音，也可容纳不同人物进而实现利益的平衡。

同时，越南基本实现了依法治国。一是司法基本独立；二是为避免“党大于法”，越共规定国会专职代表比例不得低于25%，排除兼职代表“既踢球，又吹哨”的弊端；三是越共积极推动司法改革，最高法院可审理党的高级领导干部的腐败案件，越共中央完全不干预审判工作；四是越南的国会代表、政府高官必须申报财产。

在改革和转型进程中，缅甸积极推行市场化、私有化、自由化、开放化等经济改革政策，主要措施：一是颁布《国有企业法》，改革国有企业；二是颁布《私营工业企业法》，并通过设立工业发展银行、商会和行业协会等，推动私营经济与国有企业建立合资企业，允许私人租赁国企；三是鼓励私人经济发展，允许私营企业经营国内外贸易，放开边境贸易，推动经济的对外开放，实施出口退税政策来鼓励企业出口；四是实施《缅甸联邦外国投资法》，重视吸引外国直接投资；五是推行金融体系改革，允许私人开办银行，允许外资银行在缅甸开办分支机构，允许缅甸银行开展外汇交易；六是颁布《缅甸农业和农村发展法》，取消国家对粮食的统购统销制度，放开农产品市场，允许农产品自由交易，并建立畜牧与渔业发展银行来支持农业发展；七是推出《缅甸饭店与旅游业法》，发展旅游服务业。此外，缅甸政府还通过立法、行政等手段，努力吸引外资。2012 年底，缅甸新的《外商投资法》正式生效，新的法案取消了对于外商在缅甸合资企业中控股额不得超过 50% 的限额，加大了对外资投资缅甸的吸引力。这些政策法规的实施，使缅甸的宏观经济环境越来越好。

缅甸于 2010 年 11 月举行 20 年来的首次全国大选，新政府上台后进一步推进政治民主化进程。2011 年 3 月，缅甸新政府提出了全面改革计划，以寻求结束在国际上的孤立状态，实现与全球经济的一体化。缅甸新政府持续推动了一系列政治自由化措施，如释放大批政治犯、允许流亡异议人士返国、实行多党竞选、逐步取消对媒体的管制、允许罢工和自由组建工会等。同时，还制定了大力推动经济自由化与促进族群和解的政策。所有这些举措的目的，在于尽快恢复国家和社会的稳定，为加快经济发展创造有利条件。

缅甸政治民主化的发展为国内和解创造了较好的氛围。其中，最为突出的是政府与反对派主要领导人昂山素季之间的互动由对立转向合作。2011 年缅甸新政府成立以后，随即解除了对昂山素季的软禁，使其重获自由，重新参与政治活动。在 2012 年 4 月的议会补选中，昂山素季领导的民盟大获全胜，她本人也因此而得以进入国会，从原先“体制外”的反对派，转而进入“体制内”，成为国家立法机构的成员和决策的参与者。随着昂山素季在国内外影响力的不断扩大，呼吁其参加 2015 年总统大选的呼声也越来越高，她本人也不掩饰竞选缅甸总统的意愿。而吴登盛总统则在 2012 年 10 月接收英国广播公司采访时表示，只要昂山素季能够在下届大选中获胜，他本人“会接受昂山素季当选总统”。2015 年 11 月 8 日缅甸举行全国大选，昂山素季领导缅甸全国民主联盟斩获缅甸联邦议会过半议席，赢得大选。2016 年 3 月，缅甸组成了新政府与新议会。

缅甸政府的改革也给民族和解增添了一些机会。2010 年的大选中，多个少数民族政党参选并在中央及地方议会中获得议席，在各级议会中获得了一定的发言权。新政府希望以此推动国家和解，实现民族团结。吴登盛在阐述缅甸经济社会改革框架时也特别提到：“我们正在启动与国内 10 个主要的少数民族武装的政治对话进程，希望在不远的将来与之达成停火协议。”①

缅甸政府已经与多个少数民族邦签署了和解协议。与此同时，政府对民众发动的群体性活动也不再像以往那样动辄采取强硬措施，而是试图以和平方式化解矛盾。例如，2012 年 5 月 20 日，由于群众不满电力供应短缺，在曼德勒爆发了希望改善电力供给服务的和平示威游行，并蔓延至仰光和其他城市。对此，缅甸政府采取了通过在报章上刊登启事的方式与民众沟通，呼吁民众谅解。政府保证将通过多种途径紧急处理和缓解电力供应短缺的情况，同时，官方媒体也及时发布关于政府努力增加发电能力的详细报道。这些措施使示威游行在几天之后就自行平息了。

由于缅甸经济的对外依赖程度较高，争取西方国家尽快解除对缅经济制裁成为新政府的当务之急。西方国家则看中了缅甸改革开放以后有可能给它们带来的巨大商机，因此也借着缅甸民主化进程的推进而加快了解除对缅甸制裁的步伐。例如，在 2012 年 4 月，日本宣布免去缅甸所拖欠总数大约 5 000 亿日元债务中的大部分，即 3 035 亿日元（约合 37.2 亿美元），占日缅双边债务协议的 60%。此外，日方还恢复了 1987 年后因缅甸政局不稳而冻结的日元贷款。日本表示将为缅甸的基础设施建设、人才培养、金融和财

---

① 《缅甸公布经济社会改革框架》，载于《东方早报》2013 年 1 月 20 日。

政制度改革、制订开发计划、培育证券市场等提供支持和帮助。[①] 2015 年 5 月，日本又宣布免除缅甸拖欠的 1 761 亿日元的债务，并为其提供 510 亿日元的政府开发援助，以从经济上支持缅甸民主化，增进两国关系。[②]

就连过去对缅甸制裁最严厉的美国，态度也发生了明显变化。随着缅甸政治改革的深入，美国也根据以“行动对行动”的原则，开始逐步解除对缅实施了长达 20 年的经济制裁。2011 年 11 月 30 日至 12 月 2 日，美国国务卿希拉里对缅甸进行了名为“破冰之旅”的历史性访问，并向吴登盛总统强调在缅甸政府释放国内全部政治犯、停止镇压少数民族、停止与朝鲜的军事往来等三个方面取得进展的同时，将逐步减少对缅旅游限制和进出口限制等制裁措施，并将考虑恢复双边大使级外交关系。2012 年 7 月，美国宣布放松对缅甸出口金融服务和投资的限制，允许美国企业对缅甸石油、天然气和矿业在内的所有经济领域投资。同年 11 月，宣布对缅甸的大多数商品开放市场。与此同时，曾经对缅甸的政治制度和人权状况进行严厉指责的欧盟也逐步放松了对缅甸的制裁。2012 年 4 月，欧盟决定暂停针对缅甸的制裁措施一年，之后的欧盟外长会议正式宣布取消对缅甸除武器禁运以外的全部经济制裁，以鼓励缅甸改革。

随着改革的深入，缅甸为吸引外国直接投资也修改了相关的法律，简化了办事程序，提供一站式服务，为外国投资者提供了更大的方便。如 2011 年初，军政府颁布首部《经济特区法》《土瓦经济特区法》，组建土瓦特区管委会，并开始建设土瓦等一批经济特区。同年 11 月 30 日，议会通过《缅甸小型金融业法》，支持民间成立小型金融机构，扶持小型企业发展。当前，为进一步吸引外资，缅甸议会正在积极审议新的《外国投资法》和《缅甸经济特区法》，计划近期表决通过。从官方事先透露的信息看，相对于旧版法律，

① 《缅甸总统访日收获“大礼”》，载于《新京报》2012 年 4 月 26 日。

② 《安倍会晤登盛宣布援助及减免债务》[EB/OL]. http: //www. zaobao. com. sg/sea/politic/story20130527 – 208937.

两部新法有了更多优惠政策：经济大多数领域向外资开放，给予外国投资者8年免税期，简化投资手续；外国人在缅甸租地最长可达30年，还可延长两次，每次最长15年；外商对在缅甸投资的项目可以拥有100%股权，不再必须与缅甸人合资；经济特区的投资项目在批准投资的期限内，政府保证不收归国有，以消除投资者隐忧；国内外企业可以完全拥有出口权，服务业的70%向外资开放。此外，政府和议会还积极推动出台《证券交易法》，借助韩国、日本等国的帮助，将筹建股市，帮助企业融资。2016年3月，股市已正式开业营运。同时，新政府还降低或免除部分产品的贸易税率，允许企业以市场汇率兑换外币。

从1999年起，柬埔寨实施了一系列利于推进民主化进程的改革方案，如简化行政机构，完善司法条例，健全行政和财政管理制度，建立税收监督体制，坚持反腐倡廉等，尤其是近年来，柬政府也进行军队和进一步推进司法等改革，进一步提高政府工作效率，改善投资环境。通常认为，柬埔寨的政治动荡、腐败和官僚习气是影响其经济发展最大的障碍之一。政府清醒地明白，柬埔寨唯有在确保国家和平、稳定的基础上坚持全面深入的改革才能使国家不断发展，人民逐步摆脱贫困。而改革的关键便是根除各种形式的腐败现象。2010年3月，经过10多年的努力，柬埔寨《反腐败法》获柬埔寨国会通过，该法旨在通过法律手段制止和消除各种形式的腐败行为，为国家经济和社会发展扫清道路。《反腐败法》的颁布得到曾诟病柬埔寨腐败误国的各界人士广泛的好评。实际上，在努力消除腐败现象和整治官僚体系的同时，政府还应努力为国内的商业营造更好的制度环境。

2013年9月产生的柬埔寨第五届王国政府决心打造公平、公开、正义的社会制度和廉洁、高效的政府。市场经济运行的关键环节是将相关“游戏规则”以“法”的形式确定下来。此期间，柬埔寨加强了经济立法，构建自由经济“依法治国”的发展体系。《私有化条例》《外汇法》《公司法》《劳工法》《税法》等法律法规相继出台。同时，为配合加入 WTO，柬埔寨按照国际惯例还相继制定了知识产权法、商业标签法等法律法规。

1988 年 1 月的老挝人民革命党第四届中央委员会第五次会议以后，为与全面推行经济、政治体制改革和实行对外开放相适应，老挝的民主化法制化建设也在逐步加强和完善。依据宪法规范，老挝先后颁布了《国会法》《政府法》《人民法院法》《人民检察院法》《刑法》《刑事诉讼法》《民事诉讼法》等部门法。

老挝 1991 年颁布首部宪法，标志着老挝从官僚行政命令式走向依法管，划分了立法、行政、司法和检察院三级政权的权限。此后颁布的国会法、政府法、人民法院法、人民检察院法，为保证三级政权能够按照自己的职能运作，在一个政治体制下统一协调奠定了基础。从为投资者创造良好的法律环境来看，老挝的法制环境建设取得了重要成就。

在 20 世纪 80 年代前期，为了保护国家主权和独立自主性，老挝施行限制外资的政策，只与苏联、越南等社会主义国家进行经济往来，直到 80 年代末，才开始全方位对外开放。老挝的外商投资立法现状是，制定了一部投资法，并辅以其他相关法律，调整外资关系。对外资的投资任务、资本构成、国有化和征收措施、投资范围、投资期限、投资比例、投资资本和利润汇出、投资鼓励和优惠措施、投资争议的解决等基本外商投资问题做出了统一的规定。1988 年 7 月老挝颁布了《外国在老挝投资法》，次年 3 月颁布了该法实施细则，并成立了外资管理委员会。1994 年 3 月老挝通过了新的《管理和促进外国在老挝投资法》，2001 年 3 月颁布了该法实施细则。这部法律在互惠互利的基础上，鼓励外国投资者以多种投资方式对老挝各个领域进行投资，如农林业、工业、服务业，其中还包括进出口贸易、交通、运输、银行、保险、饭店、旅游等。2010 年新版老挝《促进投资法》由原来的《国内投资促进管理法》和《促进和管理外国在老挝投资法》合并而成。此外，老挝明确规定外商投资者的权利义务，这方面的相关法律有外汇法、税法、知识产权法、劳动法、土地法等。[①] 从上可以看出，老挝投资法律制度的整体情况走在东盟新四国的前面。

老挝不断完善对外贸易方面的法律。老挝的贸易法律法规包括1994 年颁布的《企业法》，1994 年颁布的《进口关税统一与税率制度商品目录条例》，2001 年颁布的《出口与进口管理令》和 2005 年颁布的《海关法》《关税法》。

从以上新四国改革和转型中推动的民主化法制化建设简况可知，无论是推进经济建设、改善人民生活，还是推进改革和转型，民主化法制化建设都是必由之路。

---

① 谭家才、韦龙艳：《老挝投资法律制度概况》，载于《经济与法》2013 年 11 月（下）（总第 301 期），第 163～164 页。

第十章

为转型创造良好金融环境

在经济转型进程中，转型国家的宏观政策直接影响转型目标的实现。营造良好的宏观经济环境，既是这些国家实现经济转型的需要，又是这些国家与国际交往的必要条件。宏观经济环境的目标是创造一种人们不必为产出的剧烈变动、通货膨胀和货币的汇率风险而担忧的环境。宏观经济环境降低了交易成本，促进了经济增长。在这种宏观经济环境下，转型国家必须控制通货膨胀，把预算赤字减少到一个合理的水平，稳定货币的价值，开放其经济以对外贸易，吸引投资以创造经济增长。①

宏观经济环境包括的范围较广，前几章提到新四国的改革，都属于宏观经济环境的范围，本章仅从转型的需要出发，着重分析新四国的金融环境建设。

营造良好的宏观经济环境是政府的职能，需要运用政策手段。宏观经济政策是指政府为了达到宏观经济目标所采取的手段和措施。东盟老五国新加坡、马来西亚、泰国、印度尼西亚、菲律宾等，为了实现本国经济的发展和腾飞，特别注意根据不同时期经济发展面临的主要问题，采取有针对性而行之有效的政策措施。这些政策措施往往包括财政金融政策、吸引外资政策、财富分配政策、

① ［美］蒂莫西·耶格尔著：《制度、转型与经济发展》，陈宇峰、曲亮译，华夏出版社 2010 年版，第 101 页。

控制物价政策等。在制定和执行这些政策的过程中，东盟老成员的侧重点虽然有所不同，但在很多方面还是有很多共性的。以吸引外资政策为例，东盟老成员都特别强调创造有利的投资环境，放宽投资限制，开放内销市场，方便外汇出进，简化批准手续，改革管理制度，实行税收优惠，鼓励外商投资于对国民经济发展有重要意义的领域和部门，以扩大出口，加强本国的国际收支地位，加快本国资源的开发利用，增加就业机会。

东盟老成员在物价控制、抑制通货膨胀方面也有不少经验。通货膨胀不仅影响社会民众的消费心理，而且增加社会的不稳定因素，同时也破坏整个宏观经济环境，影响国内外投资者的投资热情。首先，新加坡一直把严格控制通货膨胀、稳定物价作为政府的一项重要工作。尽管该国实行自由价格制度，商品价格由市场供求关系决定，但由于政府采取的各项措施比较得力，因此物价相对稳定。新加坡采取的主要措施包括全国的基础设施和社会服务事业、交通、通信、港口、机场、工业用地、医疗保健和水电煤气供应等，价格由政府统一制定，上涨的幅度很小。其次，新加坡实行强制性的中央公积金制度，有力地控制了消费基金的膨胀。它还通过控制货币发行、利率、汇率的变动，控制预算支出和消费基金实行公积金制度以及对居民购买汽车实行配额控制等手段，对全国的商品、劳动力、资金、外汇价格以及总体价格水平和通货膨胀率进行宏观调控。另外，新加坡特别注意通过控制汇率来控制进口商品的价格。东盟其他老成员也都根据本国经济发展的实际情况，相应地制定出台一系列政策，控制物价上涨，规范市场行为，把通货膨胀的影响减少到最低限度，保证市场的良性竞争。

在向市场导向体制转型过程中，越南加大实施抑制通货膨胀和改善国际收支的财政金融政策，有效地促进了体制与结构上的巨大变革，为经济持续增长打下了基础。

第一节 记忆犹新的亚洲金融危机

在当今贸易自由化声音日涨的形势下，东盟成员国，尤其是作为新兴工业化国家的老成员，正在逐步走向统一市场体系建设，其中包括金融市场。制定严格的金融政策是稳定国家财政、管控资金正常流转的需要。市场化改革和经济转型会朝着更加依靠市场推动的方向改革，由此会带来多方面挑战。其中之一，就是需要加快金融部门的发展，建设更加良好的金融环境。尤其是区域内的各国，通过积极的金融合作，应对世界金融市场波动带来的影响。在这方面，东盟老成员的主要措施，总的来说，就是加强财政金融领域的改革，以及经济结构的调整，减少对银行贷款的过分依赖。

从整个大东盟来说，推进东盟一体化进程需要在统一资本市场建设方面有更大的进展，要求东盟后发展国家加快资本市场建设。众所周知，东盟是发展程度不同的联合，东盟新成员国内资本市场相对不发达，融资能力有限。如果说东盟 10 国经济发展距离大，那么，首先表现在金融市场从而资本市场发育方面的差距大。例如，新加坡、马来西亚、泰国等国家金融市场发展较快，而越南、老挝、缅甸、柬埔寨等国家金融市场发展缓慢。正是从这个意义上说，金融环境建设对于推动东盟新四国发展资本市场乃至深化改革具有重要意义。

金融是现代经济的核心。金融环境是宏观经济环境的重要部分。转型国家在向市场经济转型过程中都十分重视金融环境建设，包括完善金融体制，推进金融交易自由化，金融监督法制化、规范化等。1997 年的亚洲金融危机以来，东盟及东亚各国进一步加强原有的金融机构进行整顿和改革，如泰国的金融企业从 1997 年底的 91 家削减到 1999 年 3 月的 24 家。对于新四国来说，亚洲金融危机并没有使四国在金融自由化的道路上退缩，相反，这些国家也加快了金融自由化。

1997 年亚洲金融危机以及十多年后的 2008 年在美国引发的世界金融危机，其根本的原因都是在于金融发展脱离了现实经济基础。就亚洲金融危机而言，尽管当时亚洲各国都有其具体的内在因素，但经济持续过热，经济泡沫膨胀，引进外资的盲目性，企业的超量负债等，是其共同原因。

具体来说，1997 年亚洲金融危机的基础性因素包括几个方面：一是透支性经济高增长和不良资产的膨胀。保持较高的经济增长速度，是发展中国家的共同愿望。当高速增长的条件变得不够充足时，为了继续保持速度，这些国家转向靠借外债来维护经济增长。但由于经济发展的不顺利，到 20 世纪 90 年代中期，亚洲有些国家已不具备还债能力。在东南亚国家，房地产吹起的泡沫换来的只是银行贷款的坏账和呆账；在韩国，由于大企业从银行获得资金过于容易，造成企业状况不佳，不良资产膨胀。二是市场体制发育不成熟。政府在资源配置中过度干预，特别是干预金融系统的贷款投向和项目；同时，金融体制特别是监管体制不完善。三是“出口替代”型模式的缺陷。“出口替代”型模式是亚洲不少国家经济成功的重要原因，但这种模式的不足之处是明显的，如当经济发展到一定的阶段时，生产成本会提高，出口会受到抑制，引起这些国家国际收支的不平衡等。可以说，亚洲不少国家在实现了高速增长之后，没有解决好上述问题。

亚洲金融危机表明，我们对现代金融和经济全球化趋势下金融活动高度发达的高风险估计不足。金融活动的全球化是当代资源在世界新配置和经济落后国家与地区快速发展的重要原因，但国际信贷、投资大爆炸式地发展，其固有矛盾深化，金融危机必然会在那些制度不健全的、最薄弱的环节爆发。

亚洲金融危机从泰国开始爆发。危机前的泰国，与马来西亚和印尼齐名的“亚洲三小虎”。从 1990 ~ 1996 年，泰国经济年平均增长率约达 8%。1995 年，泰国人均国民收入超过了 2 500 美元，被世界银行列为中等收入国家。受各种因素影响，1989 年香港曾一度出现了信心问题及走资、迁册、移民浪潮，内地的外商投资也明显下滑。从那个时候起，泰国就定下了宏伟计划，一方面想吸引更多外资以推动经济发展，另一方面试图把曼谷建设成与香港相媲美的国际金融中心。为此，泰国颁布了一揽子措施，迅速推进金融自由化改革和对外开放步伐。泰国 1989 年实行利率浮动，1990 年允许外汇自由兑换，之后又陆续推出了许多自由化措施，包括允许境内外汇结算，证券投资及居民对外投资 1 000 万美元以下可自由汇出，居民对非居民贷款不受限制，居民可以自由对外举债，外债本息汇出无须经过事先批准，商业银行可以进入境外货币市场自由发债，以及大力发展货币期货和期权、国债期货、利率期权和调期等衍生金融工具等。与此同时，泰国还积极扩大金融业的对外开放，允许外资银行进入国内货币市场，努力将国内的资本市场国际化。1993 年泰国引进 OUT – OUT（从国外吸收存款和借款，在外国以外币形式贷款）和 OUT – IN（从国外吸收存款和借款，在泰国以外币形式贷款）的国际银行业务，1995 ~ 1996 年又将开办国际银行业务的外资银行升格为全面银行，允许它们增设机构，使外资银行的数目迅速接近本土银行。

泰国上述一系列改革确实达到了引进外资、加速经济发展以及培育金融市场的目的，但是也带来了许多负面影响，为金融危机爆发埋下了不安定因素。一是境外资金大量流入，民间机构借外债的风气非常盛行，导致泰国外债总额节节攀升，而且短期外债比重超过 50%。二是大量外资流入房地产行业，金融公司投放于房地产的贷款比重也高达 25%，致使空置率偏高，地产商面临着开发用外汇、售房收入收泰铢的货币错配风险。三是金融自由化和外资的大量流入，使泰国股市、楼市乃至整体经济都出现过度的繁荣。从 1990 ~ 1995 年，泰国 GDP 的平均增幅高达 9.04%。经济过热使房租、楼价、劳工价格和消费品价格全面上扬，严重削弱了出口产品的竞争力，导致经常项目赤字急剧扩大，泰铢面临贬值的压力。当然，金融危机从泰国爆发还有其他一些原因。

金融危机后东盟国家不得不进行结构性改革。这种结构年性改革，实质上就是调整金融与经济发展的关系。如果说“关闭”或“暂停”是金融危机后经济重组的重要途径，那么在进行金融部门重组的同时，也必须对其他生产性企业进行重组。随着金融部门改革的推进，改革生产性企业的重要性也日益突出，因此，生产性企业问题自然引起了危机发生国政府的重视。在韩国和印尼，企业管理机构上的缺陷在开始制定反危机的政策时就被注意到了，印尼企业所占的外债占了外债的很大一部分，由此产生的企业债务问题必须与外国银行进行协商处理。可见，危机发生国在危机过后金融部门的改革与生产性企业的改革是同步进行的。

尽管应对全球金融危机要走结构性改革之路，尽管也在全球范围内都要进行体制改革，特别是金融部门重组和企业部门重组，但这些都是事后之师。如果在危机前就注意到了这一点，把金融发展与经济发展共同对待，那么就有可能做到防患于未然。

第二节 越南的金融环境建设

在推进改革进程中，越南遇到通货膨胀问题。1986 年曾高达 700%的 12 个月通货膨胀率，在 1991 年降至 12.7，10 年后即在 1996 年通胀率为 4.5%，这是自实行经济改革以来最低的通胀率。

越南在革新中十分重视对财政金融进行改革。20 世纪 90 年代后半期，越南没有对价格和产量普遍实行补贴和管制，但财政状况却相当平衡，通货膨胀率也不高。总的说来，该政府所实行的结构性和稳定化的措施对经济产生了显著的效果；然而，人们的各种担忧显示了正在进行的宏观经济改革的必要性。然而，外债以增长的速度快得惊人，越南政府若要防止出现其他过渡性经济所面临的债务问题，显然就必须实行一种用以管理对外借贷的制度。不现实的投资奖励导致了贸易与经常项目赤字的扩大，这显然是该政府所无法承受的。统计总局指出，1996 年的贸易赤字达 39 亿美元，比 1995 年大大增加。越南政府必须使其获得经济增长的愿望和实现宏观经济稳定的需要达到平衡。若不采取有效的稳定政策，财政金融部门的改革就不能取得成功，甚至可能加重宏观经济的失衡。由于宏观经济稳定和财政金融改革之间关系密切，该政府还必须确保其各项主要的稳定化措施能相互协调一致，并为顺利地逐步放宽金融管制创造条件。①

20 世纪 80 ~ 90 年代，越南对财政金融业革新主要集中在以下几个方面：一是逐步取消价格双轨制，实行价格自由化。以前一切商品都是由国家统一定价，后来又实行了计划价格和自由市场价格的价格双轨制。从 1987 年开始，越南政府取消国家对大部分商品的统一定价，放开农副产品价格和日用品零售价，扩大企业的定价自主权，后又放开了大米价格。1989 年以后，只有石油、水、电、农药和化肥等这些关系到国家经济命脉和民生大事的价格仍由国家控制外，其他完全实行市场化价格，完成了价格并轨。二是取消票证补贴制度。再放开价格的同时取消了名目繁多的各种票证和补贴制度。国家取消了对大部分企业的指令性指标，改为企业向国家缴纳营业税。政府便不再给企业拨款，也不再补贴亏损企业。另外，还取消了对粮食进出口补贴，极大的减轻了国家的财政负担。三是调整货币政策，严格控制货币发行，治理通货膨胀。1985 年的价格、工资、货币同步改革导致物价飞涨、财政赤字巨大，越南政府不得不依靠超量发行货币来解决财政赤字问题，致使通货膨胀率像脱缰的野马一般猛升，并且连续三年三位数居高不下。1989 年，越南开始采取措施治理严重的通货膨胀：一是严格控制货币的发行量，根据流通中所需要的货币量来发行货币，不因政府收支的需要

① ［美］罗纳德·布鲁斯·圣约翰：《柬埔寨、老挝和越南的经济改革早期发展阶段结束》，载于《当代东南亚》1997 年第 19 卷第 2 期。

和财政赤字的需要而加大货币的发行量。二是为了不靠举债和发行货币来度日，想尽办法增收节支，大幅度的压缩财政开支。三是实行浮动利率，坚持利率高于通货膨胀率的原则。通过这些措施，通货膨胀得到了有效控制。四是健全金融体系。从 1988 年 6 月开始，越南颁布了一系列政策措施和《国家银行法》《信用合作社法》《财务公司法》等法律法规，全面改革了银行体系，成立了商业银行等金融机构，还成立了一些信用基金会。越南加入 WTO 后，按照世界贸易组织的要求，越南对国有商业银行的股份制进行改革，并收到明显效果。

在推进金融改革过程中，越南准许外资银行进来。根据越南加入世贸组织和中国—东盟自贸区服务贸易协议的有关规定，外国商业银行可在越设立办事处、分行、外资股比不超过 50% 的合资商业银行、独资金融租赁公司、合资金融公司和独资金融公司等。2007 年 4 月 1 日起，外国商业银行可在越设立独资银行，并开展以下业务：接受公众存款和其他应付公众资金；提供所有类型的贷款，包括消费信贷、抵押贷款、商业交易的代理和融资；提供金融租赁；提供所有支付和汇划服务，包括信用卡、赊账卡和贷记卡、旅行支票和银行汇票；提供担保和承诺；在交易市场、公开市场或其他场所自行或代客交易：货币市场票据（包括支票、账单和存款证明）和外汇、汇率和利率契约（包括调期和远期利率、汇率协议）；经营金银条块；提供货币经纪服务；开展资产管理，如现金或有价证券管理、各种形式的共同投资管理、养老基金管理、有价证券的保管、受托和信托服务；开展金融资产的结算和清算，包括证券、衍生产品和其他可转让票据的结算和清算；提供和传输其他金融服务提供者提供的金融信息、金融数据处理和相关的软件；提供咨询和其他辅助金融服务，包括信用参考和分析、投资和有价证券研究和咨询、并购和公司重组战略咨询等。可以说，越南商业银行市场已全面向外资开放。

越南原来的银行体系由越南工商银行、越南外贸银行等四大国有银行占主导地位，越南四大国有商业银行的资产已经占到越南整体金融资产的大头。从20世纪90年代开始，越南允许建立有限的私人银行，到1999年越南已有56家合资、合股银行，23家外国银行分行和62个外国银行代表处。越南政府对外国商业银行在越设立分行设定的条件是，在提出申请前一年年底，该外资银行母行的总资产超过200亿美元。在越设立合资银行或独资银行的条件是，在提出申请前一年年底，该外资银行母行的总资产超过100亿美元。外国商业银行可购买越南国内银行股份，但股比最高不超过30%。

尽管在经济转型中越南的金融深化改革取得了积极的成效，但是其金融市场还远谈不上完善。由于国有企业和国有银行构成越南金融市场主要的借贷主体，缺乏效率的越南银行体系和企业体系不利于形成合理的利率水平，不利于充分发挥银行对社会资源的合理配置，也不利于越南金融市场化的进一步深化。从银行体系来看，虽然越南也有真正意义上的民营银行，以及100%独资性质的外国保险公司以及借贷公司，但是，国有商业银行占整个金融体系比重太高，资产占80%，借贷占80%，坏账比例非常高。因此，在经济转型中进一步深化产权改革，提高银行效率，应是越南未来金融市场化发展的方向。

第三节　老挝的金融环境建设

在老挝推进革新和转型过程中，特别是改革的早期，遇到了高通货膨胀问题，宏观经济缺乏稳定（1989年、1998年和1999年的通货膨胀）。为摆脱高通货膨胀情况，老挝政府认为，最根本的是推进改革，建立市场经济体制，在此基础上建立稳定的政府对开放型经济管理的宏观经济体制。要改革传统的价格制度和贸易制度，使价格机制与自由贸易结合。老挝政府还认为，以前用行政命令确定价格是计划经济体制的巨大错误，价格、贸易领域的变革过程应与企业整顿密切相连，并注意发挥私营经济的作用，而所有这些都要依靠市场经济的力量。笔者认为，在如何处理通货膨胀以及稳定宏观经济等重大问题上，老挝政府提出的对策是有效的，因为这对策措施已经做到立足于市场经济制度，而不是走回头路由政府统一命令。

在 1975 年 12 月革命以后的 10 年期间，老挝政府实行了进口替代、调节性财政金融政策和固定汇率制度。然而，这些政策所导致的一个结果是，通货膨胀率居高不下，在 1980～1986 年期间的平均通胀率为 56%。高通胀率加上固定汇率制导致了外汇率定值过高。在这第一个政策领域中，高度限制性的贸易政策也是宏观经济政策的一个重要成分。实行高关税和对大多数进口产品的数量限制旨在保护国内企业和支持国家机关。总的说来，在 1975 年以后所普遍存在的宏观经济不利环境，限制了特别是农业部门的经济增长，从而削弱了农业改革的影响。

1986 年，老挝政府在实施了经济彻底改革计划，作为“新经济体制”的重要部分，改革计划包括宏观经济稳定和贸易自由化等措施，在控制通货膨胀的同时促进了经济的发展。老挝政府之所以能够使其经济彻底转变方向，在很大程度上归因于老挝经济的欠发达性质的后发优势。革新的头十年，老挝的社会主义改革也受到了抵制，但老挝政府所面临的挑战与其说是取消根深蒂固的社会主义制度，不如说是改变基本上属于维持生存的制度并使之适应市场的需要。

“新经济体制”的大多数改革实际上是在 1987～1990 年期间实施的，但宏观经济改革的过程却延续到 20 世纪 90 年代。税收方面，老挝政府采取了税收改革措施来将其税收基础从依赖于国营企业转向所得税、消费税、财产税和贸易税的组合。银行体制改革方面，老挝调整了银行系统的结构，使其包含中央银行和商业银行，并使银行业向私人银行和外国银行开放。引进外资方面，老挝政府在1988年实行了第一项外国投资法和1994年更加自由化的第二项外国投资法之后，它一直能较成功地吸引外国投资者。自1988年以来，老挝已发放了在制造业和服务业等广泛领域的投资许可证。对外贸易方面，老挝贸易制度却缺乏透明度，它受到了政府的很大干预。1995年货币（基普）的突然贬值，表明该政府必须着手解决旷日持久的国际收支问题。随后发生的危机显示了有必要寻求除了外援之外的更可靠收入来源。这就是说，老挝政府在1986年以后所实施的宏观经济改革和相关的各项改革，已为中央计划经济逐渐转变化为市场导向型经济创造了有利的宏观经济环境。

老挝市场经济改革最初阶段的一项重要改革，就是1988~1991年利息和汇率改革。以前，老挝的存贷款利率规定得很死板，后来才调整至比较适合市场波动，也就是说国家制定稳健的财政政策是根据市场来进行调整，在结合政府管控的情况下，汇率也调整的基本与市场接近。总结1997年亚洲金融危机的经验，可以说是在较长一段时期内，老挝没能维持住固定汇率，特别是外汇储备极其有限。因此，要根据市场需要现状灵活地调整汇率，以增强在出口中的竞争能力，但也要注意提防波及居民生活。

1988年老挝人民民主共和国的“关于推动金融体系向社会主义经营制转变的决议”，为老挝推动金融系统向经营核算制转变提供了最初的法律基础。同年，老挝又下发了“关于加强商品货币流通方针与措施的决议”，将行政管理与经营分开，加强经营的作用，设立两级银行。1995年，老挝通过了“老挝人民民主共和国银行法”。上述改革措施为老挝银行系统的发展奠定了法律基础。然而，尽管如此，在开放型市场经济迅速发展的情况下，债务、信贷效益、融资以及市场经济条件下的银行竞争能力等问题，仍是老挝改革的主要障碍。

财政领域的改革是进入市场经济的一项最基础的改革。在这方面，老挝改革的重要起点是1988年颁布的“关于政府价格政策、个体和私营经济政策、国营控股企业政策”以及“生产经营自主权政策的各项决议”等。

当时实行的重要措施如下，取消给企业和农场下发的各种指标和数据；减少或直至取消对企业的贴补；颁布经营法、企业破产法；颁布关税法、所得税法和企业财会法；颁布商业银行法；改革国家预算收支体系。在市场经济的大环境下，关税和所得税政策对促进或限制经济和经营发展具有重要的作用。在研究和制定上述政策时，老挝尚未摆脱计划体制思想的束缚，偏重某一行业、某一部分，顾此失彼现象时有发生。如在编制所得税目录时就有这种表现，不符合实际和不必要的环节还很多，一些税率征得过高或者相当沉重，有的因过于袒护而出了问题。尽管在后来几年上述政策逐步得到了调整和完善，但解决上述问题并非易事。应进一步降低税率，减少环节，同时增加所得税征收基数，实行征税简便和透明化管理，减少浪费，保证财政收入的统一性。

20 世纪 90 年代后半期，老挝经济再次陷入严重的金融失衡状态，特别是 1997 年亚洲金融危机的发生，进一步恶化了老挝的形势，结果使老挝的外部经常项目赤字扩大，政府在几个月之内无力支付公务员的工资，引起政府对私有部门的大量欠款。1995 年老挝政府放松了信贷政策，然而，在没有严格的货币和财政政策支持的前提下，老挝政府从 1995 年开始执行基普贬值。

造成以上问题的根源，是软弱的宏观经济政策与结构性改革速度放缓。具体来说，一是缺乏严格的财政纪律．老挝的国民收入管理仍然很弱，是老挝经济再次陷入困境的主要问题之一。停停走走的改革并没有加快经济改革的步伐，特别是财政分散还削弱了中央政府征收的能力，妨碍了从盈余省份向赤字省份的预算转移支付。国有企业改革进行缓慢和以上因素对货币政策施加了比较强的压力，国有企业在资金方面的困难也迫使国有商业银行背负沉重的政策性贷款包袱，这也是这些银行坏账、呆账居高不下的根源。二是银行系统的问题，如政策性贷款行为带来的大量呆账、坏账等。老挝银行体系的组织和管理方面效率较差，使银行成本很高。三是政府开发能力不足。老挝约70%的公共投资是政府开发的，并由各部进行管理，而这些部门的能力低下。政府认识到，急需提高其内部管理能力，协调公共投资，尤其是要发展人力资源。四是制定战略，发展私营经济，吸引外资投资。针对私营经济在办理营业执照时政府手续繁杂、腐败严重等现象，老挝政府认为，需要创建新的制度环境，包括简化行政手续、完善企业规制和税收法律等。

在经历了亚洲金融金融冲击后，由于恢复宏观经济稳定的需要较长时间，尤其要恢复公众对基普的信心。老挝政府确定五年计划（2001～2005年）经济增长目标，实现老挝经济结构性转变，加强经济和社会基础设施建设。五年计划还提出，改善老挝金融环境的最大要求就是通过征税、控制政府支出等方式减轻预算赤字，恢复公共部门的财政纪律，同时，要恢复对国有企业经营活动的预算控制，严格限制银行向亏损企业提供贷款。为此，需要加快国有企业改革，尽快实现私有化。而解决银行体系问题的主要政策是恢复公共部门金融纪律，重组国有商业银行。

老挝政府回顾了以往改革历程，提出政府各部（计划部、财政部以及外交部等负责政府开发援助的部门）在政府开发中的作用需要重新定位，要求协调好这些部门之间的关系。同时，要大力促进私营经济发展，私营经济可以而且应该成为老挝国民经济可持续增长的主要贡献者。

第四节　柬埔寨的金融环境建设

柬埔寨在市场导向型改革在最初阶段所产生的影响通常是积极的，然而，1993年5月新政府于执政后，这些改革并未产生足够的效益。军事冲突、政治与金融不稳定和各种障碍导致了经济业绩不尽如人意。没有明确的政府宏观政策，也没有符合私营企业界需要的充分起作用的有效法律体制。高通胀率导致了短期收益交易的密集。实施利率管制，加上高速通货膨胀，使存款出现负利率，同时，贸易逆差和经常项目赤字的增大。

近些年，柬埔寨政府的宏观经济业绩已有所改善，但仍存在许多不足。自1991年之后的几年，柬埔寨国内生产总值年均增长率是6%左右，但其经济发展却一直不平衡，而且经济发展所带来的利益也未能平均分配给整个柬埔寨社会。1991年的经济发展是在非常薄弱的经济基础上开始的，而且最初是通过缩减该国原已极其薄弱的基础设施来维持的。近年来，消费的增长推动了经济增长，而消费增长最初是由联合国驻柬埔寨过渡权力机构，后来由双边和多边援助机构促进的。年通胀率已有所降低，但仍然高得难以承受，经常项目赤字也是如此。

柬埔寨行开放的自由市场经济，采用自由浮动汇率，经济活动自由化，外汇可以自由地流出流入。但在柬币不时贬值，政府实行紧缩的财政政策无力，体现了柬埔寨国家银行的宏观调控能力较弱。

柬埔寨政府在1999年通过了“银行与金融机构法案”之后，又于2000年开始实施金融业部门的改革，2001年关闭了一些经营业绩差的银行。2000年亚洲开发银行为柬埔寨制订的“2001～2010年金融业发展计划”提出了一个在10年内柬埔寨金融业部门的发展计划和改革政策，并提供了一笔“金融业部门的发展计划贷款”，主要用于银行业、保险业、银行同业放款市场、货币市场和金融业基础设施的开发与建设。柬埔寨已在利用亚洲开发银行提供的技术加强对银行业的监督和管理。外贸银行的重组工作也已在进行，准备进行私有化改革。

尽管近来柬埔寨金融业部门的经营状况已有所改善，但仍然无法充分履行其作为金融中介的职能。此外，金融体制也不太完备，柬埔寨国家银行有效实施货币政策的空间十分有限。柬埔寨政府还必须逐渐把柬埔寨银行系统转变为具有一个自主中央银行的现代化双重系统，它必须继续实行市场导向型汇率政策，以便把官方汇率和平行汇率统一起来。援助国特别担心柬埔寨税收的减少，因为它们希望柬埔寨能逐渐转向由自己支付开支。

柬埔寨的《1994 年外国投资法》，比老挝和越南同时期的法令更为自由，其中，规定要通过柬埔寨发展委员会的投资机构来进行投资。政府的超额支出、伐木业的歉收、低效的收税措施、有限的国内与外国投资以及贪污受贿，共同导致了预算短缺，从而又加重了该国对国外贷款的依赖。从较长远的观点看，这些因素有可能给柬埔寨带来长期债务问题。

为填补空白，柬埔寨在推进改革流行注重证券市场建设。2012 年 4 月 18 日，柬埔寨历史上首个股市交易日开始，标志着柬埔寨金融市场揭开了崭新的一页，由此，柬埔寨迈入了资本市场新时代。当然，在新四国中，柬埔寨是最后一个开设证券市场的国家，如老挝，已于 2011 年 1 月开设了证券交易所，越南则在 2000 年有了证券市场。①

无论如何，柬埔寨股市表明柬埔寨已是一个进步中的国家。我们知道，股市的建立是一个国家经济、政治、法律发展到一定程度的产物，柬埔寨股市建立，说明柬埔寨在过去 20 多年的平稳发展中已经取得了各种各样的进步，具备了独立运作证券市场的能力。

从 2006 年起，柬埔寨政府就开始筹备建立股市。经过几年的准备，至开市前柬埔寨已经基本上形成了完备、详细的法律法规，其中包括对证券市场的规划、要求、管理内容、管理手段、管理细则等多个方面。同时，柬埔寨成立了证监会作为最高管理机构，证券交易所作为交易平台，证券公司、清算公司、清算银行构成了会员体系，二级市场的交易体系也已经成熟。

柬埔寨首开股市，对于中国—东盟自由贸易区背景下双方资本流动和外资企业的发展等也有一定意义。深化金融领域的合作，是

① 黄信：《东盟后发展国家培育金融市场意义重大——有感于柬埔寨首开股市》，载于《广西日报》2012 年 4 月 25 日。

加强中国—东盟自贸区合作的重要组成部分。中国一贯重视与东盟国家金融合作，积极拓宽合作的渠道，深化合作内容。而进一步推动中国与东盟国家金融合作，拓展跨境投融资等，必然要求东盟后发展国家加快金融市场发展，以便更好地增进双方资本市场信息共享，促进人员和技术交流。作为新兴市场国家的柬埔寨首开股市，正是顺应了这一要求。

诚然，从股市发展的历史来看，新兴市场股市发展一般需要10多年时间才能成熟，柬埔寨股票市场发育成熟也将经历这个过程，也要面临一定的挑战，尤其是柬埔寨证券交易所如何建立公信度和确保上市公司遵循其有关透明度和公司治理的规定等。但如同向市场经济过渡具有必然性一样，随着中国—东盟自由区建设的深入，随着柬埔寨市场化改革的不断向前推进，柬埔寨股票市场一定能够发育成熟，从而为促进本国经济发展，促进东盟一体化，促进中国—东盟自由贸易区建设做出应有贡献。

柬埔寨在推进改革过程中，柬埔寨力推金融业逐渐恢复稳定。但其宏观调控作用十分有限，公众对银行体系的信心仍然较低。柬埔寨在推进已经进行的改革中，要借助国际金融机构的帮助和支持，政府持续促进法律和规章的改革、能力的建构、标准的改善、金融透明化与主要金融基础设施的建立，以强化柬埔寨的金融体系。柬埔寨有很大的发展空间，经贸、金融、外汇政策开放，外汇无管制，自由度较大，在推进金融改革方面大有作为。

第五节 缅甸的金融环境建设

缅甸金融体制落后，现代金融人才匮乏，汇率变动和利率不合理问题仍制约经济发展。2011年，缅甸尝试进行汇率改革，却不料缅币一度升值约30%，幅度创亚洲之最，重创以出口为导向的企业，也使国内食品和燃料价格上扬，民生困难。谁料，缅币当年底又贬值。政府无力阻止币值剧烈波动，企业蒙受巨大损失。而利率不合理也抑制了企业活力。2011 年 9 月 2 日，政府将银行存贷款利息由原 12% 下调至 10%，贷款利息由原 17% 下调至 15%。自 2012 年 1 月 1 日起，政府再次调低存贷利息各 2%，但贷款利息率仍过高，导致企业融资高居不下，利润空间受挤压，竞争力弱。此外，外商投资缅甸仍会面临一段时期的“金融不适应症”。[①] 因为在缅甸，连自动柜员机都是新生事物，实现国内外大笔外汇交易的电子化、便利化尚需时日，这个令外商挠头的金融难题应抓紧解决。

随着改革的深入，对外商投资开放市场，加大双重汇率制度改革力度，为外商营造良好的投资环境，已经成为缅甸改革的重要问题。由于汇率体制严重畸形，缅甸国企亏损严重，私人经济受压制等因素使得中小企业和普通百姓始终处于收入增长无望，同时造成财富反被国家“吸走”的窘境。有些时期，物资奇缺、通胀高企、黑市盛行。国家长期实行外汇管制，规定民间不许藏汇，出口商人要持美元到银行以官方汇率兑换缅币，流入的外汇需扣除 10% 的税负，昂贵的税负和巨大的汇率差导致出口商的外贸生意难以为继，辛苦赚来的钱被政府变相收走了，最后只能取得用途有限的外汇券来周转。缅甸的外汇管制严重制约了外国直接投资和外贸的发展，国际货币基金组织计算，2007 年，缅甸源自外汇管制的损失占 GDP 比重达 14% ~17%。国家还拿出大量财政资源补贴国企亏损，实际上是将民间税收转到了权贵手中。更令百姓生活雪上加霜的是，缅甸通胀率常年在 20% 以上，常为经济和民众收入增长率的 2 倍以上。2002 ~ 2003 财年，通胀高达 58%，缅币最大面额已为 5 000元。百姓 70% 以上的收入用来购买食品，家用电器、汽车等现代消费品成为可望而不可及的“奢侈品”。

缅甸政府聘请的经济顾问提出的一些具体措施，如政府准备向

---

① 宋清润：《缅甸经济改革的前景》，载于《东方早报》2012 年 7 月 31 日。

外国投资者提供长达8年的免税优待，给予中央银行更多的独立运行权，开始发行债券缓解财政赤字，给予商业银行存款利率的自主决定权等。这些措施虽然缺乏完整性，但为政府近几年金融改革吹响了号角。2011年11月和2012年1月，国际货币基金先后两次组织专家组访问缅甸，对其缅甸经济体制改革的做法提出了多项建设性建议。

在缅甸，营造良好的金融环境，根本途径在于推进改革。按照国际标准改革金融、汇率体系，提高缅甸经济与国际经济的接轨程度。整体上看，缅甸推进金融体制改革需要从三方面进行。首先，统一混乱的汇率制度。官方汇率被用于公共部门和国有企业记账，使国家收入被低估，大量财富被不法之人攫取后购买国企股份，造成国有资产流失。而用于私营部门贸易结算的非官方汇率近期不断升值，给缅甸私有企业的出口带来巨大压力。从长期看，统一汇率制度有利于促进宏观经济的稳定，抑制通货膨胀以及增加政府收入。其次，财政和货币政策需要调整。财政政策改革的目标是通过扩大税基和减少税收抵免来增加财政收入，解决长期困扰政府的财政赤字问题，货币政策改革的目标是保持物价的稳定，同时政府执行两种政策的纪律性应当加强；同时，金融体系和私有部门的改革需要推进。缅甸的商业银行大部分由国家所有，利率控制很严。政府需要推进贷款利率的市场化，加强对商业银行的监管，保证银行信贷质量良好以及实体经济得到充足资金。最后，在私有部门方面，政府应改革税收和劳动制度，消除私企和国企在获取信贷和市场准入方面的歧视，保证公平竞争的市场环境。

2011年4月11日，总统设立经济顾问委员会，直接向总统提供经改建议，委员会与新成立的资源发展研究所，成为缅甸经济改革的主要智囊机构。当年10月，缅甸政府邀请国际货币基金组织帮助改革其畸形汇率体系，开始允许企业以市场汇率兑换外币，大幅放松对外汇兑换和流通的限制。当年11月，缅甸政府与欧盟联合举办关于银行和资本市场改革会议。年底，缅甸工商联聘请美国经济专家莱克斯·里费尔作为经济顾问，并将再聘请欧洲经济专家担任顾问。2012 年 4 月开始，缅甸开始按照市场规律和实际外汇汇率实行有管理的浮动汇率制度，实现双轨制汇率的并轨，以尽快做到外汇流转、使用的便利化，便利外资进入。当然，缅甸政府也要加强与国际货币基金组织、世界银行和亚洲开发银行在缅甸经济发展规划方面更密切的合作。

第十一章

改革推动了新四国经济发展

第一节　依靠改革推动经济发展

第三章提到，一切竞争归结为制度竞争，国家与国家之间的竞争背后是制度因素的竞争，而市场化改革能够创造更优的制度。改革开放步伐加快了，创造了更优的制度环境，资金、技术、人才等要会不断流入，从而一国的产业就能较快发展起来。这就是改革和转型的深层次原因。市场化改革在整体上推动了转型国家的经济发展，这是中国等国家在推进场化改革和经济转型中取得的共同经验。

一般来说，现代经济发展有两大基本模式：一种是超常规发展模式，即在没有任何经济要素或极少经济要素的地方，“强力”输入现代经济要素实现超越式发展。例如，美国的拉斯维加斯在沙漠中建成，新加坡在其弹丸之国发展转口贸易，中国深圳原来只是一个名不见经传的小村庄，短期内世界各地众多产业聚集于此。另一种是常规发展模式，即国民经济从低度产业结构逐渐过渡到高度产业结构，由此推动经济不断发展。绝大多数国家和地区的经济发展模式属于后者，中国和东盟新四国属于这一类。

常规发展不是不考虑要素流动，恰恰相反，要素流动是当今世界经济的一大特征，内部要素只有与外部要素相结合才能缩短本地区经济从量变到质变的发展过程，尤其是资源优势必须依靠国际国内要素流动来实现。然而，类似这种国际交易平台的建设须有“硬软件”的支撑，从一定意义上说，“软件”建设更加重要，包括体制、机制、人才等，但“软件”建设难度更大，必须通过深化改革来进行。同时，尽管在当今区域经济一体化的历史条件下，要素流动的整合功能和效应比以前更优更强，但要素流动是以区域内各独立体（国家或地区）相对稳定的产业结构为前提的，因为产业结构是竞争的基础，而产业结构的优化升级主要依靠市场（配置资源）来实现，这又必须通过市场化改革建立强有力的体制机制来推动。对于原来经济基础薄弱资源比较丰富的转型国家来说，向市场经济转型，利用市场机制来配置资源能够更有效地激活要素流动。为此，必须推进市场化改革和转型。事实说明，世界各国市场化改革和转型都有力推动了经济发展。

中国改革开放 37 年来，经济社会发生了历史性变化。经济保持了年均 10% 左右的快速增长，经济总量跃居世界第二位，国家综合实力显著增强，人民物质和文化生活水平大幅度提高，已经成为世界经济增长的重要动力。

尽管这些成就的取得有多种因素，如充裕而低成本的劳动力，广大的市场空间，较高的储蓄率和投资率，一定的自然禀赋条件等，但最重要的还是实行了改革开放。中国历史和有关国际经验都表明，即使经济增长的初始条件较好甚至优越，并不一定能够促成快速的经济发展。所谓“资源诅咒”，指的就是有的地方拥有丰富的自然资源，却长期陷于贫困。关键在于能否有一套好的体制机制，有效组合和利用经济发展所需的各种要素，进而使社会财富充分涌流出来。改革就是要创造这样的体制机制。而开放则把发展中短缺的产品和要素，如机器设备、资金、技术、管理体制等引进来，使中国有竞争优势的产品和要素走出去，在更大范围内优化配置资源。人们经常能够看到的现象是，人还是那些人，地还是那些地，物质条件还是那些物质条件，体制改了，生产效率就得到极大提高。

目前，中国基本确立了社会主义市场经济体制的改革目标，大多数产品供求由市场决定，全国统一的市场体系基本形成，国有经济改革逐步深化，包括个体私营经济、集体经济、外资经济和股份制经济在内的多种经济成分迅速发展，制度变迁对经济发展的促进作用在中国改革开放中体现最为突出。

经济学所说的全要素生产率，是衡量体制效率的一个重要指标。有关研究表明，改革开放以来，中国有三个时期出现了全要素生产率的快速提高，都与当时采取的改革开放重大举措有关。第一个时期是改革开放初期到20世纪80年代中期，农村联产承包责任制的实行极大地调动了广大农民的生产积极性；随着农业生产增长，一部分农民摆脱土地的束缚，进入乡镇企业，大大提高了劳动生产率。第二个时期是20世纪90年代初期到中期，邓小平南行谈话、确立社会主义市场经济改革目标后，非国有经济和对外开放取得长足发展，带动了全要素生产率的迅速提升。第三个时期是进入21世纪以后，加入WTO和由此推动的国内改革，加大了企业的竞争压力，加快了技术引进和追赶的步伐，从而改进了要素的配置和利用效率。

中国37年的实践证明，改革是解放和发展生产力、提升经济整体竞争力的必由之路，体制变革催生的竞争优势最全面、最稳定、最持久。哪个时期开放型经济体制改革力度更大，哪个时期经济整体竞争力就提升更快，哪个地区开放型经济体制更成熟，哪个地区的经济就更具活力。

东盟新四国也一样，改革和转型推动了这四国经济发展。如1990～1997年，柬埔寨、老挝、缅甸、越南的GDP增长分别为5.5%、6.6%、5.9%、8.3%，1998～2004年，四国GDP增长分别为5.8%、5.8%、10.1%、56.6%。[①] 2012年，四国经济增长保持在5%～8%，高于东盟整体速度，其中，老挝经济增长为8.3%，为世界经济增长最快的10个国家之一。

第二节　改革以来越南的经济发展

自1986年开始推行革新和开放以来，越南在经济、文化和人民生活等各个方面都取得了巨大的成绩。在革新的头十年，即1986～1996年，越南摆脱了经济和社会发展困局。到2010年，越南已经摆脱了欠发展的穷困面貌，迈入中等发展国家的行列。在21世纪的头十年，越南经济以平均7.26%的速度增长，是紧随中国之后的世界经济佼佼者之一。

1990～2003年这13年，越南经济保持较快增长国内生产总值年均增长7.3%，经济总量不断扩大，产业结构趋向协调，对外开放水平不断提高，基本形成了以国有经济为主导、多种经济成分共同发展的格局。据联合国亚太经社理事会（ESCAP）发布的数据，2005年，越南GDP增长率达到8.4%，居东南亚国家之首。2006年越南的GDP增长8.2%，成为仅次于中国的亚洲经济增长第二快的国家。外界评论说，越南已成为中国、印度之后，亚洲又一个实现经济腾飞的新兴经济体。经过30多年的革新开放，越南已经从世界上最贫困国家行列步入中等收入发展中国家行列。1994年，越南总产值为1 785.34万亿越盾，到2013年为3 584.26万亿越盾（按可比价格）。[②]

革新之初，越南人均国民生产总值还不到100美元，目前则突破1 000美元大关。革新以来越南综合经济增长率大约为7%，居

① 《东盟经济公报》2007年24卷1期。

② 广西社会科学院编：《越南国情报告（2014）》，社会科学文献出版社，第403页。

东盟各国之首，在亚洲亦仅次于中国。2005 年，越南更被联合国“人类发展报告”，盛赞为“一个同时达成发展与均衡的国家”，其基尼系数，为亚洲国家最低，可谓“藏富于民”。

越南《西贡解放报》2010 年 12 月 14 日刊登了越南原副总理武宽题为《融入国际经济——正确的决定》的文章，高度评价越南加入东盟，入世，加入亚欧峰会，加入亚太经合组织，与中、美、欧盟签订双边协议等为越南经济的发展带来了切实的利益。一是出口大幅增长。革新开放之初，越南出口额仅为 10 亿美元，到 2010 年已超过 600 亿美元。特别是对美出口，从 0 到 130 亿～140 亿美元。二是出口商品结构得到很大改善。以前主要出口初级原料、农产品，如今有 10 多种工业制成品出口额超过 10 亿美元。三是重新争取到官方发展援助。累计已达 640 亿美元。另巴黎俱乐部还免除了越南 200 亿～300 亿美元的旧债。四是吸收外资已超过 600 亿美元。外资对越南 GDP 的贡献达 50%～60%；对越出口贡献也达 50%～60%。五是根据国际规则改革国内经济，创造通畅的政策环境。六是扩大了就业，提高了劳动者生活水平，解决社会问题。七是扩大并加强了与各国的合作关系，提升越国际地位。

2011 年的越共“十一大”认为，革新开放 25 年来，越南经济社会发展取得了巨大成就，国家经济快速增长，国家工业化、现代化建设事业以及社会主义市场经济正在得到加强，人民生活显著改善；越南的国际地位不断提高；国家综合实力也大大增强。越共“十一大”提出，到 2015 年实现人均国内生产总值 2 000 美元的目标，到 2020 年实现国内生产总值比 2010 年增长 2.2 倍，人均国内生产总值达到 3 000 美元。2016 年 1 月举行的越共“十二大”就越南革新 30 年来的成就与不足进行了总结，在“十一大”提出要处理好八大关系的基础上，新增了如何处理“政府与市场的关系”。[①]

① 《越共十二大召开：越南革新开放之路走向何方》，载于《参考消息》2016 年 1 月 21 日。

越共“六大”提出全面革新路线3年后的1989年，越南在实现了从粮食进口国到出口国的转变，当年出口大米600万吨以上，成为全球第二大大米出口国。1990～2010年，越南国内生产总值（GDP）年均增长7.3%，2015年达6.68%，同时通货膨胀率降至5%以下，越南盾汇率也基本稳定；工业、农业和服务业在GDP中的比重逐步合理化，农业比重已从1990年的38.7%降至2014年的18.12%。根据世界银行的统计，越南2011年人均收入达1 260美元，而根据越方统计，2015年更进一步增加到2 200美元以上。①

第三节　改革以来老挝的经济发展

老挝1986年起推行革新开放、调整经济结构。经过近30年的艰苦奋斗，国民经济建设取得了长足的进步。目前老挝已度过了最艰难的时期，国民经济建设也在转型取得了重要发展。尽管老挝的改革和转型过程十分艰难，但是经过这些年的改革创新，国民经济建设取得了长足的进步。1991～1996年，老挝国民经济年均增长7%；在安全度过1997年亚洲金融危机严重冲击后，2001～2006年经济快速复苏，年均增长6.8%；2006～2010年，年均增长率更是高达7.9%；人均国民生产总值逐年提高，并在2009年达到1 030美元。2011～2012财政年度，老挝克服了水灾、国内通货膨胀，以及国际金融危机不利影响等困难，国民经济建设保持了较快发展势头，各项主要经济指标均达到或超过预期，其中GDP同比增长8.3%，总量达到77.4亿美元，人均GDP约1 203美元。②

前面说过，与其他新成员相比，老挝从自然和半自然经济转为商品经济的过程比较艰难。在革新开放、调整经济结构的过程中，

① 《越共十二大召开：越南革新开放之路走向何方》，载于《参考消息》2016年1月21日。

② 黄信：《老挝努力推进经济转型》，载于《广西日报》2012年4月11日。

老挝坦然面对现实，承认落后并奋起直追，在学习借鉴其他国家尤其是东盟老成中成功经验的同时，也结合本国特点制定并实施了多项经济发展策略。

改革以来，老挝大力吸引外资。1994 年 4 月至今，老挝多次修改外国投资法，增加或完善了不干涉外资企业事务、允许外资企业汇出所获利润、外商可在老挝建独资或合资企业、头 5 年不向外资企业征税等优惠政策。仅 2010 年，老挝的外国投资合同金额就达到 16.41 亿美元，超过计划 64%。

值得关注的是，在革新开放、调整经济结构的过程中，老挝重视经济特区建设。2003 年以来，老挝政府已经批准了 3 个经济特区和 2 个经济专区项目，目前还有 14 个经济特区和专区正在审批之中。同时，老挝全面推行对外贸易、产品生产和进出口管理、过境贸易服务、市场开发和商品管理、人才开发和行政管理等 6 大贸易战略。

同时，老挝积极加强区域经济合作。在立足东盟、融入亚洲理念的指导下，老挝近年来重视发展与东盟国家、亚洲国家和地区间的经济合作，特别是在吸引投资、基础设施建设、进出口贸易、人力资源开发、高新科技发展等领域广泛受益。积极发展环保型的新兴产业也是老挝转型过程中的一大特点。其中旅游业发展最为快速，2000 年至今，外国游客人数年均增长 25%，2011 年外国游客达到 295 万人次。①

老挝在起点非常低的情况下开始改革，经过不懈努力，人均国民收入已由建国初期的 76 美元，增加到目前人均 GD 约 1 203 美元，人民的物质生活和精神生活得到显著改善和提高。特别是在吸引投资、基础设施建设、进出口贸易、人力资源开发、高新科技发展等领域发展较快。

1991～1996 年，老挝的国民经济年均增长 7%。在安全度过

① 黄信：《老挝努力推进经济转型》，载于《广西日报》2012 年 4 月 11 日。

1997 年亚洲金融危机严重冲击后，2001 ~ 2006 年老挝经济复苏快速，年均增长 6.8%。

2006 ~ 2010 年，老挝经济年均增长率达 7.9%，人均国民生产总值逐年提高，并在 2009 年达到 1 030 美元。老挝“七五”规划（2011 ~ 2015 年）的老挝宏观目标，是国民经济快速、稳定、持续发展，达到联合国千年发展目标，主动融入地区和国际经济体系，为 2020 年摆脱最不发达状态夯实基础。老挝“七五”规划（2011 ~ 2015 年）的各项主要经济指标为，国内生产总值年均增长 8% 以上，财政赤字控制在 3% ~ 5% 的水平，国家外汇储备每年增长 3% ~ 5%；5 年共吸引投资总额不低于 150 亿美元，其中，外国直接投资占 50% ~ 56%；出口年均增长 18%，进口年均增长 8%；保证农田生产 104 万公顷以上，农田水利灌溉面积保证 2015 年达到 30 万公顷，年均生产大米 420 万吨，森林覆盖面积达到 65%；年均接待外国游客 280 万人次，创汇 3.5 亿美元；贫困人口比例降至 19%；到 2015 年，人均国内生产总值达到 1 700 美元。从这些主要的经济指标中不难看出，老挝对在 2020 年前实现消除贫困、摆脱世界最不发达国家状态的大目标充满信心。①②

经过近 3 年筹备，“老挝资产市场”于 2010 年 10 月 10 日在老挝资产市场大楼正式举行开张典礼，标志着老挝资本和证券市场迈出了历史性第一步。其设立资产市场的目的，就是为老挝需要长期资金支持的公司提供长期融资支持，并完善老挝金融市场。

近几年，在全球经济放缓、原材料价格大幅下降背景下，老挝经济发展也受到了冲击和影响，老挝政府积极应对，克服财政困难，把年度经济发展目标从 8.3% 调低至 7.5%。如 2014 年，一方面老挝政府积极开展对外务实合作，改善投资环境，加大外资吸引力度，保持外国官方发展援助持续增长；另一方面认真整顿财政和

① 李国章：《老挝经济转型见成效》，载于《经济日报》2012 年 3 月 27 日。
② 《老挝经济转型见成效》，www.cafta.org.cn，2012 年 3 月 27 日。

税收，开源节流，清理政府投资和债务，收紧政府各项支出，并出台严格限制公车购买和使用，减少政府培训研讨项目和节日庆祝支出等措施，维护了老挝宏观经济稳定，保持经济快速增长，财政状况趋于好转。据老方统计，2014 财年老挝经济增速为 7.8%，较去年下降 0.2%，全年 GDP 达 90.8 万亿基普，合 113.3 亿美元，人均 GDP 达 1 340 万基普，合 1 672 美元。经济结构中，农林业增长 3%，占 GDP 的 24.8%；工业增长 8.5%，占 GDP 的 27.5%；服务业增长 9.3%，占 GDP 的 39.3%。2014 财年，老挝进出口贸易额 81.35 亿美元，同比增长 5%。[①]

第四节　改革以来柬埔寨的经济发展

柬埔寨从 1993 年开始加快经济改革步伐，经过 20 多年的改革，柬埔寨经济面貌发生了明显的变化。总的来说，宏观经济呈现出良性运行态势，经济增长率稳定地保持中速偏高水平；农村经济秩序逐渐恢复，农业生产有了很大的恢复和发展；工业生产有所恢复，新兴工业部门发展势头良好；基础设施得到逐步恢复和发展，经济发展的条件得到初步改善；对外贸易持续增长，引进和利用外资成绩明显，并争取到数量可观的外来援助。

1993 年推进改革之后的十年，柬埔寨经济的平均增长速度保持 5%以上，1994 年柬埔寨 GDP 增长达 7.5%，1996 年为 6.5%，1997 年为 3.8%，1998 年为 1.9%，1999 年为 5%，2000 年为 4.2%，2001 年为 6%，2002 年为 5.5%。2003 年至 2008 年这 5 年，柬埔寨 GDP 总值从 37 亿美元到 101.22 亿美元。[②] 2011 年，柬埔寨国内生产总值为 522 540 亿瑞尔（约合 129.37 亿美元），同比

---

① 李国章：《老挝经济转型见成效》，载于《经济日报》2012 年 3 月 27 日；《2014 年老挝经济发展分析》，载于《中商情报网》，2015 年 6 月 11 日。

② 高歌：《投资东盟》，广西人民出版社 2010 年版，第 101 页。

增长6.9%。根据世界银行2014年的数字，柬埔寨人的平均年收入为1 094美元。①

1994~2000年，柬埔寨工业迅速发展，保持了年均增长8%的工业速度，成衣业和电子工业、水电业的发展最为突出，成衣业的年增长速度高达70%，仅2000年成衣向美国的出口就增长了50%，向欧洲市场的出口更是以三位数的速度增长。到2000年，工业产值占整个国内生产总值的比重已上升到241%。以旅游业为代表的第三产业的发展也十分迅速，服务业的产值占整个国内生产总值的比重在2001年已达到438%。

改革前，柬埔寨基础设施不足，民族工业弱小，农业落后，产业规模有限，金融系统不发达，贫困人口比例大等。但作为东盟的新成员国，柬埔寨一直没有放松追赶的脚步。改革以来，尤其是进入2011年以来，柬埔寨国民经济建设稳步推进，基本实现了“四角战略”的预期目标。2011年，柬埔寨国内生产总值为522 540亿瑞尔（约合129.37亿美元），同比增长6.9%。其中，农业增长3.3%，工业增长14.3%，服务业增长5%。人均GDP增至909美元，外汇储备30亿美元。进出口贸易总额达114.7亿美元，同比增长38%，其中出口48.7亿美元，同比增长37.2%；进口66亿美元，同比增长37.8%。贸易逆差17.3亿美元，与上一年基本持平。②

考虑到经济基础薄弱的客观现实，在推进改革过程中，柬埔寨始终坚持稳步有序地推进各项经济建设。例如，在推进改革中，柬埔寨进行经济结构调整，大力吸引外资，积极融入区域经贸合作。2011年柬埔寨共批准了164个投资项目，投资总额达70.1亿美元，同比猛增170%，其中外国直接投资50.8亿美元，同比增长72.6%。持续增长的外国投资，有力地支持了柬埔寨基础设施建设

① 王雯雯：《中国对柬埔寨投资20年，超百亿美元》，载于《环球时报》2015年12月22日。

② 《经济日报》2012年3月31日。

和各大产业的发展。1994～2011 年，柬埔寨共吸引外国投资 246.8 亿美元，其中中国是最大外资来源国，累计投资 89.1 亿美元，占柬吸引外资总额的 36.1%。另据中国海关统计，2011 年，中柬双边贸易额为 24.99 亿美元，同比增长 73.5%。其中，中国对柬出口 23.15 亿美元，同比增长 71.8%；自柬进口 1.84 亿美元，同比增长 96.8%。

充分发挥农业、纺织服装和建筑业的传统领军优势，是近年来柬埔寨的主要经济工作。改革以来，柬埔寨一直将农业生产视为经济发展的根基，在资金、政策等方面给予优先考虑。仅 2011 年，柬政府共批准了 24 个农业投资项目，投资总额达 7.24 亿美元。虽然当年 8 月特大洪灾造成了巨大损失，但全年水稻种植面积仍然保持在 321.9 万公顷，完成计划的 107.2%；稻谷产量 841.7 万吨，同比增长 5.3%。天然橡胶种植面积 18.1 万公顷，产量约 4.9 万吨，同比增长均为 6.5%。2011 年，农产品出口占国家出口总额的 6.1%。柬埔寨农业发展的中期规划目标是，至 2015 年将大米出口数量要提高到百万吨。纺织服装和鞋类一直是柬出口的主要动力，截至 2011 年底，柬埔寨共有 550 家纺织服装和制鞋厂，吸收了 45 万劳动力，2011 年出口额达到 42.4 亿美元，同比增长 42.8%，占全国出口总额的 87.1%。过去的一年中，建筑业快速复苏。全年新批建筑项目 2 129 个，投资总额达 17.34 亿美元，同比增长 106.4%。全年进口建材 799 032 吨，金额 5.5 亿美元，同比分别增长 41.5% 和 128%。大力鼓励支持发展新兴产业，也是柬埔寨努力搞好的一个领域。在这一领域中，柬埔寨扶持的重点是经济特区和旅游业。到 2011 年底，获柬埔寨政府正式批准的经济特区为 14 个，另外还有 8 个获柬埔寨经济特区局证书。在 2011 年吸引的外资中，多数与经济特区项目有关。与此同时，旅游业持续增长，发展潜力大。2011 年，柬埔寨旅游业创造了约 40 万个就业岗位，共接待外国游客 288 万人次，同比增长 15.2%；创汇 18 亿美元，同比增长 5.9%，占 GDP 的 12%。政府预计，2012 年外国游客将达

310 万人次。[①]

有分析家认为，按照目前的发展趋势，柬埔寨经济建设在不久将达到新的高度，到时与东盟其他国家一道，为东亚地区的经济稳定发展做出积极的贡献。

第五节 改革以来缅甸的经济发展

缅甸 1948 年独立时国内经济濒临崩溃，农民失地严重，世界第一大大米出口国的光环不再，经济命脉仍受制于人为因素质。当时的政府忙于制定发展规划，努力振兴国内经济，力图改革畸形经济体制和大地主主导的土地所有制，推动经济对外开放，并积极争取美国、日本、中国等国的援助。20 世纪 50 年代，缅甸经济年增长率约 4%，属于不快不慢的水平。但政府的土地国有化等改革政策难以落实，经济规划也沦为纸上谈兵，未能改变缅甸经济仍然是以农业为主的落后状况，未能扭转殖民地时期遗留下来的畸形经济体系。从 20 世纪 60 年代开始，缅甸经济开始落后于曾同属一个水平线的泰国，并且差距越拉越大。

1989 年缅甸实行对外开放政策和市场经济制度，但到了 21 世纪之初的 5 年，缅甸经济获得较快发展，在这 5 年，缅甸所有年份的国民经济增长率都达到或超过了 2 位数。缅甸经济的持续上涨，使其人均国民收入得以不断提高，接近翻了一番（不考虑物价因素）。[②]

缅甸政府在经济领域制定了多项发展规划，并通过改革开放成功地使西方国家解除了对其实施的大多数制裁措施。缅甸新政府上台后，多次强调将改善民生作为其主要工作目标并为此提出了一系规划和措施。这场改革一定程度上促进了缅甸经济发展。农业得以

① 资料来自《经济日报》2012 年 3 月 31 日。

② 刘连银：《跨入新世纪以来缅甸经济发展述评》，载于《东南亚纵横》2006 年 5 期。

恢复生机，大米年出口量有时达到100万吨。工业复苏，特别是私营经济有所发展，全国兴建了18个工业区，旅游服务业增长较为迅速。外贸活跃起来，农副产品、石油天然气、玉石、木材、矿产等出口数量不断增长，外资流入开始增加，外汇储备从奈温执政后期的几千万美元增至2008～2009财年（2008年4月1日～2009年3月31日）的40亿美元。缅甸政府公布的数据显示，军政府时期的经济增长率如下：1992～1995年，GDP年均增长7.5%；1996～2001年，GDP年均增长8.5%；2002～2006年，GDP年均增长12.8%。2010年GDP总额为383亿美元，为奈温执政后期40多亿美元的近10倍。[①]

诺贝尔经济学奖获得者约瑟夫·斯蒂格利茨在评介缅甸的改革时说，“在政治变迁停滞了半个世纪的缅甸，新的领导层进行由内而外的快速转型。政府举行了选举，开始了经济改革，并开始大规模向外部投资示好，预算过程引入了前所未有的透明度，变革所带来的机会也是不容置疑的，为占缅甸人口70%的贫困农民带来直接的好处。”[②] 2010～2011年，缅甸宏观经济呈现稳定发展的态势。根据国际货币基金组织的数据，2010年和2011年，缅甸经济增长率均为5.5%。缅甸外贸也表现不俗，2010～2011财年，外贸总额达152.78亿美元，比上一财年的117.68亿美元增长29.8%。其中，出口88.63亿美元，进口64.14亿美元。2010～2011财年边贸额是21.3亿美元（其中出口11.14亿美元），而上一财年边贸额为13.84亿美元（其中出口6.69亿美元）。缅甸进、出口贸易和边贸发展喜人。2011～2012财年，也是缅甸新政府执政的首个财年，缅甸贸易额就创历史纪录，达181.5亿美元，其中出口90.9亿美元，进口90.53亿美元。同时，缅甸吸引外资总量也获得较快发展。[③]

---

① 宋清润：《缅甸经济改革的前景》，载于《东方早报》2012年7月31日。

②③ ［美］约瑟夫·斯蒂格利茨：《缅甸迅猛转型不可逆》，载于“财经网”2012年3月7日。

第十二章

新四国努力拓展对外关系

随着转型的不断深化，转型国家与世界经济日益融合，不同国家之间的制度系统竞争日益突出，制度变迁演进过程就日益受到全球经济环境的制约以及相关国家的影响。在这种情况下，经济转型国家必须从国际维度来思考改革和转型，当然，这也是改革和转型能否成功的一个重要标志。因此，对市场化改革和经济转型的考察不能停留在一国的制度安排上，而是要融入区域经济和世界视野之中。

由于国际交易是在更大和更高的交易成本中展开，因而会产生相关的成本和风险。当事人不是在国内制度环境下而是在不同的制度框架下相互交往，需要根据交易国家的习惯和法律。不同的习俗、常规、工作惯例、设计标准、法律和管制条例会造成国际性制度接轨成本。当制度演进使转型国家逐渐融入世界或区域经济时，转型国家的对外经济联动效应才能发挥出来。在这种下，意味着国际化通过市场竞争建立超国家的游戏规则一定程度上制约着单一个国家的政府，即对转轨国家的经制度安排要求更加严格。就是说，在全球经济体系中发挥作用的优胜劣汰机制便对转型国家造成了一种压力，它使转轨国家不得不关注自身与发达国家之间的发展差距，努力实现赶超。当然，这也是转型国家通过改革提高制度效率的体现。

由于全球化时代要求加强政府间的政策协调，从而强化了国家干预在经济发展中的重要地位，因而，全球化的压力使得转型国家原来不得不改变原来的以自发演进为主的制度变迁方式，而转向以政府设计为主，从而逐渐关注经济发展。① 这种情况表面看好像改革、转型与经济发展之间产生矛盾，其实，三者可以统一于对外合作关系中，即通过改革和转型创造更加良好的制度安排，使一国经济在融入世界经济中通过互利共赢获得更快发展。

互利共赢是经济全球化环境下谋求互利合作、实现共同繁荣的时代潮流。互利共赢需要拓展国际合作。世界各国加强经济合作和促进共同发展的共识不断增强。区域经济合作和贸易投资自由化趋势进一步发展，推动经济全球化向前发展的力量和因素不断增长。尽管贸易摩擦增多，但各方通过协商对话方式谋求妥善解决问题的意愿增强，通过协商谈判和平解决分歧和争端已成为主要发展趋势。实施互利共赢的开放战略，就是要利用有利的国际环境，通过积极参与经济全球化和区域合作实现自身发展，又以自身的发展更好地维护世界和平与促进共同发展。

近十多年来，新四国与东盟尤其是与中国的贸易快速增长，这是四国推进改革和转型过程中发展对外关系重要一方面。如越南与中国的贸易，1991 年只有 3 200 万美元，到了 2010 年增加到 254 亿美元。此外，新四国拓展与各国的合作关系还体现在以下几方面。

第一节　开放国内市场，大力引进外资

融入区域合作潮流，是新四国推进改革和转型的重要收获，在开放国内市场，拓展与各国合作空间过程中，为外国提供投资合作

① 张仁德：《中外经济转轨比较研究》，经济科学出版社 2007 年版，第 287 页。

机会，通过引进外资来加快本国经济发展。

2008 年生效的《东盟宪章》，决定致力于经济一体化建设，构建稳定、繁荣和统一的东盟市场，实现商品、投资的自由流动，增加合作互助，消除贫困，缩小贫富差距。由于放宽限制，改善投资环境，东盟国家吸引的外资不断增加。随着亚太地区投资自由化的进展，东盟引进外资的限制会继续放宽，投资环境会不断改善。对于经济不发达的东盟新四国来说，严峻的挑战也意味着难得的发展机会。顺势而为，克难而进，积极利用东盟平台，推动对外开放向纵深方向发展。而开放国内市场，大力引进外资是其中的重要举措。

改革开放以来，缅甸在吸引外资方面取得重要成就。统计数据显示，截至 2011 年底，外国对缅投资总额高达 400 亿美元。2012 年 4 月，吴登盛率团访问日本时，大部分时间都是在会见商界巨贾，呼吁日本企业加强对缅投资。吴登盛访日之行还促成日本免除 37.2 亿美元的债务，并说服日本重启对缅日元贷款项目。同年 5 月 23 日，缅甸在北京举行投资说明会，向中国企业说明种种优惠政策。同年 6 月 20 日，新缅甸投资峰会在仰光开幕，来自 20 个国家政界和商界的 300 多位代表与会。2013 年 1 月，吴登盛总统在缅甸内比都举行的缅甸“开发合作论坛”上详细介绍了缅甸“经济与社会改革框架”，其中不仅包含有至 2030 年的远期目标，也有未来几年内将要完成的短期目标，以把缅甸建设成为一个“工业化的现代国家”。①

2012 年开始，大量外国投资者在缅甸工业部门，排队办理手续。联合国缅甸问题特别顾问南威哲 2012 年 4 月说，缅甸若持续推进改革及扩大对外开放，就有机会成为亚洲经济强国。亚洲开发银行 2012 年 8 月在曼谷发布的报告认为，缅甸未来的经济前景充满乐观，缅甸自从去年开始实施了一系列严肃的改革，如果缅甸能

① 《东方早报》2013 年 1 月 20 日。

够继续坚持改革的方向，并不断深化和推动改革，那么缅甸经济将能够达到每年7%～8%的增长速度，并实现和亚洲其他邻国一样的增长奇迹。[①] 截至2014年9月，来自36个国家和地区的780多家企业获准在缅投资，总投资额将达500亿美元。其中，新加坡134家、韩国100家、中国香港85家、泰国80家、英国75家、中国内地73家、日本51家、马来西亚50家，其他公司则来自美国、荷兰、印度、印度尼西亚、加拿大、澳大利亚等。这些企业的投资领域主要为制造业（有392家获准投资）、石油和天然气领域（132家）、矿业（69家）、酒店旅游业（57家）、房地产（28家）。[②]

在越南，越共“六大”之前，越南基本上处于闭关锁国的状态，政治外交方面实行“一边倒”的外交路线，经济上主要是在“经互会”的圈内进行贸易往来。1986年的越共“六大”将革新开放作为调整对外关系的指导方针，从此越南走上了对外开放的道路。1987年12月，越南国会通过了《外国在越南投资法》，这一法规规定了外国投资组织与个人的权利和义务，投资方式和保护措施等，以优惠的政策吸引了大量的外资。

越南在推进与国际社会接轨的过程中，是一步步地融入国际经济体系的。首先，越南在1995年7月27日正式加入东盟，成为东盟第7个成员国，此后越南积极参与东盟的各项活动，逐步履行对自由贸易区的承诺。其次，主动向中东、海湾、非洲和拉丁美洲市场扩展，继续维持和加强同俄罗斯的传统关系。最后，是积极参加亚太经合组织、亚欧首脑会议和世界贸易组织等。1998年11月，越南成为亚太经合组织的成员，并且此后越南的大部分对外贸易都是与他的成员国进行的。越南于2006年11月在河内举行了第14届APEC峰会，这是迄今为止越南承办的规格最高、规模最大的国际多边会议，这次会议的参加对象有亚太经合组织各成员国和地区

① 宋清润：《缅甸经济改革的前景》，载于《东方早报》2012年7月31日。
② 《缅甸经改较政改缓慢》，载于《联合早报》2014年10月29日。

的领导人，这次会议的承办大大改善了越南的国际形象，证明了越南的各项实力，极大地提升了其在国际舞台的地位和作用。

越南作为亚欧会议的成员国，于2004年在河内承办了第五届亚欧首脑会议。经过长达12年的谈判，越南终于在2006年11月7日正式签署了"入世"的相关文件，成为WTO的第150个成员，为了"入世"越南修改了原有法律法规50多部，并履行承诺大幅消减关税。同时越南为了营造和平的发展环境，还积极改善与各国的关系，尤其是重点改善与中国、美国、法国、俄罗斯等几大国和东盟国家的关系，实行全方位、多样化、以扩大对外关系为目的外交政策，至1998年越南已经与167个国家建立了外交关系。而且越共"十大"在融入国际社会方面又做了新的强调，同时扩大在各个领域的国际合作。2010年，越南利用担任东盟轮值主席国的机会积极开展外交活动，提高了越南在东盟地区和世界上的地位。

越南通过革新开放营造了吸引外国投资的良好环境。例如，2013年，尽管这一年不是越南经济形势最好的一年，但当年越南引进外资在数量、质量和资金到位上出现明显好转。截至当年11月底，该国引进外资208亿美元，同比增长5.5%，其中资金到位达105亿美元，外国投资集中于越南的高新科技、加工业、制造业等18个领域，开展项目557个。2014年，越南引进外资在数量和质量上都有所提高，当年新增和追加资金项目达到1 427个，引进外资总额达173.3亿美元。这些项目主要投资于越南高新技术、加工、制造技术和发展基础设施等领域的大型项目。同年，韩国凭借当年11月在越南太原省投资的30亿美元项目一举超过日本，居外国在越南投资第一位。①

在推进改革过程中，柬埔寨努力为外国投资者创造了和平、稳定的政治和社会环境。实施开放经济、税收优惠政策，"东盟中心"

① 《2014年前11个月越南直接外商投资实际到位资金6.2%》，载于"南博网"2014年12月24日。

的区位优势使其拥有巨大的国际市场，外汇资金可以自由流通。虽然没有土地所有权，但却可获得99年的租用期。外资可以根据实际情况选择独资或合资形式投资感兴趣的行业。如今的柬埔寨被称为“亚洲最好的投资目的地”可谓名副其实。政府鼓励外资在高科技产业、农业、旅游业、油气和矿业、劳动密集型产业等方面加大投资。特别是加大对基础设施方面的投资，比如机场、港口、码头、公路、桥梁等。同时，还通过建立经济开发区、工业园、“工业走廊”等方式，为外商创造投资环境和商机。

老挝在改革中十分重视发展对外关系。在老挝看来，扩大对外开，发展对外关系，其目的就是推动老挝国民经济快速发展，解决老挝贫困，加速老挝经济与国际接轨，为老挝创造更多的机会。同时，老挝认识到，对外经济合作关系革新在推动老挝国民经济快速发展，要摆脱贫困落后状况，就要进一步扩大对外开放，密切对外合作关系，将老挝的经济融入世界经济环境中，在国际合作中争取资金和技术援助，吸收国外的先进管理经验，其目的就是使自身更多的与国际接轨，为老挝创造更多的机会，发掘内部优势，促进经济快速发展。

早在进入20世纪80年代中期，苏联和东欧等社会主义国家自身面临经济困难，逐年削减对老挝的援助，老挝政府日益感到扩大与其他国家经济交往的必要。从1987年开始，老挝政府便积极开展多方位经济外交。1988年2月召开的老挝人民革命党四届五中全会提出，要吸引外国到老挝投资，学习和借鉴外国的管理经验和技术，逐步走向国际市场。为了使对外经济合作有法可依，同年7月，老挝政府颁布了《外国在老挝投资法》1990年3月21日，老挝政府对《外国在老挝投资法》又做了部分修改，延长了对外国投资者的优惠期限。

1986年老挝人民革命党“四大”后老挝对外开放程度不断提高。1991年老挝人民革命党“五大”在发展对外关系方面，老挝逐步由发展对中国、越南、苏联、东欧的对外经济关系为主，走向全方位的对外开放。老挝人民革命党“五大”报告提出，扩大对外联系是老挝人民革命党全面革新政治路线的重要组成部分，要逐步融入到国际合作的轨道上。老挝人民革命党“五大”提出在发展对外关系时，不计较社会制度差异。

为了进一步吸引外资，在老挝人民革命党“五大”精神的指导下，1994 年 3 月 14 日老挝国会又通过《老挝人民民主共和国外商投资促进与管理法》，原则上不限制外国投资的领域，并力求简化外商投资的申请手续。1996 年老挝人民革命党“六大”进一步提出，扩大对外经济合作和吸引外来投资是老挝人民革命党为争取国际力量协助国内力量建设，促进老挝逐步实现繁荣富强、经济逐步与国际接轨而制定的政策。必须以多种形式扩大老挝的对外经济合作，保证合作者的效益和利益，提高办事效率。要加强与邻国及东南亚各国的合作，并为加入自由贸易区和世界贸易组织作全面准备。2001 年 3 月召开的老挝人民革命党“七大”，在认识到全球经济相互渗透是客观趋势的基础上，提出老挝要进一步采取扩大对外经济合作的积极姿态。

据老挝第 7 次圆桌会议统计数据，1992～1995 年来源于外来的资金增长约为 28%，到 1996～1999 年增长 47.16%。1992～1995 年外国投资项目总数为 407 项，1996～1999 年为 266 项，1996～1999 年的投资总额与 1992～1995 年相比增加 6.223 亿美元。但后来投资额和项目数出现下降趋势，一方面原因是区域内各国吸引外资政策方面的竞争，特别是周围邻国如中国、越南、泰国等，有许多方面条的件优于老挝，并成为外国投资者感兴趣的地方，然后就调转资金投向这些国家。另一方面原因是结算机制、劳动力市场、基础设施、法律体系等尚不完善。就是说，在老挝的外资市场还有许多不如人意的地方，政策和环境也不是真正吸引商人，此外，中央与地方在制定规章制度方面也不统一。因此，在进一步推进改革中老挝中央和地方各部门应把建立和完善投资环境作为首要任务。

老挝成为东南亚国家联盟和东盟自由贸易区的正式成员后，积极参与其他区域和次区域合作，如参加大湄公河次区域、湄公河委员会、“印度支那”发展综合论坛、东南亚—湄公河盆地发展合作组织等的合作计划。2002 年 1 月，老挝发布《总理令》宣布建立老挝第一个经济特区——沙湾塞诺经济特区。为了进一步吸引外资，在 2004 年 10 月，老挝政府对外国投资法进行了修改，调整了外资政策，如为确保生产，外商所引进的机器和设备将免去进口税，在 1 ~ 7 年内免去盈利税；在租赁和使用土地方面，也可延长到 50 年的期限，准许投资年限也可达到 50 年。2006 年，老挝人民革命党的“八大”强调，继续坚持“多方位与多种形式”的对外交往，提出要加强与各战略伙伴国的合作，在与地区和世界各国接轨时加强主动性和竞争力，以促进生产和服务的发展。

值得一提的是，改革开放以来，老挝境内的经济特区、专门经济和跨国经济合作区建设方兴未艾，如“首都万象老中合作经济特区”“沙湾—色诺经济特区”“磨丁经济特区”“金三角经济特区”“普乔经济特区”等。这些特区主要依靠引进外资来经营。

2012 年，由于老挝政府于暂停审批新的矿业、橡胶及桉树种植特许经营项目，外资积极性遭受一定影响。为鼓励外国投资，老挝政府继续完善投资相关法律，积极营造良好投资环境。2014 财年老挝吸引国内外投资项目 2 073 个，金额 97.23 亿美元，同比增长 216.7%。其中特许经营项目 29 个，金额 9.4 亿美元；一般投资项目 2 011 个，金额 84.3 亿美元；经济特区和经济专区类项目 33 个，金额 3.49 亿美元。全年政府投资项目 5 169 个，金额 7.8 亿美元。为更好利用外同资本，官方发展援助资金也保持增长。2014 财年老挝共获得官方发展援助项目 784 个，金额共计 7.95 亿美元，较去年增长 2.3%，超额完成计划 32.83%。其中无偿援助项目 644 个，金额 4.71 亿美元，下降 16.2%，占受援总额的 59.15%；各类贷款项目 58 个，金额 2.42 亿美元，增长 12%，占受援总额的 30.48%；人力资源项目 82 个，金额 8 191 万美元，占受援总额的 10.3%。[①]

① 《2014 年老挝经济发展分析》，载于“中商情报网”2015 年 6 月 11 日。

数据表明，1992～1995 年老挝外资增长约为 28%，到 1996～1999 年增长 47.16%。与此同时，1992～1995 年外国投资项目总数为 407 项，1996～1999 年为 266 项，1996～1999 年的投资总额与 1992～1995 年相比增加 6.223 亿美元。外资流入增加老挝就业机会。如 1995～2000 年电力、矿产、制造行业平均增长 1.2 倍。

但后来投资额和项目数出现下降趋势，第一个原因是区域内各国吸引外资政策方面的竞争，特别是周围邻国如中国、越南、泰国等，有许多方面条的件优于老挝，并成为外国投资者感兴趣的地方，然后就调转资金投向这些国家；第二个原因是由于结算机制、劳动力市场、基础设施、法律体系等尚不完善。因此，在老挝的外资市场还有许多不尽如人意的地方，政策和环境也不是真正吸引商人。此外，中央与地方在制定规章制度方面也存在不统一。因此，融资、创造就业机会、合理分配收入、利于较好发达国家的经验和技术等，仍是老挝中央和地方各部门建立和完善投资环境的首要任务。①

东盟经济一体化为老挝对外开放创造了有利条件。老挝于 1997 年 7 月 23 日成为东盟成员国，1998 年加入东盟自由贸易区，为推动老挝经济较快增长，使老挝更好地融入国际社会，老挝开拓市场、吸引外资及其他事务等方面扩大与国际社会的联系与合作提供了一个很好的平台。东盟经济一体化的进程中，签署了多项有关经济一体化的条约和协定。为了吸引更多的外资，东盟国家纷纷提出吸引外资的优越条件及行业。2002 年 11 月 4 日，老挝与东盟各国领导人共同签署了《东盟经济合作框架协议》，标志着东盟自由贸易区正式启动，东盟经济一体化有了法律保障，协议涉及贸易、知识产权保护、投资保护等各个方面，协议保障各项制度有效运作，保证成员国达成的协议能付诸实施。

---

① ［老］赛宋蓬·丰威汉：《关于老挝向市场经济转型的认识》，载于“百度文库”2010 年 9 月 19 日。

2012年10月26日，老挝被世界贸易组织（WTO）正式批准成为其第158个成员国。加入WTO为老挝对外开放提供了良好机遇，有利于老挝更加广泛、深入地参与东盟经济一体化和全球化进程，吸引外资、促进对外贸易，有助于大力推进对外开放事业，加快经济社会发展；并为该地区和世界经济注入新的活力，为实现东盟经济一体化做出积极贡献。老挝成为WTO成员，标志着老挝将在WTO制度下对外开放，意味着老挝的对外开放进入了一个崭新的阶段。加入世界贸易组织不仅使老挝扩大了对外开放，而且由自主单边开放转向对世界贸易组织各成员间的相互开放，这也促进了老挝政府制定的政策与世界贸易组织的规则接轨。深化涉外经济体制改革，全面提高对外开放水平，健全对外开放制度，就是要按照市场经济和WTO规则的要求，加快内外贸一体化进程，形成稳定、透明的涉外经济管理体制，创造公平和可预见的法律环境，确保各类企业在对外经济贸易活动中的自主权和平等地位。加入世界贸易组织后，老挝就可以享受多边谈判的成果，可以通过开放自身市场，扩大吸引外资，并获得进入其他成员方市场的机会，通过遵守WTO的非歧视、透明度、公平竞争、开放市场等原则推动老挝的经济快速发展。加入WTO后，按照WTO规则开放，对外开放作为一种制度被确立，从制度上保证了对外开放的稳定性，老挝与WTO成员国有了相同的经贸规则和制度环境，这种规则制度的共同性及由此带来的生产方式和生产环境的趋同，大大加快了老挝全面参与国际分工全球化的进程。

第二节 积极主动走出去

2004年在中国广西举行的第一届中国—东盟博览与中国—东盟商务与投资峰会，东盟10国有五位政府首脑出席，其中东盟新四国就占了四位。从2004～2015年共举行了12届中国—东盟博览会与中国—东盟商务与投资峰会。东盟新四国政府组织本国企业积极参与，企业参与规模一年比一年大。说明新四国走出去的意识比10多年前大大增强。目前，越南、老挝、柬埔寨、缅甸的产品尤其是红林木、玉器、水果等产品，在中国市场和东盟其他国家市场的份额越来越大。

1996年7月召开的越共“八大”提出，越南要与世界各国交朋友，为和平独立、共同发展而努力。从20世纪90年代开始，越南对外经济关系大步前进。1991年中越关系正常化。1995年越南与美国实现了关系正常化，正式加入了东盟，并与欧盟签署了合作框架协议。2000年7月，越南与美国签署了两国贸易协定，为越南产品进入美国市场、大力发展同美国的经贸关系奠定了基础。迄今为止，越南已与168个国家正式建立或恢复了外交关系，与130多个国家和地区有经贸关系，60多个国家和地区在越南有直接投资。

2004年起，缅甸每年都派团参加中国—东盟博览会和投资与贸易峰会。第一届~第三届均派出了总理级代表团。2007年10月26至11月1日，缅甸工商会组织了包括212个公司成员的大型参展团参加了第四届中国—东盟博览会，第一届~第三届博览会，缅甸参展商共参展展位总数为132个，但第四届博览会缅甸参展展位数高达约200个，展出商品有珠宝、工艺品、缅药、民族服装服饰、银器、雕刻、漆器和水产品等。

借助中国—东盟博览会这一大舞台，越来越多的缅甸农产品企业大力开拓中国市场取得良好成效。例如，通过一年一度的中国—东盟博览会，缅甸木材家具在中国的家具市场占据了重要地位。据缅甸海关总署统计，仅2007年1~6月，缅甸对中国的林产品出口总额就达到了2 313.1万美元。从2007年起，中国政府对木制家具进口实施零关税政策。这一举措再次激发了中国红木家具市场的进口需求。2007年1~10月，中国从东盟国家进口木材家具总额达9.06亿美元，同比增长15.08%；其中红木家具进口额为1.6亿美元，同比增长254.97%。仅2007年一年，红木家具总体平均涨幅超过 50%。有专家预测，今后 10 年，中国红木家具市场的进口需求量将以每年 10% ~15% 的速度递增。

2012 年 9 月，中国—东盟博览会期间，缅甸总统吴登盛接受了中国媒体采访，吴登盛悦他明确指出，要想跻身世界前列，缅甸必须走工业化发展道路。因此，开办工厂吸收就业、加快初级产品深加工行业发展、发展重型机械工业、大力加强高科技产业建设，成为缅甸政府迫切需要外资投入的四大产业领域。吴登盛悦，缅甸有着区位优势和丰富的自然资源，投资缅甸将收获周边的主要市场。“缅甸有很好的自然条件，劳动力丰富，但缺少资金，技术落后。所以，我们要努力吸引外资，有计划地把缅甸建设成工业国家。由于缅甸就业机会少，缅甸现在有近 300 万人在邻国打工。我们要建设诸如制衣厂、制鞋厂等能大量解决就业的工厂，这些产业我们都会给予优惠的政策。缅甸的地理位置非常重要，缅甸的周边有很大的市场，中国 13 亿人口，印度 10 亿人，孟加拉国也有 1.6 亿人，东盟国家有超过 5 亿的人口。来这里投资建设大型工厂，不仅给当地提供工作机会，而且市场将会十分广阔。”

南宁领事馆区位于南宁·中国—东盟国际商务区内，规划用地 130 亩，设置 13 个国家领事馆和一个服务中心，每个馆舍集办公、展览、接待、住宿多功能于一体。2009 年 10 月，随着缅甸驻南宁领事馆开馆，至此东盟新四国驻南宁的领事馆已全部开馆。

广西与缅甸经贸合作进入快速发展新阶段。2012 年 3 月 30 日，广西组织 100 多家企业、近 500 人参加的经贸代表团，在仰光举办 2012 广西（缅甸）商品博览会，参展的广西工程机械、农业机械等产品受到缅甸消费者广泛欢迎。在此期间，广西壮族自治区政府与缅甸商务部签署《关于进一步加强经贸合作的协议》，双方相关部门签署农业、旅游、矿产资源开发以及联合勘探等方面的合作协议。2012 年 4 月于仰光举行的广西—缅甸投资贸易洽谈会暨项目签约仪式上，广西与缅甸共签订 22 个合作项目，总金额达 2.92 亿美元。

作为传统社会主义计划经济国家的越南和老挝，近十多年来，它们在改革原来的计划经济体制的过程中，积极融入区域合作潮流，受到世人的关注，人们普遍认为，越南的改革观念转变一定程度上受到中国改革的影响。老挝在革新开放过程中，坦然面对现实，承认落后并奋起直追，大胆学习借鉴其他国家成功经验，结合本国特点制定实施了一系列改革开放发展战略；在立足东盟、融入亚洲理念的指导下，老挝特别重视发展与东盟国家、亚洲国家和地区间的经济合作。

柬埔寨也积极打开国门，主动参与中国—东盟自由区区域合作，有效地促进了本国经济的发展，尤其是近十多年来，这两个国家旅游业迅速发展，已经赶上“新马泰”旅游业的发展步伐。

第三节　加强与东盟老成员的合作

早在2003年，泰国、缅甸、老挝、柬埔寨四国总理就在缅甸中部古城蒲甘举行会议并发表《蒲甘宣言》，标志着四国经济合作机制正式启动。宣言表明，四国将大力发展商贸、投资、工农业、交通运输、旅游及人力资源开发等方面的合作，共同努力把四国的边区建成持久和平、稳定和经济增长的地区。会议期间，泰国还分别与其他三国签署了石油、天然气、电力等能源合作文件，并表示将单方面向三国提供无偿援助和低息贷款。四国签订的共同或双边合作协议、备忘录等文件共约200项。四个国家相互接壤，又有相同的佛教文化渊源，自古就有良好的关系。但由于经济、社会等各方面的差距，也造成了许多纠纷，阻碍了各国特别是相邻边区经济和社会的发展。从现在起，四国建立的合作发展机制将缩小经济差距，增强这一东南亚次区域的整体实力。

东盟领导人多次强调，东盟相对发达的成员国要帮助落后成员国共同发展，缩小本区域各国经济差距，认为只有这样，才能真正实现东盟自由贸易区等经济一体化战略，也才能从根本上促进区域的稳定。泰国正是从这一愿望出发，积极倡导四国合作机制。缅、老、柬三国是东盟新成员，在东盟中经济相对落后。据有关资料，2001 年缅甸人均 GDP 为 267 美元，柬埔寨 273 美元，老挝约 350 美元，而泰国则人均超过 1 800 美元。巨大的差距造成三国与泰国接壤的边区不少贫穷人口非法流入泰国，毒品和人口走私等跨国犯罪猖獗，成了长期困扰各国的痼疾，泰国曾因此与各国多次发生冲突。经过反复探索和磋商，三国与泰国要切实开展经济合作，促进共同繁荣，这是解决上述问题的治本之道。自 1990 年以来，东盟内部出现了小区域合作的新形式，如新加坡、印度尼西亚、马来西亚三国邻近地区的“南东盟增长三角区”，印度尼西亚、马来西亚、泰国相邻地区的“北东盟增长三角区”，文莱与印度尼西亚、马来西亚、菲律宾相邻地区的“东东盟三角区”等，但由于上述各国家和地区间经济差距不甚明显、经济模式和资源禀赋趋同等原因，各合作区实际进展不大。由于经济互补性强，发展潜力巨大，四国都抱以极大的热情，泰、缅、老、柬建立合作机制后，合作初始阶段的工作比较扎实。预计今后将取得比其他小区域更优的合作成果。①

从大东盟的角度来说，东盟新四国推进市场化改革和实行向市场经济转型对东盟老成员有利。例如，对于泰国企业来说，柬埔寨、老挝、缅甸和越南四国市场是泰国产品拓展东盟市场的商机所在。如泰国与新四国接壤或接近，陆路交通线相互连通，有利于泰国产品通过边境销往该市场。此外，新四国的国民收入增长幅度大，购买力不断增强，对泰国客商有利。2018 年，新四国的进口关税将降至零，更有助于泰国出口产品扩大对四国的出口。

在当前欧元区债务危机给世界经济造成风险的形势下，泰国对欧盟等主要市场的出口也受到影响，而对东盟新四国的出口却显著

① 《东盟四国启动经济合作新机制》，载于“人民网”2003 年 11 月 17 日。

增长。如2012年1月，泰国对东盟新四国的出口总值占泰国出口总值的份额达7.8%，已超过泰国对欧元区出口（份额为6.8%）。据开泰研究中心预测，2012年泰国对东盟新四国市场的出口总值可望达到187亿美元或5 700亿泰铢，增幅为20%。泰国开泰研究中心预测，在欧债危机影响下，对新四国的出口将成为拉动泰国出口总值增长的重要动力。

新四国改革也为东盟老成员创造了巨大的投资空间。如截至2014年9月，来自东盟老成员多家企业在缅投资，其中新加坡134家、泰国80家、马来西亚50家，印度尼西亚也有多家公司的缅甸投资。①

近十多年来，新四国领导层积极加强与东盟国家互访，为本国经济合作开路。据官方统计，到目前为止，缅甸国家领导人曾15次出访东盟国家，分别为3次访问老挝，出访2次的国家分别为泰国、新加坡、马来西亚、文莱、菲律宾和越南。同时，东盟国家的领导人也加强了对缅甸的高层互访，同一时期内，共有15次高层互访到达缅甸，分别为老挝国家领导人4次，马来西亚国家领导人3次，新加坡、泰国和越南均曾1次访缅。缅甸曾作为东道主主持举办了东盟国家部长级合作打击跨国犯罪会议和其他一些部长级的东盟国家组织会议。根据东盟成员国家间的有关协定，缅甸还实行了与某些国家间对外交护照和公务护照实行互免签证的措施，并积极参与合作禁毒计划，与有关国家签署了联合禁毒的协议。

缅甸自加入东盟后，缅甸与东盟国家的合作遍布各个领域。经济上，缅甸政府在贸易、水运和旅游合作方面均迈出了重要的合作步伐。已与东盟一些国家签署了相关的合作协定、其中包括避免双重关税协定、预防投资滥用协定等。1988年以来，外国对缅甸的投资总额为74.437亿美元，其中来自东盟国家的投资达38.7亿美元，占外国对缅甸投资总额的51.64%。

① 《缅甸经改较政改缓慢》，载于《新加坡联合早报》2014年10月29日。

从缅甸与东盟国家之间贸易情况看，2001～2002财政年度，缅甸对外贸易总额为52.99亿美元，其中，与东盟国家的贸易额达到了24.33亿美元，占外贸总额的46.1%。其中，缅甸向东盟国家出口11.41亿美元，占出口总额的44.6%，缅甸从东盟国家进口13.02亿美元，占进口总额的47.46%。

2002年8月8日，缅甸国家和平与发展委员会官员在第35届东盟年会上讲话说："缅甸愿意与其他东盟成员国家一道，为加强东盟成员国家间的合作而努力"。一些业内人士分析认为，未来缅甸与东盟组织之间的合作将会得到进一步的发展。[①]

第四节　新四国相互之间加强合作

尽管四国存在某些历史矛盾，但由于地缘、经济、文化等原因，四国也有多方面都的联系。进入21世纪以来，随着四国改革和转型的推进，这种联系得到加强。

据越南《人民报》2007年5月10日报道，越南、老挝、柬埔寨和缅甸4国民航界高级官员于当年5月8～9日在缅甸首都仰光举行加强四国民航运输合作会议。四国于早前的2005年4月在金边达成协议，鼓励发展航空运输服务，相互使用民用机场，首批机场名单是缅甸的仰光和曼德勒机场；越南有7个机场，其中包括河内、胡志明市和岘港机场，老挝有3个机场，其中包括万象和琅勃拉邦机场；柬埔寨为金边机场。

2010年11月16日，第五届柬埔寨、老挝、缅甸和越南四国峰会在柬埔寨首都金边举行，柬埔寨、越南、老挝、缅甸四国领导人和时任东盟秘书长等出席会议。四国峰会的召开再次表明了四国政府及人民的友好交流，以及促进柬埔寨、老挝、缅甸和越南（即

① 驻缅甸使馆经济商务参赞处，2003年4月8日。

CLMV）合作的决心，峰会高度赞扬了《万象宣言2004》的执行在加强四国之间合作和经济一体化方面所取得的成就，以及《2005年CLMV行动计划》在投资、贸易、农业、工业、能源、交通、信息技术、电信、旅游和人力资源发展上所取得的成绩。柬埔寨领导人表示，目前，柬、老、缅、越等新四国在各项领域的发展与合作已得到不错的成果。但与此同时，四国也应促进其他基础设施项目列入CLMV行动计划，以便连接东盟地区走廊，并更快地缩短CLMV国家和东盟组织其他成员国之间的发展差距，也为东盟经济一体化做出贡献。柬埔寨领导人说，缩短与东盟组织其他成员国之间的发展差距为CLMV国家的紧要任务，四国应加强与亚洲开发银行、东盟经济研究学院等区域、国际机构及对话伙伴合作，进行考察及讨论具体措施，以促进社会经济发展和区域型经济一体化及加强四国之间的贸易和投资方面的合作。柬、越、老三国总理还联合签署了有11项条款的《金边宣言》，其中包括修改2010～2020年柬、越、老社会经济发展总纲。《金边宣言》还包括优先开发能源、协调贸易与投资、建立越、老、柬三国交通网、努力开发农业、旅游、银行和人力资源培训、维护本地区和平稳定、坚决打击跨国犯罪和各种违法行为、加强防灾减灾工作等重要内容。

根据越南—老挝—柬埔寨发展三角区协调委员会第八次会议框架，2012年12月在昆嵩省，越、老、柬的经济、安全—对外、环境—社会和地方级协调等小组分别召开会议，旨在评价2011年发展三角区协调委员会第7次会议达成各项协议的落实情况，并制定今后合作方向。之前的协调委员会第八次会议上，与会代表建议越、老、柬三国总理要求协调委员会对现有的各双边协定、区域性协定和备忘录进行核查；制定有利于促进越老柬发展三角区贸易发展的协定，为通过发展三角区的转口货物和游客创造便利条件。

多年来，越南、老挝和柬埔寨三国在安全和对外领域的紧密配合为维护地区政治稳定做出巨大贡献，对发展三国旅游业和吸引各投资商对本地区进行投资起到重要作用。2012年12月的昆嵩会议，与会代表还就加强越、老、柬三国边境地区排雷工作和扩建各口岸，加强越、老、柬三国经济走廊的连接等共同关心的问题进行了讨论。①

2012 年 9 月，柬埔寨、老挝、缅甸和越南举行四国旅游部长会议并签署了 2013～2015 年阶段四国旅游合作协议。根据协议，至 2015 年四国将实现接待 2 500 万人次国际游客目标，四国在共享旅游信息和经验、建设共同旅游产品、人力资源培训及推介旅游等方面展开合作，同时还与其他国家或国际组织加强合作。四国旅游部长会议将在四国轮流举行。2011 年，四国共接待 1 230 万国际游客，比 2010 年增长 14.5%，其中，四国间往来游客 210 万人次，增长 17%。②

大湄公河次区域经济合作（GMS）涉及流域内的中国、缅甸、老挝、泰国、柬埔寨和越南六国，旨在通过加强各成员国间的经济联系，促进次区域的经济和社会发展。近年来，上述六国政府在各个领域合作日益紧密，对构建和谐东南亚发挥越来越大的作用。

值得一提的是，在东盟主导的“东盟—湄公河流域开发合作”以及老、泰、柬、越四国的“湄公河流域持续发展合作”中，老挝利用自身优势，参与湄公河次区域各种合作机制的建设，不仅加强了与区域内各国之间的往来，增进了国际间的友谊，与区域内各国之间建立了长期稳定的、互惠互利的睦邻互信伙伴关系，充分发挥其投资优惠的优势，实施可持续对外开放发展战略，实现对外贸易的持续发展，促进经济、社会、环境等方面的持续改善；优化对外开放布局，促进国内区域协调平衡发展。

---

① 《越南、老挝、柬埔寨加强发展三角区合作》，载于“广西电视网”2012 年 12 月 7 日。

② 《柬埔寨、老挝、缅甸和越南签署旅游合作协议》，载于“中国商务部网站”2012 年 9 月 17 日。

第四篇

本篇包含第十三章至第十六章，作为全书的对策部分，本篇主要探讨新四国如何获得更大更多的动力来推进市场化发改革和推进经济转型。

第十三章

新四国有待提高制度适应性效率

第一节　新四国改革依然滞后

如第二篇各章所述，新四国以往的改革取得了重要成就，通过改革大大提高了制度适应性效率，有力地促进了本国经济发展。但横向对比，新四国的改革和发展仍然处于落后状态。与老成员已经建立起比较成熟的市场经济体制相比，改革起步较晚的新四国目前仍为非市场经济国家，因而新四国仍然面临如何推进市场化改革和向市场经济转型的挑战。

新四国的主要存在问题，是基础设施不完善，农业落后，工业薄弱，政府部门的管理水平不高，人员素质和办事效率低，法制不完善，一些国家腐败严重，个别国家的民族冲突仍然严峻，国内的治安环境不甚理想，投资环境不尽人意。总之，新四国都面临进一步改善投资环境、改革国有企业、发展金融部门、完善市场体系、推进政治民主化进程和反腐败等问题。

尽管新四国在改善投资环境引进外资发展本国经济方面取得了重要成就，但由于四国国情限制，尤其是经济发展水平限制，对外国投资造成不少障碍。如普遍缺乏规范的市场运行机制，政策多变，税收体系不完善，政府对市场的调控能力较差等。缅甸的官方汇率估价过高且缺乏保护外来投资的国家间双边协定，不利于外资汇出，市场前期开拓和培育成本高等，加重了外资企业的经营的市场风险。新四国基础条件落后，特别是交通、通信不发达，通信费用昂贵，互联网使用率低且受到一定的限制。同时，政局不稳、政令反复、土地租金价格变化较大，进出口规定限制严格且变化多，出口退税困难，水电基础设施不足等。如缅甸的军人政权以“人治”代替“法治”，贸易投资法令存在很大的不确定性，经常因人而变，地方政府受限制多，自主权少，很小的事也要层层上报，审批手续复杂，费时费力；加重了外资企业的负担：各种摊派接连不断，令外资望而生畏。还有，投资法规尚不完善，甚至无法可依。如老挝投资法虽已颁布多年，但与其相关配套的法规仍不完善和具体，在农业、通信、电力等行业至今仍缺乏行之有效的鼓励外国投资的具体法规，在某种程度上造成了无法可依的局面，随意性和人为行政干预因素较大，一定程度上动摇外商投资决心。文化教育普遍落后，人才缺乏等，也是新四国面临的一个重要问题。

改革进程较快的越南也才开始走向市场经济体制，经济增长模式还没有根本转变，经济结构调整缓慢，市场发育尚不成熟。革新中形成的社会主义定向市场经济，不仅具有理论意义还具有实践意义，在理论方面他实现了社会主义与市场经济的结合，实现了计划调节与市场调节的结合，实现了公有制经济与非公有制经济的结合。而在实践方面，尽管取得了经济增长、工业化推进、对外经济关系不断增加、社会民生得到改善等成绩，但同时越南也面临着基础设施薄弱、经济增长模式没有改变、经济结构调整缓慢、市场经济发育不成熟等问题。正是看到了些问题，2015 年 1 月越南出台相关政策，决定推进经济结构调整，要求相关部委和地方政府实施整体的结构调整计划，国有企业将推进重组，重点关注从非核心业务撤资，并为实施 2015 年后的其他计划开展相关工作。越南信贷机构的任务是改善监管、风险管理和审计，提高技术能力，并采用国际惯例逐步实现《巴塞尔协议 I》的资本标准。越南证券市场将继续按照现有的政府计划进行重组，使吸收国内外资金更加便利化，并处理坏账。农业领域重组涉及农、林、牧、渔业及农产品加工和服务，将加快新农村建设，并鼓励投资者参与农业和农村发展。工业领域注重提高技术水平、附加值和本地化率，尤其是配套工业、可再生能源、电子、工程、信息产业、生物技术产业、油气开发与加工、环境产业等。

2016 年 1 月举行的越共“十二大”报告提到，越共“十一大”前提出到 2020 年将越南基本建设成为迈向现代化的工业国，这一目标将调整为到 2020 年要为越南尽早基本建成现代化工业国奠定基础。在总结 30 年革新开放带来丰硕成果的基础上，越共“十二大”提出，要“全面配套推进革新事业”。越南原胡志明国家政治学院党史研究所所长阮仲福解释，“这里的‘配套’指党的路线和主张与国家法律政策体系及实施措施的配套，也指中央经济、政治、文化、社会部门要配合配套运行，活动要集中、统一和有效。”①

老挝目前仍然是东南亚经济发展比较落后的国家，由于经济起点低，受资金短缺、技术落后、基础设施差、外资流入有限等因素的制约老挝国民经济状况不佳。2002 年 7 月，万象时报援引联合国人力资源发展指数称，从 1990 年至今，中国的作用发生了显著变化，在世界经济中的排列提高了 14 个位次。此外，泰国提高了 10 位、越南 6 位、柬埔寨 5 位。相反，老挝的地位却从 2001 年 160 个国家中的 131 位下降到 2002 年 173 个国家中的 143 位。也就是说，老挝仍处于世界人力资源发展水平最低的国家之列。落后正在成为巨大的障碍，制约着老挝的发展。

老挝改革开放中的难题表现为旧的经济体制的约束、经济管理

① 《越共十二大召开：越南革新开放之路走向何方》，载于《参考消息》2016 年 1 月 21 日。

落后、干部素质差和经验缺乏，广大民众对发展商品经济认识不足，城乡之间发展不平衡。因此，老挝在宏观政策环境方面还要不断推进改革，包括提高政府行政能力，特别是扭转税收恶化形势；有效利用官方的发展援助解决老挝“吸收外资能力”的问题；促进私营经济发展；实施贸易自由化战略达成经济结构转型，并促进老挝经济地区与全球一体化；发展以资源为基础的经济，充分利用老挝丰富的自然资源。

老挝自 1986 年实行革新开放政策后也吸引了不少外资。外资外援的进入无疑促进了老挝经济的发展，但同时也造成了老挝对外援的过度依赖心理，在发展过程中缺少主观能动性。金融危机后，老挝几乎完全要依靠国外的帮助才能渡过难关，甚至不少老挝人也在依靠国外亲友的资助度日。2001 年 3 月，老挝人民革命党第七次全国代表大会提出老挝将继续坚持社会主义体制和推进市场经济改革，并制定了未来阶段性的发展目标。老挝人民革命党“八大”展现了老挝党和国家对振兴民族经济的雄心壮志。老挝人民革命党“八大”指出，老挝位于大湄公河次区域的中心，资源丰富，基础设施已大为改善，农业已有了一定基础。根据当前国际国内环境，大会重申要坚持以经济发展为中心，大力推动经济增长，到 2020 年必须摆脱国家欠发达状况、人均收入较现在提高三倍。到 2010 年实现国内生产总值比 2000 年翻两番的奋斗目标，力争到 2020 年基本消除贫困，摆脱世界最不发达国家行列。

柬埔寨经济转型虽然取得了一定的成效，但始终没有摆脱贫穷和落后的总体状况。柬埔寨的改革时停时进，特别是近几年来，改革的步伐有所放慢，没法摆脱贫穷和落后状况，目前，柬埔寨仍是落后的农业国。缅甸的经济改革步伐仍落后于政治体制改革，经济发展面临诸多困难，投资环境没有明显改善。[①] 经济增长受制度约束大，政府经济管理工作质量低、管理工作效率差等，仍然成为柬

① 《缅甸经改较政改缓慢》，载于《新加坡联合早报》2014 年 10 月 29 日。

埔寨推进改革的主要障碍。如果说，政府已经意识到扶植私营经济意义重大，但进一步促进私营经济发展还有大量工作要做。基础设施建设不完善，金融机构的机能薄弱，财政资金紧缺，引进外资受阻等，这些因素反映了柬政府制度适应性效率低，而这是短期难于解决的，需要通过持续不断的改和转型。

近年来，柬政府把农业、加工业、旅游业、基础设施建设及人才培训等作为优先发展领域，推进行政、财经、军队和司法等改革，提高政府工作效率，改善投资环境，取得一定成效。2004 年柬埔寨成为世界贸易组织第 148 位成员。作为最不发达国家之一，柬埔寨从其主要商贸伙伴（欧共体、美国、日本、加拿大和澳大利亚等）获得了“普惠制”（GSP）和“最惠国”（MFN）待遇。在此前提下，柬埔寨积极吸引外商投资，努力扩大对外贸易，进出口贸易连年增长。

尽管柬埔寨近些年来仍然十分依赖国外援助。尽管柬政府确立了融入国际社会、争取外援发展经济的对外工作方针，在和平和重建柬埔寨旗帜下，积极争取援助，为柬埔寨经济注入了重要活力。柬埔寨国家预算的 60% 依靠外国援助，这种局面在相当一个时期内都难以得到有效解决。但实际上，从长远角度考虑，这种状况需要推进转型和调整。柬埔寨建设与发展的最大障碍就是基础设施不完善。由于长期受战争影响，柬埔寨公路、铁路和桥梁中的大部分已被毁坏，至今尚未修复；电力供应不足的问题也十分严重，电力只能满足需要的 20%；大部分村镇至今仍没有通信设施。柬埔寨工业基础薄弱，在东南亚 10 个国家中，柬埔寨的工业是最为落后的一个，工业产值在其国内产值中仅占 12%。

受上述条件制约，柬埔寨的投资环境也不尽人意。除国内的治安环境不甚理想外，政府部门的管理水平不高，人员素质较差，办事效率低，腐败严重，法律不完善等问题也十分突出。政府经济管理工作质量低、效率低。如前所述，近几年来柬埔寨在提高政府管理工作质量方面虽然进行了一些改革，但多半只停留在计划、立法上。直到现在，政府管理工作的低质低效及政府官员的贪污腐化仍是阻碍柬埔寨经济改革、经济发展及外资引进的主要障碍。政府应尽快认真落实2001年制订的“政府管理工作改革计划”，该计划的主要承诺包括进行提高政府部门工作质量的改革、草拟管理公开取得土地和自然资源的立法、进行财政和审计工作的改革等。

柬埔寨的经济改革离国际社会的期望有着明显的距离。2002年6月，在金边召开的国际援助柬埔寨会议上在评价柬埔寨的改革成果时，对柬埔寨政府在继续推进某些领域的改革方面措施不力、改革进程放慢提出了批评，认为在林业、司法改革、根除腐败等方面缺乏实质性进展。由于改革进程放慢，导致经济发展趋缓。针对舆论批评，柬埔寨政府一方面请求国际社会客观公正地评价柬埔寨的改革和发展方面所取得的成绩，另一方面也表示将进一步加大改革力度，为经济发展创造更好的内部环境。除此之外，柬埔寨的经济改革还面临着一系列的实际困难，比如基础设施严重滞后、经济结构极不合理、尚未完全稳定的政治形势也会影响经济的正常发展等问题。要从根本上解决这些困难和问题，切实改善国内政治和经济环境，需要一定的时间，亦即柬埔寨的经济改革还有很长的路要走。

改革前的改革之初的缅甸，军人执政对经济改革和发展带来多重负面影响。军人政府不仅不谙先进经济发展理念，在改革问题上往往错误百出，有时改革前进一步，遇到挫折后退两步，政策反复无常。而且，军政府改革首先保证的是军人集团利益，军官把持国有企业关键职位，军官亲朋好友成为“寡头”。真正在经济改革和发展中受益的主要是占人口不到10%的军人集团及其裙带阶层。外国投资者赴缅投资必须寻找缅甸高层亲友作为“引路人”，方能避免无辜刁难和损失。在缅甸投资，成本高居不下，使很多外企望而却步。引起国际社会不满，美国、欧盟等西方国家指责缅甸军政府破坏民主、人权，对缅甸的经济制裁层层加码，并中断国际机构对缅甸的援助，不准企业赴缅投资，限制缅甸产品出口到西方国家。这些导致缅甸纺织业等出口企业纷纷倒闭，大批失业的产业工人被迫到泰国等周边国家打工。

经过前段改革，缅甸经济发展的各种条件正在改善，发展前景看好，但经济改革要实现可持续的快速发展仍面临多重挑战。从外部看，世界经济普遍低迷对缅甸经济发展绝对是个坏消息，从内部看，历史积弊太多，体制落后，现代人才匮乏，基础设施差，都会阻碍经济前进。

基础设施建设不完善，金融机构的机能薄弱，财政资金紧缺，技术落后，引进外资受阻，政府适应性效率效率低等，也是缅甸进一步推进改革和转型需要解决的关键问题。同时，与越南、老挝、柬埔寨三国相比，缅甸的制度创新存在的问题是政府经济改革目标的设定变来变去，国家在多个领域推出的改革政策和优惠措施也是朝令夕改，令很多外企感到无所适从，项目时开时停。而且，缅甸的腐败比较严重，侵入到政府及社会各个阶层。另外，缅甸改革似乎主要是高级官员在推动，中下层官员和普通民众的改革意识、知识储备、接受和推行新生事物的能力离改革要求相差甚远。因此，好的改革措施、优惠的政策、符合时代需求的法律等的施行，会大打折扣。

缅甸作为东盟成员国，在东盟加速建立经济共同体的背景下，还面临着新的区域经济竞争。根据东盟共同体发展蓝图，东盟经济共同体将把东盟转变为一个商品、服务、投资、熟练劳动力和资本自由流动的地区。但是，缅甸经济现状还难以适应这一新形势，缅甸大多数企业更是难以应对这种竞争局面。

更值得关注的是，缅甸的民族问题仍然是一个影响其发展与稳定的直接现实因素，并将长期存在，这一问题缅甸推进改革和转型产生十分不利的影响。缅甸新的民选政府 2011 年 3 月上台后，优先推动政治改革，经济改革滞后。早在 2010 ~ 2011 年初，缅甸新手一轮经济改革已开始。当时的军政府为了帮助联邦巩固与发展党赢得大选，为选后上台的新政府创造良好的经济基础，已着手新一轮经济改革了，但收效不大。

当前，贫困始终是缅甸经济发展乃至国家稳定面临的最大最紧迫的问题。一是军人执政对经济改革和发展带来多重负面影响。二是汇率体制严重畸形、国企亏损严重、私人经济受压制等因素使得中小企业和普通百姓始终处于收入增长无望、财富反被国家“吸走”的窘境。三是基础设施建设滞后。如前所说，缅甸大多数公路破旧不堪，铁路多为殖民地时期遗留下来的窄轨，交通闭塞，因电力工厂时开时停。

缅甸推进改革需要制订宏观发展计划、改善行政效率、促进工农业发展等方面做出了努力，但这都不可能一蹴而就，需要一个相当长的过程。整体而言，缅甸新一轮经济改革有以下特点：①明确未来五年的经济发展目标，注重第一、第二、第三产业全面、协调发展，增强企业的国际竞争力，发展创新型经济。同时，努力实现不同地区均衡发展，将消除贫困、提高收入、改善民生置于突出位置，确保改革使普通人受益。②改组落伍的经济管理机构，新设服务机构，清除保守派高官，重用改革派人士，增强改革派力量，统一思想和行动，提高政府决策科学性和官员服务意识，提高办事效率。③调整或新颁系列法规、条例，以灵活方式解决经济发展瓶颈，创新经济发展方式，以更优惠的方式扩大对外开放，立法保护投资者利益，提高经济发展的先进程度。缅甸经济发展方式和理念落后，法律法规大都不合时宜，成为经济发展的桎梏。2011 年以来，为了改善投资环境，政府颁布系列法律法规。④深化国企改革，放宽对电信、能源和金融等领域的控制，尝试提高上述行业的私有化程度，助推私营经济发展，增强经济活力。⑤注重大型基础设施工程与民生工程的建设相结合，加强环保工作，缓解社会矛盾，推动经济均衡发展，提高百姓生活便利度和质量。⑥按照国际标准改革金融、汇率体系，提高缅甸经济与国际经济的接轨程度。⑦改变封闭、孤立局面，争取外援，频频向世界发出“招商引资”的盛情邀请，并派团赴中国、日本、欧盟等召开赴缅投资说明会。吴登盛指出，缅甸本国资金无法实现经济发展目标，需要外国的援助、贷款和技术。

缅甸位于亚洲重要经济体中间的绝佳地理位置，加上缅甸不断推进的改革开放，会使缅甸的发展从中受益良多。如果说经济改革为缅甸国内外投资者提供了巨大机遇，那么缅甸丰富的油气资源以及可再生能源（水电），以及服务业、制造业都将为投资者提供更加巨大的机遇。缅甸的水电资源在东南亚国家中首屈一指，然而目前开发利用率仅为2%，有着巨大潜力可挖。

虽然缅甸的改革和转型仍然面临着诸多问题和考验，但这一改革已经进入“开弓没有回头箭”的境地。亚洲开发银行 2012 年 8 月 20 日在曼谷发布了题为《转型中的缅甸：机遇与挑战》的报告。报告预计缅甸未来 20 年年均经济增长率将达到 7% ~8%，并将在 2030 年实现人均国内生产总值（GDP）增加到目前的三倍（达到 2 000 ~3 000 美元），跻身中等收入国家行列。这是亚行自从缅甸去年实施改革以来首次发布有关缅甸经济的报告。亚行对缅甸经济前景表示乐观．亚洲开发银行副行长史蒂芬·格罗夫表示，缅甸自从去年开始实施了一系列严肃的改革，如果缅甸能够继续坚持改革的方向，并不断深化和推动改革，那么缅甸经济将能够达到 7% ~8% 的增长速度，并实现和亚洲其他邻国一样的增长奇迹，成为“亚洲经济增长的一颗新星”。

“缅甸需要确保其增长具有包容性和可持续性，经济发展需要让缅甸不同地区和民族都受益，同时要保证环境的可持续性。”史蒂芬·格罗夫强调，缅甸有许多地方需要向它的亚洲邻国学习，尤其是从东南亚国家中吸取经验教训。缅甸需要努力学习好如何让经济保持稳定，将通胀率控制在相对较低的水平；缅甸需要加大对人力资本的投入，缅甸需要加大在教育、医疗以及其他社会领域的投入；此外，缅甸还要加大对基础设施、金融等领域的投入，让农村和其他地区的居民能够获取电力、道路等基础设施，让民众的储蓄能够为经济增长提供支持。①

① 人民网，曼谷 8 月 20 日电。

第二节　按照东盟经济一体化要求推进新四国改革

经过前段的努力，东盟共同体建成，东盟国家推进一体化取得了重要进展。然而，进一步推进一体化也遇到各种问题，经济发展差距大是其中排在第一位的因素。东盟各国经济发展水平的不同、体制的差异等，造成了东盟内部存在发展多轨制，从而在一定程度上影响了东盟整体区域经济合作。如果说东盟迈向一体化成为历史必然，那么如何缩小各国发展差距则是迈向一体化的关键。根据国际市场经济规则改革国内经济，创造良好的国内环境，是新四国的紧迫问题。可以说，根据国际市场经济规则改革国内经济体制，切实推进经济转型，构建更加优良的经济体制等，已经成为新四国面对的紧迫问题。

与老成员国已经建立起比较成熟的市场经济体制相比，由于新四国的改革起步较晚，目前新四国仍为非市场经济国家，因而在短期内，新四国仍然面临如何推进市场化改革和向市场经济转型的挑战。新四国存在的主要问题，是基础设施不完善，工业薄弱，农业落后，政府部门的管理水平不高，人员素质和办事效率低，法制不完善，一些国家腐败严重，个别国家的民族冲突仍然严峻，国内的治安环境不甚理想，投资环境不尽人意。这些问题集中体现为经济体制还没法适应区域经济一体化发展的要求，即制度适应性效率低下，改革和转型仍然任重道远。

东盟新四国的改革步子仍然较慢，即便改革进程推进较快的越南，也才开始走向市场经济体制，经济增长模式还没有根本改变，经济结构调整缓慢，市场发育尚不成熟。老挝目前仍然是东南亚经济发展比较落后的国家，由于经济起点低，受资金短缺、技术落后、基础设施差、外资流入有限等因素的制约，国民经济状况不佳。柬埔寨近几年改革步伐有所放慢，没法摆脱贫穷落后状况，目前柬埔寨仍是落后的农业国。缅甸的经济改革步伐仍落后于政治体制改革，经济发展面临诸多困难，投资环境没有明显改善。

前面各章分析仅涉及四国现行经济改革的几个主要方面：柬埔寨、老挝、越南、缅甸究竟能否继续实施经济改革。这些国家经济发展早期阶段都已结束，东盟新四国“若想确保社会的长期稳定和可持续的经济增长与发展，它们就必须加强和信赖它们业已实施的经济改革。”① 蒂莫西·耶格尔认为：转型面临的一个巨大挑战就是如何在保证宏观经济稳定的基础上对制度框架进行修改，以此来促进市场交换、加速市场经济的发展。②

《东盟宪章》规定，东盟共同体由东盟经济共同体、东盟安全共同体和东盟社会文化共同体组成。撇开政治制度及意识形态领域不说，仅就经济一体化建设而言，东盟经济一体化为新四国推进改革和转型进程赢得了体制创新的制度条件。《东盟宪章》是一个重要的制度创新，新四国应利用好这一制度创新机制把本国制度创新推进到一个新的阶段。

为此，要按照东盟经济一体化的要求来推进新四国的市场化改革进程，建立适应区域经济发展要求的高效的市场经济体制。这一改革进程至少包括以下方面：一是通过深化改革建设适应性效率更高的政府体制：二是建立适合本国市场经济发展的制度安排：三是按照《东盟宪章》规定和要求建设统一开放的市场体系尤其是国内资本市场：四是通过加快改革步伐为商品、服务和资本区域间的自由流动及贸易便利化提供更加良好的国内环境。

---

① ［美］罗纳德·布鲁斯·圣约翰：《柬埔寨、老挝和越南的经济改革早期发展阶段结束》，载于《当代东南亚》1997年第19卷第2期。

② ［美］蒂莫西·耶格尔著：《制度、转型与经济发展》，陈宇峰、曲亮译，华夏出版社2010年版，第199页。

第十四章

理解转型过程的持续性动态性特征

理解转型过程的持续性动态性特征，对于新四国形成进一步深化改革的正确理念，从而把改革和转型推进到更高阶段，十分重要。改革和转型过程具有持续性动态性特征。转型过程的持续性动态性更多的是一个实践问题。转型过程的持续性，就是经济转型由较低阶段向较高阶段不断推进的过程，各个阶段紧密相联连；转型过程的动态性，就是经济转型过程是不断变化发展的，而不是到了一个阶段就停止不前了。

第一节　转型过程切防制度停滞

转型是一个由浅入深、由局部到全局的制度创新并不断推进的过程，因此，改革和转型不可能一蹴而就。转型过程，社会所遵循的是一条柯武刚和史曼飞所说的较不确定的“转型旅程”。在转型过程中，新制度不断适应新的经济社会环境，并根据经济社会环境的变化发展而变化发展。

改革和转型开始时，新四国的制度创新推动了该阶段的经济社会发展，即制度从原来不适应到逐渐适应，而随着经济社会的向前发展及国内外环境的变化，这些制度又逐渐不适应，必须通过新一轮的改革来构建效率更高的制度。可能说，这是包括新四国在内的转型国家推进转型的必然要求。只有深刻认识制度对于经济社会的巨大推动作用，以及深刻认识改革和转型是一个动态过程，深刻认识制度创新是一个不断推进的过程，才能坚定推进改革的决心和信心，从而改革和转型才能不断进步。这对新四国推进改革和转型尤为重要。

转型过程涉及转型国家在适应新条件过程中的不断重塑，转型的质量取决于这些新条件的性质，即这些新条件变化的方向是进步的还是落后的。如何根据发展变化了的经济社会条件来培育适应性效率更高的新制度，这是经济转型需要考虑的重要问题。前面说过，制度环境是经济转型的重要前提，是国与国之间竞争的根本。随着转型的不断推进，期间会出现制度停滞或制度悖论，即制度适应性效率与我们的预期不一致，制度约束成为主要约束。因此，必须进一步深化改革，从而才能不断推进转型。制度本身不是目的，制度只是追求繁荣、和平、自由一类基本价值观的手段，高效率的制度是减少前进中不确定性的关键。所以，对于新四国来说，关键性问题就是在转型过程中如何才能建设适应性效率更高的制度。

第二篇各章分析了新四国改革和转型取得了重要成就，本篇开头指出，新四国对旧制度的改革仍任重道远。托克维尔在《旧制度与大革命》一书中指出，摧毁一部分中世纪制度，就使剩下的那些令人厌恶百倍。在推进转型过程中，新制度不代替旧制度，制度适应性效率不断提高，但旧制度留下的不少东西仍然在发挥作用。随着转型的深入和新制度运行，人们对转型过程中留下来的旧制度十分不满。只有坚定不移的深化改革，才能在更大更广阔范围内冲破落后旧制度约束，从而才能为制度适应性效率的提高创造更加有利的条件。

正是从这种意义上说，加深理解改革和转型过程持续性动态性特征认识意义重大。如果说推进改革和转型，建设更具竞争力的经济体制是新四国发展本国经济和参与国际竞争的根本途径，那么，对于东盟新四国来说，经济转型不仅仅是进行简单的经济结构调整，或推进经济增长方式转变，更重要的是通过深化改革来构建现代市场经济体系。显然，这是一场艰难的历程，需要在实践基础上不断深化对改革的认识，不断更新观念。

制度停滞是指制度对于效率的制约性循环，从表面上看，制度停滞是制度策略集合出现了失衡，实质上是制度共有信念出现了偏差。制度创新是指制度突破消极性因素，制度适应效率要求的自我变革。制度创新可以是多层面的：可以是在制度参与人的策略层面，也可以在共有信念的层面，甚至可以在双方主体的重新搭配上。制度创新后果的有效循环可以分为策略性表层和观念性内层，策略层制度创新是指制度参与主体在观念没有根本转化的前提下，为争取更舒适的生存环境而进行的制度操作层面的变革，能够对于制度的创新起作用，但那是表面的作用。观念层面的制度改革是实质性的变革。

新四国转型的基本特征是时段上的转型期。这种转型不是在市场经济比较成熟状态下的运行，而是市场运行的基因已经生成的阶段的运行。四国目前正处于从传统经济体制向现代市场经济体制转轨的历史进程中，这种转轨阶段用生物进化论的概念表示是原来的机体的基因需要变异，市场这一有机体的基因需要生成的阶段，这一阶段具有的特殊运行规律，并不是简单地照搬西方经济学的教条就能解决问题的。

不同时段的空间状态特点也是不一样的。在四国从传统经济体制向现代市场经济体制转轨的时段中，制度问题的表现呈现得并不一样，转型过程中四国的制度问题的核心不是具体的交易制度的安排问题，而是如何保障具体的交易正常进行的宏观制度环境的建立问题，如国家权利与社会权利之间的关系如何转换，如何培育社会民众的市场主体地位，行政干预对于社会民众的权利运用的损害如何避免，国家在市场经济中的职能如何界定，传统计划经济体制中的企业如何改造成市场经济中的现代企业等。

转型过程的持续性动态性特征说明，转型过程具有阶段性特征。寻找解决制度问题的途径和对策方法也就不同。成熟的市场经济运作中，在主体交易之间发生的矛盾、冲突，主要是找出降低交易主体之间的交易成本，提高交易收益，尤其是解决交易成本过高的主要障碍——信息不确定性，找到信息不确定条件下解决矛盾冲突的方法、策略。但是在四国转型阶段，面临的问题主要不在于交易已经存在的前提下如何降低交易成本，而是如何认识到可交易比不可交易的成本要低，可交易比不可交易更有利于中国市场经济体制的建立，要找到如何从主体之间的不可交易到主体之间的可交易的制度方案。

转型过程的持续性动态性特征也说明，新四国在思考改革和转型问题时，只能从四国的现实可能性出发，既要承认问题的历史惯性，看到制度发展的路径依赖性，更要看到制度依据经济社会的变化发展而变化发展，转型过程要防止制度僵化。

第二节　转型过程的持续性动态性特征由多因素引起

一、转型过程引致制度环境不断变化

热若尔·罗兰认为，经济转型导致了总和不确定性。“可以说，改革的总和不确定不是一个假设，而是一个现实，转型过程就是经济活动代理人和政策制定者面对总和不确定性进行博弈决策的结果。”① 道格拉斯·诺思认为，制度依据客观经济环境的变化而变

① ［美］热若尔·罗兰：《转型与经济学——政治、市场和企业》，载于吴《比较》（3期），中信出版社2002年版，第35～39页。

化，从来不存在一成不变的制度。经济社会环境的变化是不确定的，因而制度也是不确定的。转型过程的制度的复杂性和多变性对不特点更体现了制度不确定性。传统经济学的制度环境既定或不变、不存在不确定性。根据诺思的分析，由于各态社会的情况不一样，因而制度不同，从而制度环境不一样。尽管我们在今天对于制度环境的预测方面取得了巨大进步，但这种预测的时效性非常短。我们今天造就环境变化为明天创造了一个新的并且许多情形下全新的环境——“全新的”意思是说我们没有历史经验来为我们应对这种环境作准备。①

正如前面提到的，经济转型就是如何选择适应性效率更高的制度来减少转型过程中的不确定性。经济转型是一个制度创新的动态过程，那么制度建设必须适应转型过程中变化发展了的经济社会状况，制度环境还要依据经济社会环境的变化而变化，永远不可停止。

制度不确定性是现代市场经济的本质属性。制度不确定性内生于现代市场经济运行过程。经济转型更加体现了制度不确定性特点。经济转型是当今世界性重大事件。经济转型是全球化历史条件下由传统经济制度向现代市场经济制度的转型。打破传统的制度确定性是这一转型的最初举动。这种确定不变的低效的旧制度深深扎根于转型国家的经济、政治、社会、文化之中，由于这种制度的僵化和低效，已经无法适应经济全球化条件下经济社会发展的需要，甚至阻碍转型经济体经济社会的发展。因此，经济转型实质上就是打破传统经济的制度确定性，建设适应性效率更高的制度的过程，中国经济转型初期的“摸着石头过河”，实际上就是转型和改革的目标、途径、方法、手段等的不确定性。中国改革 30 年后，尽管我们已初步建立了市场经济体制的目标模式，但那只是一个框架，

① ［美］道格拉斯·诺思著：《制度、制度变迁与经济绩效》，格致出版社、上海人民出版社 2008 年版，第 11 ~ 12、152 页。

目前我们仍然是在“摸着石头过河”，只不过与当初的“摸着石头过河”相比，程度不同而已。

转型过程体现了制度不确定性特点，表明旧制度的消失和新制度的建立不能一蹴而就，转型过程的制度安排必须根据转型引致的经济社会环境的变化发展而不断创新，这样才能将转型和改革推向深入，从而才能取得最后成功。

二、转型过程是制度创新的复杂过程

在经济转轨的不同阶段，遇到的突出的问题也会有所不同，在体制转轨的初始阶段，政府参与经济活动的比重减少、非国有经济的发展、生产要素的流动性加强等体制转轨问题会比较突出；而这个阶段过后，法制化进程、政府职能的转换、金融市场的发展、国际化程度的提高等与经济发展相关的各方面因素将会成为经济转轨的更主要的内容和更重要的标志。

转型形成的多样化的制度安排说明制度变迁具有多样性，不同的国家、不同的初始条件和转型路径会产生不同的制度安排结果，然而制度安排的多样性并不表明经济转型是没有规律可循的，如果我们从经济发展的视角来看经济转型的话，尽管转轨国家选择了不同的转型道路，形成了多样化的制度安排。

四国由于初始条件（如历史、文化传统、意识形态等）不同，转型实现的具体模式肯定不相同，从而，制度创新的途径也不一样。一定意义上，我们通常所说的经济结构调整或推进经济增长方式转变，这两者都只是体制或机制问题。而对于新四国来说，根本问题在于坚定不移地推进基础性制度创新。

经济转型就是在制度与经济互动变化中内生适应性效率更高的制度结构。这种具有更高适应性效率的制度结构既是经济转型过程中经济发展的内在要求，也是转型国家提高制度竞争力的需要。

在转型国家，市场经济在本质上是内生的。但它同从市场经济发达国家引进某些制度并不矛盾，相反，引进制度可以大大节省转轨成本。但哪些制度可以引进，何时引进，哪些根本就不可以引进，均取决于国情，即使可以引进的制度，也需要本土化才可以生根和有效运行。在转型过程中，根据本国国情创立新的制度，这就是制度创新。建立一个统一的、完整的市场体系，首要的因素是塑造市场主体。塑造市场主体的关键是实行产权改革，因为产权是人们开展市场活动之本，谁拥有产权谁将成为市场主体。企业产权制度的变革，就是从一个高度集中的国有产权到分散的产权的变革。①

三、转型过程目标的动态性

转型不可能确定一个具体的目标，而是不断发展变化的制度创新的动态过程。过去我们总是假定说改革或社会转型有一个起点、有一个终点，起点就是传统计划经济制度（包括计划经济制度），终点就是市场经济，扩展一点说就是民主政治、法治社会等。但这个目标仅是大体的，各国要根据自己的特殊情况确定自己的改革与转型阶段性目标。

市场化只是转型国家经济转型初期的首要任务，即转型初期各种市场机制的构建，更侧重于突破旧体制，建立新体制；而到了改革和经济转推进到一定时期后，转型国家需要更多面对现代化问题，即各种市场机制的完善以及进一步的经济结构的升级。转国家在推进转型中，虽然经济体制转型目标尚未完全实现，但是，在经济较落后的国家，随着转型的不断深入，转型国家与世界经济的日益融合，与现代化相关联的经济发展问题将逐渐上升为主要矛盾。这再次说明，转型只是实现经济发展的手段。因而，单纯研究转型国家传统国有体制的改革是远远不够的，我们更应该注意研究新生

① 张仁德：《中外经济转轨度比较研究》，经济科学出版社 2007 年版，第 287 页。

市场经济体制的发育和形成，以及体制转型和现代化如何同步进行。①

四、转型过程是改革与发展相结合的过程

对于新四国的来说，一方面，其转型是在没有实现经济起飞的情况下进行的。四国经济“起飞”始于20世纪90年代，比老成员要晚20多年。根据发展经济学的理论，经济演进是一个连续的过程，在这个过程中，发展中国家经过“起飞”阶段是实现由传统社会到现代社会转变必不可少的一个阶段。“起飞”阶段，是指在工业化初期的较短时间内（约30年）实现基本经济和生产方法上的剧烈转变，突破不发达经济的停滞状态即“类稳定均衡”，摆脱“恶性贫困循环”困境的社会经济的突变过程。美国经济学家罗斯托认为，一个国家经济发展最重要的阶段就是“起飞”阶段，经济发展过程中最困难的就是“起飞”，一个国家一旦超越了传统社会实现“起飞”，经济就可以持续增长了。而发展中国家要实现经济“起飞”，除了要进行资本积累和加快“主导部门”的发展之外，更重要的是要进行经济制度变革。四国是发展中国家，如果说四国经济“起飞”是从20世纪80年代开始的话，那么，这个阶段至少要到21世纪初期才能完成，或者更长的时间；不仅如此，四国是在没有完成近代工业化的历史前提下借助于现代科技革命的全球浪潮、全球经济一体化以及后发优势直接开始现代化“起飞”过程的，也就是说，四国始于90年代的经济“起飞”缺乏助跑期和有力的“助跑器”。

另一方面，任何制度变迁过程都不是在真空之中进行的，它总会受到各种外在约束条件的限制。对转轨国家而言，随着转轨的逐

① 张仁德：《中外经济转轨度比较研究》，经济科学出版社2007年版，第315～316页。

步深化，各个国家与世界经济日益融合，因而不同国家之间制度系统的竞争日益突出，制度变迁演进过程就日益受到全球经济环境的制约以及相关国家的影响，在这种情况下，经济转轨的国际维度就显得越来越重要。

当前国际经济秩序就是一个确定的短时期内无法改变的制度安排，它的一个突出特点就是它的不平衡性，这在国际产业分工体系中表现为，西方发达国家由于技术领先、资金实力雄厚而处于领先的优势地位，其产业调整引导并制约着包括转轨国家在内的发展中国家，而后者在产业分工中处于不利地位；在国际金融体系中表现为美元的霸权地位，美国的金融体系支配着其他国家的金融体系。随着转轨的不断深入，当制度演进使得转轨国家逐渐融入世界经济时，对外经济的联动效应逐渐居于主导地位。国际化通过相互依赖的市场中更激烈的竞争，以及建立超国家的游戏规则制约着民族国家的政府，对转轨国家的经济安排要求更加苛刻。可见，在全球经济体系中发挥作用的优胜劣汰机制便对转轨国家造成了压力，它使得转轨国家不得不关注自身与发达国家之间的差距，努力实现赶超，从而，在经济转轨过程中，经济发展逐渐取代体制转轨居于主导地位。由于全球化时代要求加强政府间的政策协调，从而强化了国家干预在经济发展中的重要地位，因而，全球化的压力使得转轨国家原来不得不改变原来的以自发演进为主的制度变迁方式，而转向以政府设计为主，从而逐渐关注经济发展。①

在现代化进程中，经济发展在短期表现为总量增长，在长期则表现为结构演化过程。经济现代化就是指从物质层面和从经济发展的角度所考察的现代化进程，它是现代化进程中的重要环节和核心内容。

当今社会，世界经济正在进行着新一轮的结构调整，西方发达

---

① 张仁德：《中外经济转轨度比较研究》，经济科学出版社 2007 年版，第 280 ~ 289 页。

国家在完成工业化的基础上，已经向信息社会迈进。世界经济的发展变化为转型国家带来了巨大挑战，它使得转型国家必须在制定体制转型战略，完成转型的同时兼顾经济发展，只有这样才能够在未来的发展中发挥后发优势，在国际经济分工中处于有利地位，换句话说，在当前对转型国家而言，必须将市场化进程与现代化进程结合起来，使体制转型战略服从于经济发展战略，在转型的同时实现经济发展，用经济发展来促进经济转型。

可见，经济转型实质上包含市场化和现代化两种含义，这是一个过程的两个方面。

五、转型过程是利益调整过程

改革和转型的推进，新旧两种制度会产生摩擦、冲突，旧体制的弊端仍具有很大的惯性，以及传统文化、封建意识、小农思想、左右倾思潮等还有相当市场。

打破垄断、引入竞争和建立适应市场经济发展需要的新体制的过程，远比预期困难得多。在利益调整分解的过程中的既得利益者，由于改革的深化会触动他们的既得利益，从而造成这部分人心理不平衡，由此产生对改革的害怕和埋怨情绪，甚至极力阻挠改革的深入进行。由于这部分人都是掌权者，因而对改革的阻力最大。改革开放和推进进一步的转型，主要阻力是来自那些当权的既得利益阶层，即维护这种既得利益阶层的官僚领导体制。

在东盟新四国，经过前段改革，市场机制的作用日益增强，企业开始成为独立的商品生产者，但是市场规则尚未健全和完善，财政、金融、工资、物价、社会保险等各方面的体制还处于新旧体制因素并存的过渡状态。

四国已具备了重要的投资优势，凭借战略型的地理位置和地形特点，在农业、农工产业、劳工产业、加工业、旅游业、矿产能源等各方面都有着巨大的潜力。但扩大投资所需要的更加良好的政局稳定和经济环境优化，四国还没法提供，或者说，由于国内诸多因素尤其是各种利益矛盾的干扰，使进一步指点进外资受到影响。

总的来说，经过前期改革，新四国经济社会取得了重要进步。然而，进入改革和转型的进一步推进阶段，也要求四国的制度建设进入关键期。这个阶段会遇到比以前更加突出的问题，如已经尖锐化的社会问题，贫富悬殊、工人失业、农民收入低、官员腐败等，以及改革推进过程中的利益分化，相对独立的社会力量的成长，社会多元性的发展等，都需要更具容纳功能的制度安排予以应对。就是说，四国的制度创新仍然任重道远。

六、转型过程是经济转型和社会转型协调推进过程

广义的制度环境涵盖了经济、政治、社会、文化等领域。转型事实上是作为是整个经济、社会体制复杂的制度演化过程。

转型过程中需要社会转型与之协调，这是体制转型的本来之义。社会转型如何与经济转型相协调，这是转型面临的重大命题。迄今为主，一切国家的经济发展都要求对社会作深刻的调整，两次世界大战就是世界经济危机的结果。第二次世界大战束后，资本主义国家对社会关系进行了调整，力求使经济增长与社会发展相协调。英国提出要建立“福利国家”，德国提出要建立“社会市场经济”体制，美国约翰逊总统宣称要建立人人富裕的“伟大社会”，日本把国家建设重点由单方面追求经济增长转变为追求经济与社会的协调发展。经济转型这场大变革的难中之难，要触动经济基础、上层建筑、生产关系各个方面和领域。也就是说，改革、转型、发展，既是经济问题，又是社会问题。

新四国的改革和转型已经取得重要成就，社会进步也获得了可喜的发展，如公民独立自主的意识大大增强，自由发展的空间不断扩大；民主与法制不断健全；随着教育的发展公民的素质和文明程

度逐步提高等。四国经济发展促进了社会进步，社会进步反过来也促进了经济的发展。但是也应该看到，四国在经济转型过程中也遇到不少社会问题和社会矛盾。例如农业、农村、农民问题，贫富悬殊与效率公平问题，腐败现象，政府机构低效率，民主法制尚未健全，与市场经济相适应的人文精神有待培养和造就等，这些社会问题已经影响了经济转型。这些社会问题和社会矛盾，有的是从旧体制带过来的，有些是在改革过程中新出现的；有的既是经济问题，又是社会问题。经济的快速增长对社会的协调发展提出了更高、更全面、更深刻的要求，这些问题不解决，经济体制改革就难以深入进行，体制转型就不可能顺利实现。

对新四国而言，社会转型，就是在经济转型的过程中，逐步摆脱初级阶段的不发达状态，实现现代化的历史过程，就是中国社会的工业化、城市化、市场化的动态发展过程。社会转型包括社会的宏观结构、微观基础、社会关系、价值观念、文化心理等全方位的变革，涉及社会构成要素系统的相应变化与调整。社会的基本要素包括经济、政治、文化、观念、道德规范、意识形态等，即整个经济基础和上层建筑。经济基础和上层建筑两者的结合，构成社会的经济结构、政治结构、社会结构、文化结构的整体性变迁。推动社会转型的内在动力是社会经济基础的变革，因为“物质生活的生产方式制约着整个社会生活、政治生活和精神生活的过程”。

七、转型过程是价值和观念的融合过程

市场化改革的最大阻力，是牢固的旧制度确定性。这种牢固的旧制度确定性包括多方面，如旧体制的制度主体的单一所有制结构，过时落后的意识形态等。改变根深蒂固的传统经济制度绝不是简单的事情，改革者与从传统集权经济继承的意识形态作不懈的斗争，需要建立一套新的价值体系。这是转型国家软实力的核心部

分，并非一日之功就能解决的。

经济转型，首先表现为一系列的思想解放的过程，是在对传统观念的撞击中对旧体制的扬弃过程；而最终表现为一种新的文化的产生、形成和发展过程。

现代市场经济已经包含了各种价值和观念的融合。因此，经济转型既是经济制度的转型，同时也是政治、社会、文化等方面制度的转型，是价值和观念的转型，是在旧制度逐渐消亡和新制度不断产生的过程中新的价值体系和新的观念体系逐渐形成的过程。

经济转型使转型国家清楚地认识到一整套价值观、法律框架和非市场制度中需嵌入市场逻辑。这个过程会影响制度适应性效率。由于这套制度的引入并不是移植发达国家的，而是一个通过借鉴发达国家的经验，并根据自身的实际情况（尤其是传统文化等非正式制度）而进行的制度创新过程。这个过程并不是一拍即合。发达国家在制度上具有"先行者劣势"，发展中国家具有选择性模仿甚至不模仿发达国家制度的后发优势。历史经验说明，后来居上取决于特定的历史脉络与情境，对制度创新起决定性作用的，是更广泛的结构性制约条件，除了原有的所有制结构、落后的意识形态外，主要还有诸如生态、地理、技术、人口、经济、文化和政治等因素，取决于这些结构性制约条件如何与人们的创造性活动交互作用。所以，经济转型过程中提高制度适应性效率是一项全面复杂的社会工程。

经济转型所选择的制度和所建立的制度结构，就是新制度经济学所说的正式制度如法治完善，民主制度建设，政治体制改革，社会体制改革、政府职能转变，和非正式制度如伦理道德建设、意识形态建设、文化建设等。这些制度主要是内生于转型过程的经济体而不是外部强加进来的。当然，转型过程是一个不断学习的过程，这个过程本身已经包括借鉴外来制度的内容。

第三节　推进转型必须完善宏观经济制度

经过前段改革和转型，新四国在获得经济较快发展的同时，国内环境也大大改善，为今后的进一步改革打下了基础。新四国进一步改革和转型要解决的主要问题，就是如何建立一个能够合理配置资源同时又具有自我发展动力的经济体制，如何建立一种以法制与法律体系为基本框架的社会生活的运行机制，如何建立一种能够有效沟通国家与民族、政府与个人的关系并能够具有较高效率的、体现宪政精神的政治和政府体制，如何在保证社会在总体进步的同时最大限度地保护个人自由，如何建立一种使科学和理性能够正常发育和存在的人文环境等。然而，经济是基础，是决定其他方面发展的前提，经济制度的完善是其他制度完善的前提。当然，我们不可能为新四国制定一个制度目标，不可能为新四国提供一个十分恰当的经济体制。但对于改革和转型之中的新四国，我们认为，根据转型过程的持续性动态性特征，推进转型新四国面临的首要问题应该是完善和规范宏观经济制度。

世界市场经济类型具有多样性并在不断变化发展之中，随着改革的深入进行，转型国家社会经济条件也会不断变化发展，因此市场经济建成后的具体形式是什么样现在还很难说。比如，是否完全的市场化，即是否完全依靠“看不见的手”来调节，或者市场机制和政府调控之间的关系的度如何把握，在新体制中左右经济的其他因素又如何界定等，这些问题现在还很难说得准。但有一些因素是可以肯定的，如市场机制在资源配置中起基础性作用；整个经济体制的原动力和主动力来自作为市场主体的企业自我发展、自我约束的内在冲动；经济行为的惟一准则是消费者至上，是向市场负责；法治是新经济体制的内在保障，任何不公平、不公正的竞争，以及超经济的特权等都应得到有效抑制等。这是当今世界市场经济的共同内在要求，离开这些共同要求，任何形式的市场经济都是不存在的。①

这些问题，在很大程度上反映了四国经济体制在宏观、中观、微观领域都还没有进入发展的良性循环，各方面的机制和关系尚未完全理顺，说明改革攻坚和经济转型仍然任重道远。

为了有成效地继续前进，四国的当务之急完善和规范宏观经济环境。至少包括：一是继续创新市场经济、特别是扩大对外开放的思维，使所有的人都能看到自己和集体的利益，树立正确的态度学习掌握有益的知识，实事求是，为了未来敢于创新。二是按照均衡、稳定的方向，完善投资体制，推动国民经济可持续发展，限制和解决没有效益和零散的政府投资和信贷投资，以鼓励中小型投资为主。三是以不同的方式，实行股份制，继续大力推动国营企业改革，减少部门和地方干预，更多地发挥经营自主权，坚决按照已颁布的法规解决亏损状况。四是坚决克服和解决一些部门和地方财政预算领域的奢侈浪费、贪污、不透明和滥用职权的行为。这也是推动经济畸形发展的重要原因，对收入征收、对宏观经济稳定都会产生负面影响，使商人和投资者的信任度下降。五是继续加强财政和金融体系，增强对财政和预算的统管权力，提请中央解决长期拖延的三角债，严格财经纪律，加强征收，完善管理，发挥所有人员的财政、金融工作才智，各个部分携起手来，共同解决国家财政问题，不抱怨、不置身世外。六是继续加强政府在管理开放型市场经济中的职能，增强权威。减少机构，但要精干。按职能要求去作，但不包办代替。培养高质量的人才，调整不称职的人员。

① 黄信：《透视中国体制转型热点》，广西出版社2002年版第7页。

第十五章

老成员经验及东亚模式对新四国的启示

早在新四国改革和转型之前，东盟老成员已经历了20～30年的市场经济发展历史，进入了新兴市场经济国家的行列。东盟老成员新加坡、马来西亚、泰国、印度尼西亚、菲律宾等，这些国家在向市场经济转型过程中都经历了一个建立阶段、发育阶段和相对完善阶段。一定程度上，东盟老成员向市场经济转型过程也体现了东亚国家的某些特征，即所谓东亚模式的特征，就是东亚发展中经济体根据自己的特点和外部环境在实践中创造的一种经济发展模式。作为东盟大家庭，新老成员具有不少相同的地方，这是新四国可借鉴老成员经验的东亚模式的依据。

第一节 东盟老成员经济转型的主要特点

从独立后到20世纪60年代末70年代初，十年左右为东盟老五国印度尼西亚、泰国、菲律宾、新加坡、马来西亚市场经济的建立和发育时间。①

① 这里主要参考郭枫《东盟五国市场经济模式探析》的相关研究。

一、老成员经济转型的简要历程

东盟国家的经济发展是一部由殖民地半殖民地经济向场经济转变的历史。20 世纪 70 年代以前为东盟老成员市场经济的建立阶段，70 年代以后 ~80 年代中期则为它们市场经济的发育阶段。东盟国家独立之前，由于外国垄断资本的掠夺和剥削，经济极其落后，产业结构严重畸形。在摆脱外国的控制之后，东盟国家在政治上开始掌握自己的命运，在经济上也开始走上发展资本主义的道路。当时，虽然这些国家的自然条件状况和经济基础有所不同，但是它们具有某些共同的经济特征，那就是生产力水平很低，商品经济不发达，市场经济没有形成，前资本主义生产方式继续占有较大优势，封建式的经济势力仍很大。在这样的历史条件下，如果照搬发达资本主义国家的市场经济模式，显然是不合适的。为此，东盟国家普遍采用了借助政府干预、逐步扩大资本积累、努力改造殖民地经济的遗产的作法，开始建立市场经济的艰苦历程。由于历史上形成的经济关系，这些国家较早地采用了以市场经济为主的经济体制。从时间上看，从独立后到 60 年代末 70 年代初，大致十年左右为东盟国家市场经济的建立阶段。东盟老五国实际情况也是这样。

新加坡在历史上主要靠转口贸易和为英国驻军服务的收入来支撑其经济的运转。1959 年成立自治政府以后，新加坡开始着手推行工业化政策，吸引外资，逐步改变单纯依赖转口贸易的畸形经济结构，通过奉行出口导向战略，较早地建立起市场经济体制，民族经济相应得到迅速发展。1960 年新加坡政府制订了第一个五年经济社会发展计划，其重点是积极鼓励进口替代。为了保证经济发展战略目标的实现，1962 年还成立了工业发展局，统筹国内经济发展。在第二个五年经济社会发展计划期间，它又将进口替代型工业发展战略迅速转变为面向国际市场的出口导向型发展战略。经过艰苦努力，其市场经济开始沿着健康轨道前进。

独立前，马来西亚经济主要依靠农业和矿业。从1957年独立开始到20世纪70年代，马来西亚经济发展的主要任务是改造不合理的殖民地经济结构，逐步向市场经济转型。其指导思想是以农业为基础，工业为主导，实现经济多元化。为加速资金积累，扩大出口创汇，马来西亚政府采用大力发展农矿初级产品的生产和出口，加强基础设施的建设，促进出口替代工业的建立和发展，以满足国内市场的消费需求。通过实行三个五年计划，经济有所发展，尽管马来西亚国内还存在一些问题，但其市场经济的框架已初见端倪。

泰国"二战"前其产业结构很不健全，重要的产业部门被外国资本所控制。战后的泰国，为摆脱外国垄断资本的垄断，政府制定一系列措施，大力发展民族经济。20世纪50年代中期，泰国政府鼓励工业发展，推行以国家资本为主导的进口替代战略。但是由于国营企业经济效益较差，亏损严重，造成财政的沉重负担。从60年代起，泰国进行了经济发展的战略转移，大力推行市场经济，取消国营企业在经济中的垄断地位，将投资局限于基础设施建设。泰国还多次修改促进投资的政策和法令，为工业投资提供多种优惠。国家大力发展交通和能源方面的基础设施，同时鼓励和扶持私人中小企业的发展，向市场经济发展迈出了可喜一步。

印度尼西亚在独立以后相当长的一段时间里，即从1945年到20世纪60年代中期以前，经济发展速度相当缓慢，农业持续衰退，工业发展停滞不前。1966年新执政以后，经济开始出现转机。印度政府先后颁布了有关外资和本国资本投资的条例，重点发展进口替代工业，推行市场经济。

菲律宾于1946年独立之后，为改造原有的殖民地经济结构，政府做了巨大的努力，到1950年就使工农业生产恢复到战前的水平。由于菲律宾曾经是美国的殖民地，其经济体制深受美国的影响，具有良好的市场经济传统和背景，经济的发展相当迅速。到20世纪60年代中期，它已经是当时东亚地区最先进的国家之一，工业实力仅次于日本。但是，以后一个历史时期，政府对经济过分干预，导致经济增长缓慢甚至下降，其市场经济出现了较大的曲折发展。

二、老成员经济发展中的出口导向战略

20世纪70年代以后~80年代中期，为老成员市场经济的发育阶段。这些国家奉行的是出口导向战略，就是按照国际市场的需求，尊重国际贸易的客观规律，通过国际竞争，大力促进本国产品的出口，取得打入国际市场的经验，促进本国经济的发展。这里涉及国内市场和国际市场的对接问题。从东盟老成员的情况来看，它们最初大多是利用本身劳动力资源的优势，大力推动劳动密集型产品的出口（有的国家则是增加矿产资源的出口），加速资金和外汇的积累，为这些国家日后改变在国际经济中的地位和完善自身经济结构奠定基础。

从东盟老成员的实践看，它们实行出口导向战略使东盟老成员取得了十分明显效果。

首先，极大地带动了这些国家整个工业部门的发展。统计数字表明，1970~1980年间，东盟老五国工业产值的年增长率约为10%。其中，马来西亚制造业产值的年均增长率为11.4%，占国内生产总值的比重从13.4%上升到18.6%。同期，泰国工业产值在国内生产总值中的比重由原来的20%上升到29%。菲律宾制造业在国内生产总值中的比重由15.9%上升到25%。而作为奉行出口导向战略成功楷模的新加坡，1969~1979年间制造业产值年均增长率高达13.6%，占国内生产总值的比重由17%上升到23.6%。

其次，东盟国家实行出口导向战略使东盟国家的对外贸易增长迅速。在整个20世纪70年代，东盟老成员出口总值的增长令人吃惊，速度远远高于世界上的平均增长速度。工业制成品出口的增长速度也极为可观，年均增长率为37.8%，其中，泰国尤为突出，竟达到43%，而世界市场工业制成品出口的年均增长率仅为17.5%。

最后，东盟老成员实行出口导向战略促进这些国家外贸结构的

不断优化。随着制造业的不断发展和国家经济实力的增强，制成品出口在整个出口中的比重也不断提高，传统出口商品在整个外贸中的比重不断缩小。以马来西亚为例，1970～1980年间，该国制成品在整个出口中的比重从微不足道的5.4%猛增到28.8%，以惊人的速度发展。①

东盟老成员建立民族经济，经过一段艰苦努力，各国资本积累不断扩大，投资增长非常迅速，经济实力均有很大增强，为市场经济的发育奠定了良好的基础。从各国资本形成的规模来看，1960年新加坡为2.45亿新元，马来西亚为8.63亿马元，泰国为85亿铢，菲律宾为22.4亿比索。这些数字表明，当时各国资本形成的规模不大。而到了1970年，新加坡的资本形成已增为22.45亿新元，马来西亚增为24.67亿马元，泰国增为377亿铢，菲律宾增为89.9亿比索。到1975年，新加坡又增为50.34亿新元，马来西亚增为57.03亿马元，泰国增为712亿铢。② 资本积累的扩大，民族资本的迅速崛起，大大加快了各国社会经济结构的变化。这些都大大促进了国民经济的迅速发展，提高了国民收入的水平。

三、老成员完善市场经济的主要措施

一是改变国有产权，加速国营企业私有化。

马来西亚加速出售国营企业的步伐，以削减官僚机构人员和扩大基础设施建设。由于实施国营企业私有化政策，马来西亚每年节省约值1 804亿港元，既不会缩减发展速度，也无须增加税收。政府自1983年以来已将73个国营机构和21个新建设项目实行私有化，最大的私有化项目是1990年马来西亚精致电讯公司和1992年的国营电力公司。马来西亚每年节省大笔资金，用于基础设施建

①② 郭枫：《东盟五国市场经济模式探析》，载于《吉林省经济管理干部学院学报》2000年第14卷第1期。

设，包括公路、电讯网、发电厂等，政府无须另行举借庞大的公共债务。近几年，马来西亚为了提高经济竞争力，决定按市场经济规律的要求，在实行国有企业的自由化方面迈出更大步子。到 1993 年底，马政府已经转移了 75 家国营企业的部分股权和管理权，其中，1/5 已在吉隆坡股票交易所挂牌上市。目前，实行私营化的企业经济状况良好。20 世纪 80 年代中期以后，在进一步减少国家企业的数量，国营企业数量由 1983 年的 69 家减少为 1990 年的 61 家。同时，它还继续将一些国营企业的股份出售给私营企业，取消国营企业在某些领域的控制和垄断地位，推动市场竞争。

印尼为了扶持本国的民族资本，曾颁布法令，对私营部门的发展给予支持。80 年代中期以后，该国更加重视私营部门的发展，取消了对私营部门的很多限制。通过股份制改革和企业内部经营机制的调整，国营企业也逐步走向市场。

菲律宾在经济自由化方面采取的主要措施是，实行国有企业的私营化和合理化。1986 年菲律宾政府颁布文告，设立私营化委员会和资产私有化信托机构，出售来源不正和经营不善的 399 项国有资产和 132 家国有企业。20 世纪 90 年代以来，菲律宾进一步加快私有化的步伐。到 1998 年中，该国政府通过出售和转让方式处理的国家资产已达 543 亿比索。①

二是全方位对外开放，吸引外资发展本国经济。

在东盟老成员中新加坡在吸引外资方面可谓首屈一指，新加坡吸收了世界各国开放的经验，吸引外资，制定宽松投资政策，创造良好投资环境。到 1994 年底，新加坡共吸引外资 500 亿元，全国有 4 000 多家跨国公司，国内制造业有 73% 是外来投资，出口贸易额中 95% 是外资公司。由于世界各国的投资合作，引进了先进的技术、设备和管理经验，有力地促进了新加坡本国的经济发展。

---

① 郭枫：《东盟五国市场经济模式探析》，载于《吉林省经济管理干部学院学报》2000 年第 14 卷第 1 期。

菲律宾在经历了20世纪80年代前期的政治动乱后，从1986年阿基诺总统执政开始，采取较大优惠措施，大力改善投资环境，鼓鼓外资流入，并于1987年制定综合投资法，为外资的大量涌入提供了明确的法律保证。仅1994年前8个月，政府批准的外资达10亿美元，比1992年同期增长3倍。

印尼政府1966年以来，采取利用外资措施来为解决国内资金短缺问题。自1967年苏哈托政府颁布第一部外国投资法以来，印尼在吸引外资、发展本国经济方面取得了显著的成就。特别是1985年以后，印尼政府采纳世界银行的建议，改变以往对外国投资限制较严的态度，多次对外资政策进行全面修改，大大改善了投资环境，使外商在印尼的投资迅速增加。并在20世纪80年代中后期形成高潮。但进入90年代以后，由于印尼逐渐出现熟练劳工不足、工资上涨过快和基础设施落后等问题，尤其是受到中国、越南、印度等国家的强烈竞争，因而流入印尼的外国直接投资连续几年呈现停滞状态，到了1993年则出现大幅度的滑坡现象。为改变不利局面，印尼政府1994年6月再次对外资政策做了重大调整，其开放程度为近几年之最。新政策的出台大大激发了外国投资者的兴趣，从而再次掀起外国投资热，印尼政府批准的外商投资金额也骤然增加。

泰国在吸引外资方面的成绩也十分突出。1983年，据市场经济发展的需要，专门颁布“促进投资法”，扩大了外资的投资范围和鼓励性的投资项目。由于泰国政局相对稳定，自然资源丰富，劳动力成本低廉，投资环境优越，所以外国直接投资迅速增加，据泰国投资局的最新统计，1994年前9个月批准的外资为67.8亿美元，几乎相当于1993年全年的总和。

马来西亚1986年重新颁布促进投资的法律，放宽对外商投资所占比重的限制，在税收方面也给予了新的照顾。泰国近年来经济的飞速发展与外资的大量涌入有着非常密切的直接关系。1998年前9个月，外资流入已达96.16亿林吉特（约合38亿美元），比1997

年同期增长 200%。[①]

三是调整产业结构，促进新兴产业发展。

东盟老成员在经过长期的艰苦努力之后，各国国内的产业结构都有了巨大的变化。农业在整个国民经济中地位有所下降，工业特别是新兴工业在经济中的影响日益提高，第三产业有了长足进步。在工业部门内部，劳动密集型产业在国民经济中的比重开始下降，资本和技术密集型产业开始崛起。新兴产业如汽车、集成电路、家电、化纤、精密仪器、照相器材等工业部门的发展极为迅速。

从新加坡的情况来看，它比其他几个东盟国家在这方面的进步更早。它在 20 世纪 70 年代中期便建立起了以制造业为中心、包括贸易、金融、交通运输和旅游的五大经济支柱，实现了多元化的经济结构。进入 80 年代，新加坡在新技术革命浪潮的推动下，进行工业结构的升级换代，强调发展电子工业和生物工程，将一些劳动密集型产业转移到邻近的马来西亚和印度尼西亚。同时，它还特别注重发展国际金融业、国际通讯业和国际贸易服务业，从而使它成为世界性的商业、金融、电讯服务中心。

马来西亚在 20 世纪 80 年代中期以后，注重发展制造业、建筑业和服务业，努力摆脱资源产品出口型的经济模式。目前，该国制造业已成为国民经济的支柱产业之一，建筑业的作用也相当重要，服务业的发展一直以较快的速度前进。据此，人们普遍认为，马来西亚已经是新兴工业化国家。

泰国产业结构的变化也很明显。1980 年，该国农业、工业和第三产业在国民经济中的比重分别是 25%、29% 和 46%。随着新兴工业的崛起，如汽车、集成电路、家电、化工等工业部门的发展，产业结构的变化非常突出。到 1990 年，农业在国民经济在的比重已下降到 14%，而工业则达到 35% 以上，其中制造业达到 21%，

---

① 郭枫：《东盟五国市场经济模式探析》，载于《吉林省经济管理干部学院学报》2000 年第 14 卷第 1 期。

第三产业超过50%，已经成为农业工业国，并有望成为东南亚诸国后起之秀。

印度尼西亚产业结构的变化相对较晚，其产业结构的变化始于20世纪80年代中期，取得明显的成效是在80年代末期。进入90年代，印度尼西亚的制造业迅速发展，机械、汽车和钢铁工业取得长足进步。目前，印度尼西亚已经采取有力措施，重点扶持高科技企业的发展，力争在较短的时间内缩小与其他国家的产业结构上的差距，促进本国经济的健康发展。

四是扩大对外投资的发展，增强本国经济实力。

东盟老成员在市场经济建立之初，对外投资的数量自始至终微乎其微。随着东盟国家经济实力的增强，本身的资本积累已经达到一定的规模和数量，因此有一部分资本自然要求向能够带来更大利润的国家和地区投资，这是资本的本性所决定的。从新加坡的情况来看，随着经济的飞速发展，其对外投资规模日益扩大。据有关资料统计，进入20世纪90年代，新加坡的对外投资成倍增长，1990年已达37.5亿美元，占当年国民生产总值的12%，1992年达83.5亿美元，相当于当年国民生产总值的18%。现在新加坡政府已经制定明确海外发展目标，计划今后20年间，使在海外经济的发展规模扩大到相当于国内生产总值的25%~30%，从而，建立一个全新的新加坡。马来西亚从80年代以来也注意扩大对外投资的规模，在1980~1993年间，共对外投资总额已达50多亿美元，其中直接投资约占一半左右。马来西亚与中国之间的投资合作已有良好开端。1992年，马来西亚对华投资达8亿多美元，是中国的第十大投资国。泰国对其他国家私人直接投资的全面增长始于80年代后期。1989年，其对外投资约为13亿铢，1990年增加到35.76亿铢，1991年达到44.73亿铢。泰国政府还制定了多项鼓励对外投资的方针政策，协助解决本国商人在法律、税务方面遇到的问题，并为到国外投资的商人提供各项服务。此后一段时期，东盟国家经济持续高速增长，外国资金重新大量涌入这一地区，欧美国家再次掀起对东盟国家投资的热潮，助推老成员市场经济走向成熟和完善。①

四、老成员宏观调控的主要手段

在市场经济的运行中，政府调控主要是指调控宏观经济的总量，即国民经济的增长水平、全部商品的总供给和总需求、市场价格总水平、利率总水平、就业总水平、产业结构等。为了达到上述的这些调控目标，各政府往往采取不同手段。

老成员宏观调控的主要手段有计划手段、政策手段和法律手段。

一是计划手段。东盟国家绝大多数都制定和执行为中长或短的经济发展计划，一般以五年或十年为单位。在经济发展计划制定以后，这些国政府往往都辅之以财政和其他手段，保证计划的顺利实施。新加坡对经济活动进行干预的重要手段之一，就是制订各个时期的经济发展计划，对市场行为进行计划指导，通过政府的计划指导和与之配套的各项政策，把国家的宏观调控和私人企业的微观活动联系起来，把计划指导和市场调节结合起来，避免了生产的无政府状态和市场活动的混乱。自独立以来，新加坡已完成了两个五年计划和两个十年计划。目前，它又提出了新的中期发展目标和计划。新加坡的经济发展计划具有以下几个特点，一是非指令性，即多数计划指标企业等经济组织没有直接的约束力，企业可以自主经营。二是诱导性，即国家为经济运行确定一个明确的方向，提出发展的重点，从整体上诱导企业参与计划的实施。三是可调节性，新加坡政府十分重视计划的平衡工作，特别注意各项经济参数的预测，经常了解计划的实施情况，并及时平衡投资，调整相关指标。四是可行性，计划制订前，国家通过庞大的经济调查系统掌握准确的经济数据，广泛组织企业代表和经济专家进行预测分析，政府从

① 郭枫：《东盟五国市场经济模式探析》，载于《吉林省经济管理干部学院学报》2000 年第 14 卷第 1 期。

各个方面保证对出台计划的落实。东盟老成员之外的其他国家也都特别注意掌握国内外市场的需求和变化，及时抓住国际经济环境变化提供的机遇，相应确定本国的发展战略和具体计划，逐渐做到计划手段与市场调节相结合。

二是政策手段。为了实现本国经济的发展和腾飞，东盟老成员特别注意根据不同时期经济发展面临的主要问题，采取有针对性而行之有效的政策措施。这些政策措施包括财政金融政策、吸引外资政策、财富分配政策、控制物价政策等。在制定和执行这些政策的过程中，东盟老成员的侧重点虽然有所不同，但在很多方面还是有很多共性的。以吸引外资政策为例，东盟老成员都特别强调创造有利的投资环境，放宽投资限制，开放内销市场，方便外汇出进，简化批准手续，改革管理制度，实行税收优惠，鼓励外商投资于对国民经济发展有重要意义的领域和部门，以扩大出口，加强本国的国际收支地位，加快本国资源的开发利用，增加就业机会。东盟老成员在物价控制方面的政策也有很多共性。物价控制的目标是抑制通货膨胀，因为通货膨胀不仅影响社会民众的消费心理，而且增加社会的不稳定因素，同时也破坏整个宏观经济环境，影响国内外投资者的投资热情。如新加坡，该国一直把严格控制通货膨胀、稳定物价作为政府的一项重要工作。尽管该国实行自由价格制度，商品价格由市场供求关系决定，但由于政府采取的各项措施比较得力，因此物价相对稳定。新加坡采取的主要措施，包括政府垄断全国的基础设施和社会服务事业、交通、通信、港口、机场、工业用地、医疗保健和水电煤气供应等价格，由政府统一制定，上涨的幅度很小。其次，新加坡实行强制性的中央公积金制度，有力地控制了消费基金的膨胀。它还通过控制货币发行、利率、汇率的变动，控制预算支出和消费基金实行公积金制度以及对居民购买汽车实行配额控制等手段。对全国的商品、劳动力、资金、外汇价格以及总体价格水平和通货膨胀率进行宏观调控。另外，新加坡特别注意通过控制汇率来控制进口商品的价格，东盟其他国家也都根据本国经济发展的实际情况，相应地制定出台一系列政策，控制物价上涨，规范市场行为，把通货膨胀的影响减少到最低限度，保证市场的良性竞争。

三是法律手段。为了吸引国内外投资，促进和加速经济的发展，在推进市场经济发展中都十分重视健全和运用法律手段。在这方面，新加坡做得较好。新加坡根据形势的变化及时进行法律法令的制定工作。新加坡所制定的《企业法》《外国投资法》《金融法》《外贸法》《工业产权与技术转让法》《税法》《会计法》《劳动法》等，内容非常全面，规定十分明确。其他东盟老成员也都依照本国的实际，制定并颁布了许多法律法令，为本国市场经济的发展提供了良好的法律保证和客观环境。

第二节　东亚模式的基本特征

一定程度上，东盟老成员向市场经济转型过程也体现了东亚国家的某些特征。学界所说的东亚模式，是东亚经济体在经济发展中根据自己的特点和外部环境在实践中创造的一种经济发展模式。

第一，政府主导型的经济管理体制（第十六章专门探讨转型过程中政府与市场的关系）。在东亚地区，除中国香港外，绝大多数经济体都实行了政府主导型的经济管理体制，即政府对经济的干预程度较强，这与美、欧实行的较自由的市场经济体制有明显的区别。前者主要由“看得见的手”管理，后者则主要由“看不见的手”引导。东亚模式的这一特征主要表现在三个方面：一是政府都以发展经济作为优先目标，即所谓的“发展导向”以相对集权的宏观经济政策管理国民经济，包括财政政策、货币政策、指导性计划及行政干预等；二是政府与企业结成密切的关系，甚至对企业的经营活动进行干预，企业则对政府有较强的依赖（这一点在韩国尤为明显）；三是政府在对外贸易中通常都实施保护主义政策。

特别值得到一提的是，将经济的发展战略置于国家发展的优先地位，是东亚模式的一个重要特征。为了尽快强盛起来，除了国家安全和社会政治的稳定外，经济长期稳定发展是各国的重要目标。政府具有“强烈的经济建设意识和强大的导向作用”,[①] 将经济的发展战略置于优先地位，使政府实现了有利于经济增长和缓解随之产生的各种社会、政治、经济压力的制度创新、制度供给，而且以较高的政府质量，有效地确保了各项制度安排的顺利实施，政府强调了其经济职能，加强其对市场调控和指导。经济发展优先的结果，是政府利用国家的强势地位和集权的力量调动和使用全部社会资源，并通过发展规划、产业政策、行政规划等合理的方式，实现社会经济发展和国民生活水平的提高，从而有力地推动了经济增长和这些国家的工业化进程。

第二，出口导向型的发展战略。出口导向是东亚模式的基本特征之一。无论是日本、亚洲“四小龙”还是东盟老成员，都实行过并仍在实行“出口带动增长”的经济发展战略。在过去数十年中，出口一直是东亚地区经济增长的发动机。出口导向对东亚经济体的经济政策与产业结构产生了深刻影响，特别是一些中小经济体，其产业结构的形成与变化也以扩大出口为导向。这与拉美发展中国家实施的“进口替代发展战略”形成了鲜明对照，后者的产业结构深受进口替代政策的影响。可能说，“出口导向”是区别东亚模式与其他地区发展模式的一个主要特征。

第三，以高投入带动高增长的发展方式。过去数十年，东亚经济的高增长主要是高投入的结果。处于落后地位的东亚发展中经济体，为了在尽可能、短的时期内追赶发达国家，迅速实现工业化和现代化，采用了依靠大量投入资本、劳动力和资源的粗放型发展模式。东亚各经济体的高储蓄率为资本的迅速积累创造了有利条件，而外资的大量流入则弥补了本国资本的缺口，东亚丰富的人力资源

① 徐远和：《儒家思想与东亚社会发展模式》，广西人民出版社 1996 年版第 12 页。

则是实施高投入的另一个有利条件。

第四，对外部市场的过度依赖，使经济增长具有脆弱性。从日本、亚洲“四小龙”、东盟老成员、东盟新四国中的越南，东亚经济体一直对外部市场有很强的依赖性。东亚绝大多数经济体内部市场规模都比较狭小，“出口导向”在一定程度上看是一种不得已的选择。但是，依靠出口带动的经济增长是脆弱的，它非常依赖于发达国家的市场吸纳能力。当世界经济出现衰退时，出口便会受阻，东亚经济体就会普遍受到冲击。并且，由于技术力量有限，东亚发展中经济体只能主要出口劳动密集型产品，在国际市场上互相竞争，降低了出口的效益。另外，长期出口劳动密集型产品，也影响了这些经济体的产业结构升级，拉大了与世界发达经济体的差距。

从发展角度看，依靠劳动密集型产品出口来带动增长的这种方式将面临越来越困难的境地。一是因为除东亚外，其他地区的发展中经济体也在走这条路子，如南亚、拉美等国家，而发达经济体的市场吸纳能力总有一定的限度，导致劳动密集型产品的全球化生产过剩，这条路子必然越走越窄；二是因为各地自由贸易区的崛起，特别是美洲自由贸易区的建立及欧盟一体化的加快，将使东亚产品进入美、欧市场更加困难。

第五，对外资的过度依赖，有损于经济自主性。如果说日本、亚洲“四小龙”等早期的新兴工、业化经济体击的县“出口主导型”道路，那么东盟老成员；中国、越南等后起的新兴工业化经济体走的则是“外资主导型”道路。例如，泰国在 1987 ~ 1990 年所谓的“新的腾飞”期间，外国直接投资的年均递增率高达 74.6%，贷款等其他外国投资的年均递增率则高达 122%。正是这些规模庞大的外国投资，维持着泰国每年 40% 以上的高投资率，支撑起高估的汇率和高价位的股市及房地产。① 这使得泰国经济繁华的背后隐

① 彭森、张小冲、金春田：《中国经济体制改革的国际比较与借鉴》，中国人民大学出版社 2008 年版，第 135 页。

藏着巨大的风险。1997 年金融危机来临，外资纷纷撤出之后，泰国经济便陷入困境。这种缺乏经济自主性的教训无疑是深刻的。

第六，严重依赖外国技术，缺乏创新意识。从东亚的发展来看，引进技术起了重要作用。由于大多数东亚经济体科技力量薄弱，资金匮乏，无力自主开发新技术，不得不依靠技术引进。日本依赖于美欧的技术，而亚洲“四小龙”、东盟老成员则主要依赖于日本的技术，尤其在制造业方面，受日本技术的影响非常深。其结果是造成制造业的过度发展，而对新兴产业的开发严重不足。由于日本在信息技术开发上大大滞后于美国，导致整个东亚在信息技术上都处于落后状态。东亚经济发展中在技术上长期跟着日本亦步亦趋，缺乏创新意识，必然会削弱产品的竞争力。

第七，过分追求高增长，忽视了可持续发展。落后国家在追赶先进国家时，保持较高的增长速度是很有必要的。一定意义上，没有高增长，就创造不了“东亚奇迹”。但是，东亚维持这种高增长模式的代价也相当沉重，它牺牲了环境、生态的平衡发展，造成了严重的后果，显然，这种高增长是难以持续下去的在当时的条件下，东亚模式没有考虑到“可持续发展”问题，这正是其历史局限性所在。①

第三节　老成员经验及东亚模式对新四国的启示

从今天看来，通过几十年的改革开放，东盟老成员经济发展取得了重要成就，但从历史看，它们也是从落后国家发展起来的，在 20 世纪 60 年代独立后经过 30 多年的高速发展，取得了令世人瞩目的经济奇迹。一定意义上，东盟新成员的今天就是东盟老成员的昨

① 彭森、张小冲、金春田：《中国经济体制改革的国际比较与借鉴》，中国人民大学出版社 2008 年版，第 137 页。

天。一国经济增长除了经济方面的因素，还有社会、政治、文化等因素。第二章说过，之所以把新四国作为一个整体看待，在于他们具有诸多同质的方面。其实，这个同质性也包括老成员在内，尤其是社会、政治、文化等方方面面。就是说，新老成员的相似之处使得老成员的经验或做法可以移植到新成员，为新成员推进发展和转型所借鉴。东盟新四国如果也希望获得同样的成功，就应当更加仔细地注意它们的邻国即老成员以至东亚国家发展之所以成功的这些共同的因素。

诚然，老成员经验及东亚模式对促进这些国家的经济发展发挥了重要作用，但也存在诸多不足，正是这些不足制约了这些国家制度适应性效率的进一步提高。这是新四国应该吸取的。从东盟老成员向市场经济转型过程中多少也看到新四国的影子，即新老成员都有相似之处，但新老成员毕竟不同。在新四国开始转型前老成员已经建立了比较完善的市场经济制度，而新四国则刚刚摆脱传统制度的束缚，尤其是传统社会主义的越南和老挝，开始从高度集中的市场经济向市场经济转型。因此，应该注意到，老成员经验及东亚模式对新四国的改革和转型具有重要启示作用。

第一，理解向市场经济的转型是一个持续动态过程。老成员的市场化改革和转型，从发动阶段，到发育阶段，再到完善阶段，体现了持续动态过程的特点。即在原来经济基础较落后的状态下推进改革和转型，不可能一步到位，不可能一次完成。在社会上过程中，即使发展挫折也不能放弃，必须坚持不懈。理解转型过程的持续性动态性特征，有利于新四国树立继续推进改革的信心和决心，坚定不移地推动制度创新，只有坚持制度创新，才能解决转型过程中遇到的各种问题，从而改革和转型才能最终取得实质性突破。

第二，转型过程是不断提高制度适应性效率的过程。老成员在市场化改革和转型过程中都采取了不同的政策来提高制度适应性效率。如果说今天老成员在东盟在亚洲有一席之地，受到世界的认同，主要因为这些国家通过建设市场经济来融入世界经济潮流，使本国的制度创新适应了世界市场经济发展的要求。新四国在转型过程中，也应把提高制度适应性效率作为改革创新的最终落脚点，作为推动发展和转型的根本动力。

第三，改革和转型过程是一步步推进的过程。新四国也应像老成员那样把握好深化改革的具体对策措施，如改变国有产权，加快国有营企业改革步伐；全方位对外开放，吸引外资发展本国经济；调整产业结构，促进新兴产业发展；扩大对外投资的发展，增强本国经济实力等。实践证明，这些措施是一国经济转型过程中必须采取的对策。

第四，转型过程中要结合运用计划手段、政策手段和法律手段来调节经济。三大手段结合运用反映了老成员作为东盟落后国家走向新兴工业化国家的现实要求，又体现了东亚模式的某些特点。新四国转型过程中也要运用三大手段提高宏观经济层面运行质量，为市场经济发展创造良好的宏观经济环境。从新四国向市场经济转型的实际看，应学会运用政策手段来反映市场化发展的需要，即制定的政策应更加适应发展本国市场经济的要求。同时，通过完善法制，利用法律手段促进本国市场经济发展也是新四国的当务之急。

新四国政府干预的方式应当改变，由过去的直接控制转向间接控制，从计划手段、行政手段向经济手段、法律手段为主过渡。干预到运用更多的是政策工具。东盟老成员强调通过货币、利率、汇率、价格等经济变量对市场进行调控，运用法律手段促进经济的市场化，如关于产权制度的法律规定等。新四国政府过去的职能方式带有浓厚的计划经济体制的色彩，政府采用的是行政的，自上而下的方式，在从计划经济向市场经济的转轨过程中，政府政策的工具也应当改变，政府应逐步减少行政指令性计划，而主要运用财政、货币和监管政策来影响经济活动，努力形成以市场为基础，指导性计划为主的管理模式。政府参与经济运行的目的主要是设立法律框架，培育市场，完善市场竞争和为工商企业创建良好的环境。

第五，逐步改变出口导向战略，改变对外市场、外资、技术的过度依赖，改变追求高增长忽视可持续发展等问题。如果说创新发展是新四国推进改革和转型的内在要求，那么走可持续发展之路，则是新四国后发优势的重要体现。

第六，新四国应保持东亚模式中的成功因素，包括政府对宏观经济的合理管理，以维持政局稳定，保持高储蓄率和适当的高投资率，开放贸易和投资等，但政府的作用与市场配置资源的基础性作用应区别开来，尤其要更多地运用市场机制来配置资源，这是市场经济发展的天然要求。

第七，克服老成员和东亚模式中的弱点或缺陷，在转型过程中，新四国尤其要进一步改革脆弱的金融体系，培育和健全资本市场，改变落后的公司治理、不健全的法律框架和管理制度、刚性的汇率管理方法以及不完善的社会保障等，大大提高国内竞争力。

第八，转型过程中新四国应十分重视转变发展方式。只有从过去的粗放型发展模式向集约型发展模式转变，才能继续保持经济增长，而其中的关键就是要实现资源开发型向节约资源型转变，从技术模仿向技术创新的转变。为此，东亚经济体应当加强对科技、教育的投入，积极开发人力资本，激发创新动力，促进市场竞争。这个转变过程十分艰巨，但也是新四国加快发展的必由之路。

第十六章

政府、市场与制度适应性效率

如何处理好政府与市场的关系，是转型过程中的一个关键问题，也是政治体制改革和政府体系改革的重要内容。第十五章谈到，政府主导经济发展是东盟及东亚模式的一个重要特征。本章主要分析转型中政府与市场的关系及对制度适应性效率的影响。

第一节　转型、市场、政府：三位一体

市场化改革、向市场经济转型、转型国家政府行为，三者都是为了适应现代市场经济发展的需要。市场化改革，就是发挥市场配置资源的决定性作用；向市场经济转型，就是由传统体制（包括计划经体制）向现代市场经济转型；转型国家政府行为，就是建设适合现代市场经济发展要求的政府制度结构。因此，转型、市场、政府三者统一于市场，市场才是本质。而制度，则是把转型、市场、政府三者有机联系在一起的纽带，经济学意义上，制度的目的是降低交易成本，提高经济效率——提高制度适应性效率。

处理好政府与市场的关系，是任何市场化改革和向市场经济转型国家都要遇到的重大问题。不处理好政府与市场的关系，就不可能实现向市场经济的转型。转型国家之所以转型，就是因为传统高

度集权的政府体制排斥市场，阻碍了资源的有效配置，致使经济效率低下。改变低效集权政府体制，提高市场配置资源的能力，是经济发展和社会进步的内在要求。从制度的视角来说，就是提高制度适应性效率。

市场经济发展历史告诉我们，市场不能克服垄断、外部性、机会不均、失业等四大难道，而政府不能克服产品供给不足状况，单一的市场或单一的政府都不可能应对经济社会环境的日益越复杂化和不确定性。发展完善的市场经济是一个历史过程，在这一历史过程中，任何市场经济如果缺乏政府强有力的支持，其正常有效运作是不可能的。但在统一体系下，政府和市场客观存在着两种截然不同的职能，各有自己的职能边界，政府和市场如果相互超越、排斥，最后将对市场经济造成破坏，政府和市场相互统一，相互支持，才能推动市场经济发展。

在经济转型过程中，一方面，由于改革和转型的推进，使转型国家的经济社会环境不断发生变化；另一方面，由于经济转型就是向现代市场经济转型，而现代市场经济由于受到全球化等各种因素的作用更是处于不断变化发展之中，这两方面的情况说明经济转型是一个不断变化发展的不确定性过程。在这样的历史条件下思考市场与政府的关系，必须通过高效率的制度安排把两者有机结合起来才能克服各自的不足。①

蒂莫西·弗莱和安德烈·施莱弗为转型政府提供了三种模式：看不见的手模型、扶持之手模型以及掠夺之手模型。在看不见的手模式中，政府组织严密，并且基本上是廉洁的。这就决定了它的制度框架，允许市场参与分配资源，其主要作用是确保每个人都按游戏规则办事。在扶持之手模型中，政府更积极地参与促进私人经济活动。法律框架发挥的作用有限，因为政府是纠纷的直接仲裁者。

① 黄信：《制度不确定性：市场与政府关系的新视角》，载于《中共中央党校党报（学术双月刊）》2010 年版，第 51 页。

腐败是存在的，但也很有限。在掠夺之手模型中，政府过度干预市场，但组织性不强并且腐败很厉害。政府官员的行为都出于自我利益考虑，缺少制衡。政府没有能力执行合同、确保法治和维持秩序。

美国经济学家蒂莫西·耶格尔认为，政府本身也有可能成为破坏经济的一个派系。各国政府有责任明确各项社会规则并使其有效地运作，然而问题是，“政府强大到足以保护财产权利和强制执行合同的时候，也就意味着它已经有了没收其公民的财富的能力。”换而言之，政府在促进经济增长和没收资产之间，一直有着紧张的博弈过程。一般来说，第一种情况可被归结于契约理论范畴，第二种情况可被归纳于掠夺理论范畴。历史上，国家同时扮演着这两种角色，但这两个模式之间存在着差异。契约理论指出，经济的增长需要一定的时间，国家通过建立一个可行的税收制度能获得长期的收益。而掠夺理论是一种获取短期利益的理论，忽略了这样一个动态激励效果：通过商品和服务的生产，民众可以增加自身的财富。当统治者着眼于短期效益或急需收入（如为战争融资）的时候，掠夺理论将盛行；当税务体系崩溃、最有效的财富来源是直接没收的时候，掠夺理论也将盛行。相比之下，对于一个具有长远目标、拥有充足的收入来源、存在良好运行的税务体系的国家来说，契约理论将更加可行。①

显然，契约理论提出了长期经济增长的理论基础。如果一个国家要达到高的生活水平，政治体系就必须建立一种促进市场发展的制度，同时鼓励组织进行熊彼特式的创造性破坏。但是，对短期效益的追求导致了对国家财富的过度掠夺，并因此破坏了整个国民经济。我们必须探索出一种可以让民众相信国家是坚决遵循契约理论的政治制度。如果无法进行掠夺，那么政府要想增加财富，它就必

① ［美］蒂莫西·耶格尔著：《制度、转型与经济发展》，陈宇峰、曲亮译，华夏出版社2010年版，第78页。

须推动市场交流，促进市场发展。

诚然，市场与政府的关系是一个历史性和世界性的命题。市场经济的制度不确定性特点，决定了单一的市场功能和单一的国家干预都没法解决当今经济问题，综观从 16 世纪重商主义开始，经过斯密的放任自由经济学，到凯恩斯国家干预经济学，再到 2008 年爆发世界经济危机，500 多年的历史都说明了这一点。面对日益复杂和不确定的当今世界，只有市场和政府的有效结合，才能找到解决当今经济问题的最好办法。可以说，20 世纪经济学基本上就是围绕着市场与政府的关系而展开的。一些经济学家认为政府是全知全能的，所以，只要市场出问题就要求政府介入，而另一些经济学家则相信，政府不必干预，让市场自行恢复。

数个世纪以来的这种争论和实践主要发生在市场经济比较发达的西方国家。在实行向市场经济转型的今天，该话题已经延伸到转型国家，成为这些国家经济学界关心的热点问题。2008 年全球金融危机爆发引致世界经济衰退，正是在这样的背景下，市场与政府的关系再一次成为焦点，一些倾向于怀疑、反对市场化改革的观点又流行起来。

改革前，转型国家的政府都有一个共同特点，就是政府拥有一切权力，其在配置资源中起决定性作用，这是产生低效率和腐败的根源。市场经济改革动了政府拥有的权力。对于转型国国家来说，如何处理好政府与市场的关系，是转型过程中必须攀登的一座大山。这座大山是旧体制积累起来的，推进市场化改革，就是要消平这座大山。

问题是，并不是通过一次性改革就可能解决市场与政府的关系，因为经济社会是发展变化的，由此决定市场与政府的关系是动态的，一切资源配置的实现都是市场和政府互相结合的结果，而所有的结合都是在不完善的市场和不完美的政府之间的一种次优结合。因此，正如第十四章所说，即改革和转型是一个持续动态过程。

诚然，在全球化时代，要求各国政治体制趋同不太可能，但把政治体制改革重心放在国内，继续减少政府对经济的直接干预，致力于发挥市场在资源配置中的作用，这是转型国家的必由之路。

正确处理市场与政府的关系，对于仍处在市场化改革和经济转型之中的东盟新四国来说尤为重要。作为东盟大家庭的成员，新老成员由于地缘关系，在文化、经济、社会等方面具有相似性，因此，新四国可以借鉴东盟老成员市场化改革的经验来加快自己的改革步伐。新四国处理好政府与市场的关系，就是处理好“政府之手”与“市场之手”的关系。为了适应转型的需要，新四国政府的经济职能在经济体制转型时期需要重新界定，政府过度干预会使经济和制度创新能力受到损害，影响市场机制发育。因此，新四国政府干预经济的方式应当由过去的直接控制转向间接控制，从过去主要依靠计划手段、行政手段向主要依靠经济手段、法律手段为主过渡，减少政府对经济的直接干预，致力于发挥市场在资源配置中的决定性作用，政府的主要职能在于培育壮大统一开放的市场，创造与区域经济接轨的条件，为促进商品、服务和资本等要素在区域间的流动提供更优的制度环境。

第二节　转型过程与威权体制

东盟老成员独立后形成的市场经济体制，一个重要特征就是以政府为主导型，即政府在经济运行中起着主导作用，政府威权作用与市场调节作用的统一。

一般来说，政治稳定是经济发展的基本条件。东盟老成员在独立后保持政治环境相对稳定，为经济的发展提供了基本的条件。在东盟老成员中，菲律宾有些例外，在其他条件基本类似的情况下，20 世纪 70 ~ 90 年代，菲律宾由于政治上的动荡而经济增长缓慢。在老成员经济发展初期，政府的权威地位得到社会普遍认同十分重要。为了获得公众的支持，确立政府统治地位的合法性，东盟老成员各国政府制定适合配本国经济发展的政策，使本国各阶层从经济发展中受益。[①] 同时，老成员各国政府通过普及初级教育、利农政策、低价住房和公共医疗等措施提供较好的公共利益，政府还建立了专门的机构，确保这些目标的实现。在实现经济快速增长的同时，东盟老成员收入分配不公平的现象也得到了改善，减少不平等和社会不安定因素。正是在这样的情况下，东盟老成员政府得到了民众的支持和认同。当然，除泰国外，其他东盟老成员强有力的领导人与强有力的政府机构结盟，也是它们的一种共有的特征。[②]

东盟老成员在建国后有着殖民地经济的共同特点，是经济结构畸形，生产力低下，民族工业尚未形成，外资占据主要经济部门。但经过短短几十年的经济发展，新加坡已跨入世界发达国家的行列，马来西亚、印度尼西亚、泰国也已经进入或正在进入新兴工业化国家的行列。

除东盟老成员外，自20世纪60年代以来，东亚地区进入了持续、快速发展时期。从日本到亚洲“四小龙”，再到中国，东亚出现了一批新兴工业化经济体，已经崛起成为新的增长中心。东亚创造了举世瞩目的“东亚奇迹”。东亚经济体在经济发展的初期，市场机制并不成熟，资金和物资普遍较贫乏，客观上需要依靠政府来集中资源投入工业化建设，以保证资金、人力、物业向重点产业部门倾斜。东亚经济体曾普遍实行过利率管制，银行听从政府指导，以优惠利率向重点企业贷款，政府还经常对原材料价格进行控制，以保证重点产业获得必要的利润。应当指出，政府主导型经济体制总的来看是成功的，它保证了工业化目标的迅速实现。试想，在当时的历史条件下，如果东亚工业化过程完全由市场机制来操作，就不会有所谓的“东亚奇迹”。在东亚模式中，市场机制仍然是发挥

① 世界银行：《东亚奇迹：经济增长与公共政策》，中国财政部世界银行业务司译，中国财政经济出版社1994年版，第9页。

② 李文：《东亚社会变革》，世界知识出版社2003年版，第36页。

作用的，但与政府的作用相比较，处于次要地位。

这些国家长期高速的经济发展引起了经济学家的关注，经济学家从政治、经济、文化等方面分析了东亚经济发展的原因，而其中政府制定的公共政策与快速增长之间的关系引起学术界和发展机构的关注，政府在经济发展中起到的作用自然成为争论的焦点。新古典学派的理论认为，这一地区的经济之所以能够快速发展是由于实行了自由市场经济，政府的作用仅在于提供一个稳定的宏观经济环境和可靠的法律框架，以促进这些国家的内部和国际竞争，宏观经济稳定为投资、储蓄和高水准的人力资本积累提供的适宜的激励。这是这一地区经济发展的动因。世界银行《1991 年世界发展报告》发展了这一观点并称之为亲善市场论。以凯恩斯主义经济学、福利经济学、早期发展经济学为理论依据的政府干预理论则认为，发展中国家为了谋求经济发展，必须推行全面的经济规划和广泛的政府干预。这一地区经济的成功恰恰是由于政府有意识地扭曲价格、限制市场的作用、利用产业政策扶植某些关键性的战略产业。这一观点被称为国家推动发展论。新古典主义的修正学派，及世界银行 1993 年的出版物《东亚奇迹：经济增长和公共政策》对东亚奇迹的解释的观点，则被称为折衷主义，它们在承认自由市场经济和宏观经济政策对东亚经济发展的影响外，也肯定了干预性政策的作用："基本政策并不能完全解释这些国家的成功"，"政府在一些关键领域发挥了引导市场的作用"。[①] 各种观点或许都有一定的道理，但对这一地区经济发展原因的解释未必完全正确。

学者李明德对东亚政府主导型市场经济体制模式的特征做了概括，认为这种经济体制有三个特征：①政府权威地位的树立并得到社会的认同。政府具有制定宏观经济政策的决策权，在宏观经济活动中起指导作用。②在政府主导型市场经济体制中，资源配置以市

① ［日］青木昌彦：《东亚经济发展中政府作用的新诠释》，世界银行，1993 年。世界银行：《东亚奇迹：经济增长与公共政策》，中国财政部世界银行业务司译，中国财政经济出版社 1994 年版，第 4 页。

场机制为基础，社会经济资源的配置基本上由私营企业根据市场价格信号作出，但在相当程度上受政府强有力的引导，政府在资源配置中发挥重要的导向作用。③政府对经济的干预是在以私有制为基础的市场经济的框架中进行的。此外，政府通过建立提供了反馈、信息共享和协调的机制等，加强与私营企业的互动关系。东盟老成员政府的这些特征，既有力地推动了本国的工业化和产业结构的升级，又注意对市场不过多干预，为培育市场经济创造了良好的条件，从而为经济的发展起到积极的促进作用。但无论如何，在大多数东盟老成员中，政府通过多种形式和渠道干预经济发展值得肯定。东盟国家独立以来的经济发展，主要是以早期西方发展经济学作为理论指导，采纳了政府主导的发展战略。经济学家将它们归纳为东亚式的发展模式，即在政府主导型的市场经济框架下，通过外国投资和发展出口产品拉动经济快速增长的模式。①

也有研究认为，东盟老成员政府引导大多数国民将主要精力投入到经济活动而非政治活动中，导致民主化被束之高阁。甚至，“国家动用国家机器压制不同政见者，钳制言论自由”。② 国家在经济上实行自由化和市场化的同时，政治上却实行集权化和一元化，这是它们共有的特征。

有关课题研究的分析指出，无论从政治学的原理来看，还是从现代社会转型的历史来看，面向现代化的各种威权型体制，本质上都是一种过渡性体制，它们最终都要被民主的政治制度所取代。例如，东亚的日本、韩国、印度尼西亚、新加坡、泰国的政治发展进程呈现出从“自由民主体制”到“威权体制”再到“多元体制”发展的规律性特征。在东亚国家实现民族独立，建立民族国家之初，大都经历了效仿西方建立以追求自由民主为目标的阶段。然而，在这一时期，东亚国家大多出现了民粹主义的参与混乱，纷纷

① 李明德：《现代化：拉美和东亚的发展模式》，社会科学文献出版社 2000 年版，第 10、34、64、73、75 页。

② 李文：《东亚社会变革》，世界知识出版社 2003 年版，第 30 页。

出现了体制危机。在这一背景下，威权体制作为对于民粹主义混乱的制度救济，登上了东亚的历史舞台。在这些国家和地区，威权体制无一例外地起到迅速地稳定社会，开启快速工业化，改变社会面貌的作用。在经历了一个阶段的威权体制之后，随着工业化的完成，社会结构的变化，东亚五国一区的各个威权体制又以不同形式和路径向多元体制演化转变，有的发生了激烈的社会对抗与冲突，被称为“民主化”或“民主革命”。①

诺贝尔经济学奖获得者阿瑟·刘易斯认为，没有一个国家不是在明智政府的积极刺激下取得经济进步的，另外，经济生活中也存在着这么多由政府弄出来的祸害，以致于很容易就训诫政府参与经济生活一事写上满满的一页。那么，明智的政府和不明智政府的区别或许在于政府如何引导个人激励。如果说权威主义和集体主义都是东亚传统文化的重要内涵，两者为东亚早期的经济发展提供了必要条件，那么，随着经济科技特别是现代高科技及其产业化的迅速发展，以市场选择为手段、以个人利益最大化为动力、以个体为主体的自主创新等西方文化传统显示了一定的优势。所以，东亚政府要引导本土文化与西方一定的制定因素相结合，这样在保持自身文化色彩的同时又能使各国文化有一定的趋同性。诺贝尔经济学奖获得者道格拉斯·诺思认为，产权的改变、各利益集团中相对收入状况的变化都会引起意识形态的变迁，依此原理，政府应保证社会各阶层的收入分配公平，以此来维持社会的稳定，这在一个多民族的国家中尤为重要，因为这样才能在保证国家稳定的前提下，促进各民族文化融合。

托克维尔在分析法国大革命时说，从前，当法国还有政治议会时，听一位演说家谈论中央集权制时说道：“这是法国革命的杰出成就，为欧洲所艳羡。”但托克维尔坚持认为这并非大革命的成就，

---

① 参见“东亚五国一区政治发展研究”课题组的《东亚民主转型的经验解释》，2010 年 10 月 12 日，文化纵横 http：//www. sina. com. cn（东亚五国一区：日本、韩国、印度尼西亚、新加坡、泰国、中国台湾。）

相反，这是旧制度的产物。托克维尔进一步说，这是旧制度在大革命后仍保存下来的政治体制的唯一部分，因为只有这个部分能够适应大革命所创建的新社会。①

德国经济学家柯武刚和史漫飞说，“一定程度上的个人独裁确实是东亚发展议程的组成部分，但在开放经济中，只要这些独裁者愿意将经济繁荣置于首位，那么来自贸易和资本流动的反馈就会软化独裁。当中产阶级成长起来，新的经济企业家想要开辟通向市场的管道时，当没有在成长中体验过其父母一辈所经历的那种赤贫的年轻一代开始需要政府自由及经济自由时，对普适性经济自由和政治自由的需要就会不断高涨。在韩国、中国台湾、泰国、新加坡、中国香港和印度尼西亚，新兴的、受过教育的中产阶级为了维护其经济自由，都欢迎更大的政治自由。中产阶级的成员中，许多人不像他们的父母那样能为了经济发展而容忍政治性、官僚性独裁。迅速并入全球信息网络更助长了这一趋势。”②

我认为，由中央集权制向现代民主政治转型是所有转型国家都要面对的问题，原因在于中央集权制是旧制度的产物，是资源有效配置的最大阻碍。诚然，作为发展中的转型国家，在市场机制尚不发达的情况下，如果政府对经济不进行必要的干预，而搞自由放任是不可取的。当市场机制已发展到一定的程度，政府若不及时转变职能，放松对经济的直接干预，也不利于经济发展。就是说，在加强政府有效干预的同时，又注意让市场这只“无形之手”发挥作用，让企业在公平竞争环境中成长壮大，则是一种明智之举。在市场经济进一步发展的过程中，政府职能也应随之转变，以求得宏观调控和市场调节在发展中的均衡。

从这些国家的经济发展来看，作为后发展的国家，东盟老成员

① ［法］托克维尔著：《旧制度与大革命》（第二章中央集权制是旧制度的一种体制而不是像人们所说是大革命和帝国的业绩），冯棠译，商务印书馆 2012 年版。

② ［德］柯武刚、史漫飞著：《制度经济学——社会公共秩序与公共政策》，商务印书馆 2001 年版，第 565 页。

走上了一条不同于西方发达国家的工业化道路，由于面临着市场发育不完全，它们走的是一条在政府的指导下的市场自觉的发展过程而不是西方发达国家由自发到自觉的市场演进过程。后发展国家在推进工业化和现代化初期，政府的核心作用不可替代。东盟老成员的经济发展一开始是在政府的指导下的市场自觉的发展过程，但这一过程并不是一成不变的，东盟国家的经验证明了政府经济干预的目的在于为市场机制的形成和正常发挥调节作用创造有利的条件，在于促进民间企业的形成、发展。政府的作用不应长期取代本应由市场机制去完成的合理配置资源的任务，而应在弥补不完备的市场机制的同时，积极创造条件，随着市场的不断扩张和发育，政府的替代则应由强化到弱化，逐渐让市场竞争机制充分发挥作用。

20 世纪 90 年代末亚洲金融危机引起了东亚国家的经济大衰退，使得东亚的政府主导型的经济颇受非议，外向型的经济，权威的政治体制，政府对市场有意识的干预和引导，调节经济结构的产业政策，这些以往对经济高速发展起着重要作用的因素也成为金融危机爆发的原因。但这并不意味着政府从此就应弱化其经济职能，政府需要重新介定自身的功能和角色，在增强政府机构的能力的基础上，保持经济和社会的持续稳定地发展。

第三节　转型过程与政府干预

前面提到，东盟老成员的经济发展经验表明，政府的适当干预，特别是经济管制、产业政策、基础设施的投入及促进资本积累等政府行为，有助于一国的工业化和经济发展，国家保持长期高速增长。毫无疑问，新四国的政府应在本国经济发展中应起到重要作用，尤其是在规划发展方向，建立有效的制度框架，制定和实施政策等方面。

在市场经济进一步发展的客观要求来看，由于各国政府一度过多地强调政府的主导作用，干预过频，对市场机能的发挥也产生了一定的消极影响。比如，政府对经济过强的干预一度成了滋生低效率、贪污、裙带风等腐效现象的温床。在一些国家，由于政府官员素质低下和唯意志论的影响，政府计划成了长官意志的代名词。一些掌握国家计划、物资和管理大权的政府官员，甚至一般的办事人员，都可利用其职务和工作之便牟取私利。人们认为，国有资本的官僚性和垄断性抑制了经济的发展，造成了资源分配的不合理和浪费。

从转型国家来说，当前推进改革和转型，强调国家对经济的干预与转型国家在转型初期的市场化取向改革是一致的，经济自由化程度的提高并不一定意味着市场化程度的提高。正是因为转型经济本身具有过渡性，制度构建在转型经济中的作用要比其他经济形态下更大一些，经济转型过程中的国家干预具有更多的人为设计因素，更具有可操作性。

在经济转型时期，有力的政府干预是向市场经济过渡的条件之一，政府应该加强对市场转型的主导作用。市场化改革和经济转型的目标是逐步建立市场经济，改变过去资源配置高度计划集中的政府垄断型体制，使市场成为基础性的资源配置的机制。但并不是说没有国家干预的经济就是市场经济，取消政府的干预市场机制就可以自动产生。政府和市场并不是此消彼长的相互取代的关系，政府需要帮助和促进市场的形成。转型时期的中国经济虽然与东盟新四国经济发展初期的情况有所不同，但它们有着市场经济建立伊始面临了同样的问题，即市场体系不健全，产业结构单一，价格信号不准确，缺少推动创办企业、贸易和信用的机构。此外，它们都不同程度的面临着重大的结构调整问题。因此政府有必要通过多种形式和渠道干预扶助经济发展，为市场的发育提供推动力。东盟老成员政府推动市场体系建立为新四国提供了值得借鉴的经验。

政府干预短期内能激励企业家精神并促进生产率增长，但从长期来看，会造成价格信号扭曲并降低市场效率，偏离市场信号，成本高昂。

东盟老成员实行的政府干预政策是有条件的，首先，政府建立了一套组织机制，为这些干预政策制订明确的运行标准并监督其运营。比如指导性信贷虽然是为了扶持特定产业或部门，但它们是“建立在实绩标准的基础上的”。[1] 政府的补贴通过一种竞赛机制进行分配，如成功的出口业绩是得到出口信贷的标准。由于出口市场是竞争性的，因此，补贴是鼓励企业增强竞争力，有效率的企业才能得到补贴，从而促进了经济效率。政府对经济的干预是在以私有制为基础的市场经济的框架中进行的，干预的实施建立在严格的程序基础上，并强调在法律的范围内进行。其次，政府的干预政策是灵活务实的，有效的措施被继续采用，而当干预威胁到宏观经济稳定时，政府便放弃干预。东盟老成员执行这些政策的务实性与灵活性，表现出政府在干预经济的过程的同时，尊重市场经济的规律的特征。政府干预应集中于宏观经济管理，为本国经济发展奠定了坚实的宏观基础。东盟老成员政府对经济的干预是在以私有制为基础的市场经济的框架中进行的，而微观经济决策是由经济因素自主决定的。从东盟新四国来看，过去在传统体制下对经济的干预范围过大，政府今后应当集中在宏观经济管理上，政府的经济职能主要是为市场主体服务和创造良好的发展环境。在微观经济运行方面，政府应运用经济、法律的手段起到指导和调控企业的经营方向和投资方向的作用。充分发挥市场配置资源的作用，投资靠市场机制来调节，由投资者自主决策，银行自主审贷，就是说，投资应成为企业和银行自主行为。

就举世瞩目的“东亚奇迹”而言，如果说东亚经济体在经济发展的初期，在市场机制并不成熟的条件下政府主导型经济体制总的来看是成功的，那么这种不会发生在市场经济成熟的经济体。任何

---

① 世界银行：《东亚奇迹：经济增长与公共政策》，中国财政部世界银行业务司译，中国财政经济出版社 1994 年版，第 13 页。

发展一定经济社会条件下的产物，都有其历史局限性。随着市场机制的逐渐成熟，东亚经济体政府的干预经济的职能也应转变，以适应不断发展的市场经济发展需要。东亚的例子表明，过度的政府干预会限制市场机制的作用，结果损害一国的经济发展。韩国就有这方面的深刻教训。20 世纪 80 年代，韩国政府积极鼓励发展汽车产业，引导资源向汽车出口产业集中，最后导致汽车行业生产能力过剩。在金融危机期间，一些汽车核心企业被迫倒闭。韩国政府还对金融部门进行直接控制，迫使资金流向与政府关系较密切的大企业，导致官商勾结、腐败滋生、坏账堆积。这样的例子还有很多。

市场与政府是相辅相成的，国家在经济与社会发展中的中心地位，是作为合作者、促进者和管理者体现出来的。政府参与经济运行的目的，在为市场建立适宜的机构性基础。政府的这些干预的主要目的就在于，为市场的发育提供推动力，在所有权关系、经济决策结构和资源配置方式等方面，作出最有助于迅速发动经济增长的制度安排。① 一旦市场发育成熟，政府的干预作用便逐渐弱化，转而让市场发挥其应有的作用。

东亚的经验教训表明，只有处理好政府与市场的关系，才能促进一国经济的健康发展。具体来说，政府要解决好三个问题：第一，政府要从过多的行政干预中退出，为市场机制发挥更大的作用创造条件。处于由传统高度集权的经济体制现代市场经济转型的东亚经济体来说，这一点尤为重要。第二，政府制定长期发展战略、规划或产业政策这一职能仍应予以保留，但不要干预企业的生产经营活动，而应当为企业提供信息等服务。第三，政府要熟练掌握宏观调控手段，健全金融监管机制，而不要插手诸如银行信贷业务或为企业作担保等问题。同时，政府要加强廉政建设，根治腐败。

老挝在实行革新路线的初期的指导思想，是要摆正政府与市场的关系，认为市场经济必须与政府职能转变、加强对市场经济的管

---

① 李晓：《政府替代与经济发展》，载于《社会科学战线》1996 年第 1 期。

理同步进行。老挝政府职能转变的主要是改革以前对经济调控的直接干预，实现以宏观经济手段为主的辅助措施，最终达到以法管理。在自我完善过程中，老挝经济正在逐步向开放型的市场经济发展，老挝认为，目前的经济关系是依据市场的经济关系，是在法律基础上的平等自由竞争。在市场经济发展过程中，要推进诸如金融货币市场、房地产市场、资讯市场、劳动力市场等的发展。

1991 年老挝颁布的首部宪法是社会管理从官僚行政命令式走向依法管理的标志，即划分了立法、行政、司法和检察院三级政权的权限。此后所颁布的国会法、政府法、人民法院法、人民检察院法是保证三级政权能够按照自已的职能运作、在一个政治体制下统一协调的重要基础。

柬埔寨经历了近 30 年的战争动乱和政局动荡之后，到 1993 年首届民选政府建立时，其绝大部分政府机构都不能发挥应有的职能。1993 年以后，柬埔寨在重建政府机构方面做了大量的工作，目标是保证国内的和平与安定，创造一个稳定的宏观经济环境。2000 ~ 2004 年间，柬埔寨在加强政府经济管理工作方面开展了不少工作和改革，在政府经济管理工作中，财政管理占有极其重要的地位，特别是在增加财政收入和提高财政支出的效率方面更需加强管理。2001 年，柬埔寨政府与一些亚洲国家联合发起了一项“亚太反贪行动计划”，该计划曾获得一些国际组织的积极支持。柬埔寨政府向国会提交了一项“反贪污法案”。2003 ~ 2004 年这两年，柬埔寨政府实施了按社会经济发展的目标整合财政资源的战略，旨在使有限的政府财政支出预算能够重点分配到经济、社会优先发展的部门，并减少国防支出。此外，柬埔寨政府还设立和强化了国家审计局和国会财政与银行委员会。

以上这些举措的目的在于增强政府官员的责任感，减少财政基金的信任风险。但是，问题的关键还是在于如何有效地落实这些政策措施。[1]

第四节　转型过程与市场机制

我们知道，市场经济依靠市场机制来配置资源，作为市场经济基本规律的价值规律是否起作用，是衡量经济转型是否成功的根本标志。

在东盟成功的国家中，政策的制定包含于咨询的过程之中，政府寻求潜在使用者的参与，让市民社会、工会以及私人企业都有机会提供意见并对之监督，使这些计划可以取得更好的效果。[2] 首先，东盟四国政府致力建立政府、企业家与工人的良好关系，政府采取各种方法缓解劳资双方的冲突。这不仅对劳资双方有利，对经济的平稳发展也有好处。其次，东盟四国政府都设置机构，以加强同私营部门联系的机构。这些机构提供了反馈、信息共享和协调的机制，带来了巨大的经济和政治效益。在经济方面，磋商机制促进了企业和政府间的信息交流，同时得到企业关于某项政策法规产生影响的反馈，并根据经济环境的变化及时做出政策调整。这种机制使政府与民间融为一体，同时这种发展机制的效能与市场体制的效率相结合，保持国际竞争力，使经济增长产生了强劲的势头。[3] 在政治方面，协商机制为各界的参与提供了直接的渠道，发挥着民主机构的作用。最后，信息沟通使企业更难从政府得到特别照顾，鼓励了企业正当竞争，政府官员也很难提供特别优惠。磋商协会减少了寻租行为，有助于抑制投机行为。

运用市场机制培育市场是转型国家政府的重要工作。在东盟老成员建国后经济发展初期，消费品市场、资本市场和劳动力市场发

① 刘晓民：《进入 21 世纪后的柬埔寨经济》，载于《东南亚》2005 年第 2 期。
② 世界银行：《1997 年世界发展报告》，http：//www. cfeph. cn/develop. nsf，19971。
③ 徐远和：《儒家思想与东亚社会发展模式》，广西人民出版社 1996 年版，第 242 页。

育程度极低，政府在推行市场化和国际化的过程中，不断完善其服务职能和调节职能，政府运用行政干预的主要目的就在于改善市场竞争的环境，培养市场体系，为市场机制发挥作用创造条件。

其中，培育资本市场尤为重要。东盟老成员普遍选择了工业化的发展道路。通过工业化促使各类非生产性资本转为产业资本，另外，以工业化带动经济多元化，从而建立国内资本积累的经济基础。大多数东盟国家通过税收和支出政策保持较高的公共储蓄。此外，东盟国家十分注重引进外国资本，政府制定了一系列鼓励和引导外国资本投资的政策法规，引导外国资本的投资部门与经营范围，采取的政策如税收优惠措施，创造良好基础设施，允许资本相对自由流动等，使外国资本流入额迅速增加。20 世纪 60 年代以来，在政府运用财政政策、金融政策和收入政策鼓励资金的积累，东盟四国在包括国家资本、外国资本、国内私人资本的积累和投资增长发展迅速，健全了资本积累机制，并逐步形成了完善的资本市场。在劳动力市场方面，东盟四国灵活的劳工政策培育了一个高效、灵活、反应灵敏的劳动力市场。政府对最低工资标准的执行并不是很严格，鼓励工资处在略低的水平。避免过高工资的做法形成了劳动密集型产品的出口优势，提高了投资水平，增强了企业的国际竞争力，加速了产出增长率的提高，从而对劳动力最终收入的提高有利。在完善商品市场方面，国家有关度量衡的监督和检查制度，以及商品的质量标准的法律规定，则对完善商品市场、规范企业经营行为起到重要作用。

建立有利于经济发展的环境的一个重要方面，是建立有利于私人投资的法律框架和规章制度。政府通过提供规则和对规则的有效执行来维持稳定的商业环境以增进投资的成功。法规可以帮助保护消费者、劳动者和环境，它能为潜在的投资者提供所需要的制度保证。

稳定的宏观政策是促进经济发展的充分前提，东盟老成员基本上遵循平衡财政、紧缩货币、保持竞争力的实际汇率和适度举债的政策，谨慎的财政政策使这些国家能长期保持较低的通货膨胀率，较低的通货膨胀率又导致了实际利率的稳定，这有利于长期规划和私人投资，奠定了使政策在稳定的实际利率和汇率的环境中实施的基础。东盟老成员的财政政策都是为了直接刺激经济增长，政府财政支出以生产性投资为主，这与其经济增长的目标是一致的。东盟四国政府支出偏低，但在支出构成中，公共投资比例达 30% ~ 40%，主要用于经济和社会基础设施的建设。东盟老成员保持低水平的政府支出和高水平的公共投资，在一定程度上“达到了既不会排挤私人积累与投资又可为它们创造良好条件的目的”。[①]

加大开发人力资源力度，大力发展基础教育是老成员国家的主要政策。东盟老成员基础教育占教育支出的百分比却高达 65% ~ 90%，远远高于其他发展中国家。许多积极的外部效应被证明都来自初级教育。由于普及基础教育而带来的人力资源素质的不断提高，东盟国家的政府在教育方面的政策被认为是杰出的公共政策之一。

东盟老成员政府在其承担的基本的经济职能上都做得十分出色：健全的经济发展政策，宏观经济运行稳定，重视基础教育和人力资本的投资，分享增长的原则，为经济的发展创造了一个良好的环境。

推进要素市场化进程，提高资源配置效率。政府干预真正适应市场经济发展，就必须使要素市场化，包括劳动力、资本、土地、技术等要素市场化。要素市场化决定一个国家是否市场经济的根本。反过来说，市场化倒退，就是要素市场化的倒退。因此，推进转型过程中政府必须为促进要素市场化进程，提高资源配置效率创造有利条件。

要素市场化滞后产生的后果，包括经济上的低效率、政治上的

① 廖少廉等：《东盟国家经济发展与社会经济形态》，社会科学文献出版社 1993 年版，第 27 页。

高腐败等。具体来说，低效率方面，就是行政化干预以后，大量的资源是通过政府行政配置的，这种配置缺乏市场竞争性，过去几百年的历史证明了这一点。政治上的高腐败，就是意味着市场化滞后以后，行政权力在资源直接配置中起到很重要的作用，市场力量要获得资源的话就要和政府谈判，而和政府谈判的最有效的手段是行贿，那么会导致一个恶果，市场资源不是按照效率配置，而是按照腐败指数配置，由此将产生政治、道德、法律等问题。而产生的经济问题是，当一个社会的经济资源，尤其是稀缺资源，不按效率原则配置，而按腐败原则配置，它的结果将是既不公平，又没效率。这对我们发展市场经济的核心目标"效率与公平"，是一个根本性的瓦解。所谓发展中国家面临的"中等收入陷阱"，其出现有很多原因，关键就是这个社会到了这个时候，创新力不足，一个是技术创新力不足，就导致投资需求疲软，内需、外需各方面不足，竞争力不够；另一个就是制度创新力差，核心是市场化滞后，导致钱权交易普遍发生，就会导致低效率高腐败的泡沫经济，产生严重的两极分化，造成不可持续性甚至社会动荡。1998 年亚洲金融危机，东南亚国家很多，如泰国、韩国、马来西亚等都出现类似情况。

随着转型国家市场化改革的不断推进，这些国家国内市场经济发展加快，新四国要素市场化方面取得了重要成就。但目前在土地、资本、劳动力等方面的产权都不够清楚，个别国家土地产权改革尚未真正开始，在资本产权方面，国家的金融资源属于国有垄断，由此资本的定价受行政性干预而扭曲。因此，新四国政府要推进市场化进程，必须推加快要素的市场化进程。

转型过程中发挥市场机制的作用包括多方面，上述几个方面是从新四国推进改革和转型最迫切需要解决的问题。

第十七章

与中国合作共同推进经济转型

第一节　改革和转型：新四国与中国的做法基本相同

前面各章对东盟新四国市场化改革和经济转型的脉络进行了梳理，我们对新四国市场化改革和经济转型的原因、经过、取得的成就、存在的问题以及继续推进改革和转型的动力等作了探讨。集中到一点，就是想说明新四国通过改革和转型不断提高制度适应性效率，由此推动了四国经济社会的进步；在改革和转型过程中，制度适应性效率是一切效率的基础；从国际视角看，制度竞争是一切竞争的前提。

改革和转型推动了经济社会不断变化发展，因此，经济社会变化发展是转型的重要特征。转型过程中，要求制度适应性效率不断提高，要求制度创新随着经济社会环境的不断变化而改变，即转型过程中制度不能固定不变，要不断推进制度创新。由此，转型是一个持续动态过程，制度适应性效率的提高也是一个持续动态过程。包括中国和东盟新四国在内的所有转型国家的实践都说明了这一点。

20 世纪 80 ~90 年代开始走上改革道路的新四国，时间上比中国的改革晚些，但一定意义上，新四国改革革新的指导思想和路线方针，与70年代末中国改革的指导思想和路线方针相似，总体实施过程也实行步步为营的渐进式改革模式。

此外，新四国的改革和转型与中国的改革和转型有许多相同之处，例如，都是对传统高度集权的经济体制进行改革，都是向现代市场经济转型，都是从农业改革开始，核心都是所有制改革，都推进民主化法制化建设，都努力营造良好的宏观经济环境，通过推进改革和转型都取得了重要成就。

本书前面不少地方在论述新四国改革和转型时，也提到中国的改革问题。例如第七章谈越南的农业改革时，把越南农业改革与中国的农业改革进行比较，分析了越南农业改革与中国农业改革相同之处，如两国农业改革都是自下而上渐进式的改革，改革形式者是群众创造，国家加以引导推广，越南和中国的土地者归国家、集体所有的基础上允许土地的自由流转，两国都以法律的形式来确保农业改革的推进，农业改革的目标模式都是从传统农业向现代农业的发展，两国都依据市场经济发展要求对粮食流通体制进行改革。

诚然，如同中国的改革和转型一样，在取得重要成就的同时，新四国的改革和转型也存在诸多问题。如本书前面相关章节已提到的腐败、贫富差距在扩大、地区发展差距扩大、市场秩序混乱、假冒伪劣、市场操纵、信用丢失、财务造假、虚报信息、盗版侵权、行业垄断、管制错乱等，主化法制化建设滞后等。这些问题表明，新四国的制度适应性效率仍需进一步提高。因此，新四国除了积极推进自身的改革和转型外，加强与中国的合作，取长补缺，共同推进改革和转型，是新四国进一步推进改革和转型、融入区域经济的最好选择之一。

第二节　邻国不能选择：周边关系的重要性

尽管当今世界的经贸合作突破了传统地缘政治观念束缚，但世界历史表明，邻国之间的关系对一国经济社会产生重要影响。“邻居可以选择，邻国不能选择”是一种客观存在。这也是推动周边务实合作的长久动力之所在。正如第二章所说的，不仅新四国之间为邻国，新四国也是中国的近邻，与中国在地缘、文化、历史等方面有着悠久的联系。中国在睦邻友好合作中一直坚持合作共赢，妥善管控分歧，增加地区互信，推动与周边国家实现共同发展。尽管中国与新四国政治体制和意识形态等有所不同，然而双方的务实合作却一直不断向前发展。

中国始终将周边置于外交全局的首要位置。2015 年 11 月，中国国家主席习近平访问越南，这是中国党和国家最高领导人近 10 年来首次访越。习近平为指导中越关系的传统“四好精神”作了“互助互信的好同志”“合作共赢的好伙伴”“相亲相望的好邻居”“常来常往的好朋友”的新阐释。向前看，可能说，中国与周边国家会出现更加蓬勃的发展活力。

值得提出的是，周边有些国家担心中国的强大会在经济、军事上给他们造成威胁。1997 年的亚洲金融危机中，中国顶住了巨大的压力，承诺人民币不贬值，并给予遭受危机的东盟国家有力的金融援助。“9・11”事件发生后，政治上东盟国家意识到中国是维护东亚地区和平稳定的重要力量，经济上东盟国家逐渐看清楚，中国绝不只是他们的竞争对手，更多的还是一种合作共赢的伙伴。中国—东盟自由贸易区建设以来，东盟不少国家纷纷调整战略，把发展与中国的经贸合作放在举足轻重的位置。因此，在未来发展中，新四国也会端正对中国的认识，吸取双方成功的经验，借鉴双方的不足或教训，与中国合作共同推进市场化改革和经济转型。

2004 年 11 月，在中国广西举行的首届中国—东盟博览会上，柬埔寨首相洪森表示，柬埔寨与中国建立更为开放、更加紧密的经贸关系，是柬中两国关系发展的正确道路；选择这样一条正确道路，成为东盟四个新的成员国越南、老挝、缅甸和柬埔寨越来越积极的行动。洪森还说，中国经济发展，柬埔寨更多的是从中受益。

东博会期间由东盟新四国国家商务部门主办的“金色缅甸投资环境”“柬埔寨商务投资机会”“老挝外资促进政策论坛”和“越南—中国商务论坛”，都力图把本国投资、贸易优势展示给与会商家。

2016 年 9 月，在第 13 届中国—东盟博览会上，洪森首相发表演讲说，事实上柬埔寨与中国之间的双边经济合作表现出十分强劲的发展势头，特别是集中在经贸、农业以及旅游业等领域。同时，投资也得到了迅速发展，主要涉及基础设施、能源、信息技术以及电信等领域。与此同时，柬埔寨正在继续为实现经济的多元化而努力，以便进一步扩大市场，通过一体化进一步融入东盟。柬埔寨非常欢迎，也将全力支持“21 世纪海上丝绸之路”的建设，这将有助于协调我们在各个领域的相互联系，包括实现区域内的有效政策沟通、贸易畅通、资金融通以及人员之间的流动，特别是将有助于推动各次区域进行广泛的互联互通以及优势互补。①

在 2004 年首届中国—东盟博览会上，柬埔寨首相洪森、老挝总理本扬、缅甸总理梭温三名政府首脑率团出席，越南也由副总理范家谦领团。在东盟 10 国出席此间博览会的五位政府领导人中，东盟新四国就占了四位，足见新四国对推进东盟与中国合作的重视程度。

2014 年 11 月 9 日，缅甸领导人在参加北京 APEC 领导人会议上明确表示，缅甸支持“一带一路”建设，缅甸能够从“亚投行”的设立中受益。2015 年 3 月，缅甸加入“亚投行”，成为创始成员国，缅甸承诺将积极参与“一带一路”建设及中印缅孟经济走廊建设。随着缅甸政治社会转型的逐步完成，缅甸政府和民众对中国投资为缅甸带来的利益将会有更加清醒的认识，缅甸更渴望中国投资助推其经济的增长。从未来发展看，中国企业在缅投资的环境将进一步得到改善。缅甸自然资源丰富，基础设施落后，急需大量外国

① 《第 13 届东博会开幕大会柬埔寨首相洪森发表演讲》，载于《广西日报》2016 年 9 月 12 日。

资本投资开发。缅甸总统发言人吴耶突前不久在接受媒体专访时说，中国“一带一路”建设是缅甸经济发展的一个新机会。中国的发展对缅甸企业和民众来说是一次难得机遇，加强中缅两国的经贸合作对双方有利，缅甸欢迎中国企业到缅甸投资兴业和开展经贸合作。缅甸领导人认为，中缅两国经济贸易合作关系 2015 年后将会不断发展和提升。①

2015 年 4 月 22 日，出席万隆会议纪念活动的缅甸总统吴登盛向习近平主席表示，新形势下，缅甸致力于密切中缅两国各层级友好交往，提升两国各领域合作，缅甸支持并积极参与“一带一路”和“亚投行”倡议，希望中国通过丝路基金等参与缅甸基础设施建设。② 缅甸一议员接受新华社记者专访时表示，“一带一路”是联通之路、贸易之路、发展之路，缅甸表示欢迎。他认为，孟中印缅经济走廊建设对于加强中缅两国经济联系和促进边境地区发展同样具有积极意义。③

2016 年 3 月 15 日，缅甸联邦议会选举民盟候选人吴廷觉担任新一届总统。中国外交部当天即对吴廷觉当选总统表示祝贺，并表示中方将继续奉行对缅友好政策，支持缅方维护稳定、加快发展、推进民族和解进程的努力。关于与中国的关系，柬埔寨王家研究院国际问题专家依姆纳拉表示：可以预见，昂山素季必将与中国保持良好的关系，尤其是在经济领域，除了依靠中国，民盟的其他选项不多。在政治领域，保持与中美等大国及东盟各国间的平衡将是昂山素季的最佳选择。④ 2016 年 8 月，此时身为缅甸国务资政昂山素季访华显然证明了这一点，中缅两国领导人就双边关系和共同关心的问题深入交换看法，达成广泛重要共识。政治上，双方表示珍视中缅“胞波”情谊，重申将以两国人民利益为重，从战略高度和长

---

① 《中新网》2014 年 11 月 9 日，2015 年 4 月 9 日。

② 《人民日报海外版》2015 年 4 月 23 日。

③ 《新华网》2015 年 4 月 1 日。

④ 蒋天：《吴廷觉当选总统，缅甸未来并不尽是坦途》，载于《中国青年报》2016 年 3 月 15 日。

远角度出发，优先发展双边关系。双方同意保持高层密切接触传统，增进政治互信，深化治国理政经验交流。合作上，双方同意加强发展战略对接，更好规划重点领域合作，推动双方合作向农业、水利、教育、医疗等更直接惠及民生的领域倾斜，使更多民众受益，同时扩大人文领域交往，筑牢两国民心相通的桥梁。双方同意进一步加强管理与合作，确保边境地区和平稳定，两国关系一直保持良好势头。

近年来，中老两国领导层加强来往，就双方进一步加强合作达成了共识。[①] 2016 年 9 月，中国国务院总理李克强在万象同老挝总理通伦举行会谈，双方表示中老政治上高度互信、经济上全面合作、人文上广泛交融，不仅切实造福两国人民，而且有助于维护地区和平、稳定与发展。会谈后两国还发表的《中老联合公报》，涉及双边产能合作、经贸投资、经济技术、教育等领域 20 个合作文件。[②]

第三节　新四国与中国合作前景广阔

越南、老挝、缅甸与中国接壤，边境通道和口岸众多，发展与中国的贸易具有独特的地缘及文化渊源优势。新四国的资源比较丰富，尤其在水能资源、旅游资源、土地资源、生物资源和矿产资源等方面十分突出，为中国企业加强与四国企业合作提供了广阔的空间。中国是大国，经济发展快，人口多，市场化潜力在，为新四国提供广阔空间。

新四国与中国加强合作具有多方面有利因素，包括政治、经济、文化、社会等，仅从经贸方面来说，双方可拓展的合作范围广阔，商品贸易、服务贸易及投资合作等，新四国农林资源丰富，农

① 新华社：《外交部积极评价缅甸国务资政昂山素季访华成果》，2016 年 8 月 22 日电。

② 新华社：《推动中老全面战略合作伙伴关系新发展》，2016 年 9 月 8 日电。

业、旅游、能源等的合作发展前景更广阔。中国—东盟自由贸易区升级版建设及中国“一带一路”倡议构想的实施，对于新四国来说，也是一个极好的机会。

从中国与东盟签署合作框架协议以来的20多年发展历史来看，中国与包括新四国在内的东盟各国的合作取得了举世公认的成就。

目前，中国是东盟第一大贸易伙伴，东盟是中国第三大贸易伙伴、第四大出口市场和第二大进口来源地。中国对东盟贸易占中国对外贸易总额超过10%。2014年中国与东盟进出口总额4 803.9亿美元，增长8.3%；2015年上半年中国与东盟双边贸易逆势增长，高于中国对外贸易整体水平8.6个百分点。过去的10多年来，中国与东盟的经贸来往主要集中于老成员国新加坡、泰国、马来西亚、印尼等，但近些年中国与东盟新成员国越南、老挝、缅甸、柬埔寨的合作在不断提升。据2014年中国海关统计的数据显示，在中国与东盟10国的双边贸易中，中国对缅甸。老挝和越南是贸易增速最快的三个国家，分别达到144.9%、32.4%、27.7%。

从中国省区与东盟的经贸合作来看，例如，2002~2014年，广西与东盟贸易额由6.3亿美元增至198.9亿美元，年均增长率为33.4%。早在20世纪80从新四国与广西的关系来说，越南已多年成为广西在东盟的第一大贸易伙伴。广西与缅甸双边贸易额由2003年的97万美元迅速扩张到2011年的5 619万美元，9年间增长近57倍。前不久在仰光举行的广西—缅甸投资贸易洽谈会暨项目签约仪式上，广西与缅甸共签订22个合作项目，总金额达2.92亿美元。广西与老挝、柬埔寨的经贸关系近年也出现较快发展势头。

截至2015年，中国对老挝投资额位居外国在老挝投资的第三名，超过33亿美元，投资项目已达到742个。根据2014年中国海关统计的数据显示，在中国与东盟10国的双边贸易中，缅甸、老挝和越南是增速最快的三个国家，分别达到144.9%、32.4%、27.7%。

但总体上说，中国与新四国的贸易总额仍然有限，仅占中国与东盟贸易总额的10%，双边合作的优势尚待发挥。随着中国经济的快速增长和中国—东盟自由贸易区建设的提速，东盟新四国政要和商家都被巨大的合作前景和潜在的商机所吸引。

在中国与新四国的经贸合作关系中，中越合作基础较好，中国对越南的贸易居中国对东盟贸易的前列，而未来双方的合作发展更加受到重视。2014 年，越南保持着中国与东盟 10 国贸易中第二大贸易伙伴地位，仅次于马来西亚。而自 2004 年以来，中国一直是越南最大的贸易伙伴。2015 年中越双边贸易额达到了 958 亿美元，较 2014 年增长了 14.6%，中国连续 12 年成为越南最大贸易伙伴国，同时也是越南第一大进口来源地和第四大出口市场。[①] 2015 年 11 月中越发表的《中越联合声明》提出，努力实现 2017 年双边贸易额 1 000 亿美元目标。

2015 年 11 月的《中越联合声明》指出，中越均处在经济社会发展的重要时期，双方视对方的发展为自身发展的机遇，同意发挥好中越双边合作指导委员会的统筹协调作用，经济方面重点推动以下领域合作：一是加强两国间发展战略对接，推动“一带一路”倡议和“两廊一圈”构想对接，加强在建材、辅助工业、装备制造、电力、可再生能源等领域产能合作。加紧成立工作组，积极商签跨境园区的建设并积极吸引投资，督促和指导两国企业实施好中资企业在越承包建设的钢铁、化肥等合作项目。二是用好中越经贸合委会机制，积极研究续签《中越经贸合作五年发展规划》，加紧修订《中越边贸协定》，推动双边贸易平衡、稳定、可持续发展，努力实现 2017 年双边贸易额 1 000 亿美元目标。加强在《农产品贸易领域合作谅解备忘录》框架下的合作，鼓励双方企业扩大农产品贸易合作，欢迎两国有关部门和地方探讨设立贸易促进机构。三是用好基础设施合作工作组和金融与货币合作工作组，推动有关领域合作不

① 崔玮祎：《越南有望成中国在东盟最大贸易伙伴》，载于《经济日报》2016 年 3 月 15 日。

断取得积极进展。实施好河内轻轨二号线（吉灵—河东）项目，加紧制定老街—河内—海防标准轨铁路线路规划，推进云屯—芒街高速公路等基础设施互联互通合作。四是深化海关合作，共同打击跨境走私行为，继续探索促进边境口岸通关便利化的合作措施，加强两国边境口岸基础设施建设和管理，提升两国边境口岸开放合作水平。五是扩大科技、教育、文化、旅游、新闻等领域合作。用好两国科技合作联委会机制，积极推进技术转移、科学家交流等合作，探讨建立联合实验室。争取于2017年建成越中友谊宫并投入使用，早日在对方国家设立文化中心，办好河内大学孔子学院。加强两国媒体交流，加大对中越友好的宣传力度。继续办好中越青年友好会见、人民论坛等活动，2016年将在越举办第三届中越青年大联欢。此外，双方还签署其他方面协议。近期双方的这些举措表明，将成为未来双方进一步推进合作重要指南。

中老合作不断推进。2015年年初，老挝政府官员向媒体透露，未来5年，老挝出口总额预计将达34.8亿美元。中国—东盟自由贸易区建设以来，中国对东盟国家的直接投资加快，其中基础设施、制造业、采矿业等产业所占投资比重较大，对批发零售、金融业、信息服务业等服务业的直接投资也保持快速增长。而中国对老挝的直接投资增加更迅速，主要原因在于老挝的GDP增速较快，市场前景广阔。2004～2008年，东盟各国中GDP年均增长率最高的是老挝，达到19.98%。加上老挝与中国的关系稳定，经贸政策优惠，由此吸引了大批中国企业前往老挝投资。

今后中老双方会加快推进行业对接步伐，中老双方行业主管部门、行业商会应尽快增进沟通和交流，积极探讨双方行业如何实现优势互补。老挝政府官员表示，要努力提高老挝企业家开发中国大市场的能力，例如，对老挝企业家进行相应的培训，使其了解中国市场的特点、如何与中方企业家打交道等；要充分发挥老挝在中国—东盟自由贸易区中的区位优势，加大宣传，使中国企业家加深对老挝的了解，应积极在华宣传老挝的产业政策、投资项目和投资环境，宣传大湄公河（GMS）次区域合作中老挝的商机，进一步加大老挝在华招商引资的力度。老挝社会稳定，资源丰富，正实施开放政策，并且享受多个国家向其提供的贸易优惠政策，随着中国—东盟自贸区建设的全面展开，中国企业看好老挝商机的越来越多。双方企业最直接的合作，就是在大湄公河（GMS）次区域合作规则下，通过举办招商引资推介会等形式来加强合作。

中柬合作发展较快。1996 年，中柬两国政府签署了《贸易协定》和《投资保护协定》。近年来，中柬两国经贸关系发展较快，在各个领域的交流与合作不断扩大。2011 年，中柬双边贸易额为 24.99 亿美元，同比增长 73.5%。过去 20 年，中国对柬埔寨投资超过 100 亿美元，成为柬埔寨最大的投资国。柬埔寨的经济增长稳定在 7% 以上，中国的投资起了一定推动作用，中国企业参与的柬埔寨基础设施建设也改变着当地人的生活。①

2011 年 10 月，柬埔寨发展理事会对 17 年（1994 ~ 2011 年）外来投资额统计显示，中国对柬埔寨的投资额达到 88 亿多美元，是柬埔寨最大投资国。值得注意的是，在中国对柬投资的 88 亿多美元中，其中 90% 的投资是在 2000 ~ 2011 年批准的。这主要源于柬埔寨越来越好的投资环境。中国不仅是柬埔寨最大投资国，也是柬埔寨重要的援助国。目前，柬埔寨华人达 100 多万，约占总人口近 10%，其中 80% 从商。他们控制了相当比例的柬埔寨经济（有报道称这个比例高达 70% 以上）。相关报道称，很大程度上，华商已经起到了“经营”柬埔寨的作用。

2015 年早些时候，中国国家领导人在金边会见柬埔寨首相洪森时，双方一致同意扩大各领域互利合作，到 2017 年实现两国贸易额翻一番，达到 50 亿美元。2016 年 10 月 13 日，中国国家主席习近平访问柬埔寨，在金边同柬埔寨首相洪森举行会谈。两国领导人一致决定巩固中柬传统友好，大力推动全面战略合作。双方同意引

---

① 《中国对柬埔寨投资 20 年超百亿美元》，载于《环球时报》2015 年 12 月 22 日。

领新时期中柬关系发展，加强政府、议会、政党合作，深化治国理政经验交流，扩大外交和执法安全合作；同意加快两国发展战略对接，制定并实施好共同推进“一带一路”建设合作规划纲要，采取措施扩大双边贸易规模，加强在产能、投资、农业、水利、基础设施建设、能源、通信、工业、海洋等领域合作，继续实施好西哈努克港经济特区等合作项目；同意扩大科技、教育、文化、文物、卫生、旅游等领域交流合作，加强民间特别是青少年友好交往，培养中柬友好事业接班人，同意加强在联合国、亚欧会议、东亚合作、澜沧江—湄公河合作等多边框架内的沟通和协调，维护两国和发展中国家共同利益。①

中缅未来合作尤其值得关注。缅甸与中国陆地边境线 2 185 公里。缅甸是东南亚第二大国，缅甸地处亚洲中南半岛西北部，具有濒临印度洋的地缘优势，是我通向南亚、中东的天然通道。中缅双边贸易投资和经济合作已形成多层次、多领域、多形式的互利合作格局，中缅贸易额从 1988 年的 2.55 亿美元增加到 2011 年的 50 亿美元，增长了 19 倍多。2011 ~ 2012 财年，双方贸易额达到 50.01 亿美元，中国已成为缅甸第一大贸易伙伴。2011 年前，中国一直是缅甸的第一大外来投资国，2010 年中国在缅投资最高达到 82 亿美元，占外国在缅投资总额的 50% 以上。2011 年后，缅甸政治社会转型加快，中国企业在缅投资遇到一些困难。据中国商务部统计，2012 年中国在缅投资仅为 4 亿美元；2013 年中国对缅甸投资为 4.75 亿美元；2014 年，受反对中资企业及边境战事的影响，中国在缅投资仅为 2.95 亿美元。② 当然，从总投资来说，目前中国仍然是缅甸的最大投资国，中国对缅甸投资总额超过了 140 亿美元，仍位居外国对缅投资首位。③

---

① 《习近平同柬埔寨首相洪森举行会谈》，载于《中国新闻网》2016 年 10 月 13 日。

② 黄信：《加强与东盟新成员国越老柬缅的合作》，载于《广西日报》2012 年 7 月 23 日。

③ 缅甸《金凤凰》中文报，2014 年 11 月 26 日。

缅甸政府允许和鼓励外国投资的领域广泛，包括农业、畜牧水产业、林业、矿业、能源、制造业、建筑业、交通运输业和贸易等。缅甸基础设施条件较差，急需外资投资建设交通、通信等领域。我国的云南、西藏与缅甸互设多个边境贸易口岸，中国企业进出缅甸的交通条件非常便利。

中国企业在缅投资时间长，对缅甸投资环境比较熟悉，建立了很好的合作基础，树立了一些典型的合作范例。中石油、中石化和中海油与缅甸政府相关部门在缅甸海上和陆地成功投资开采了石油和天然气。中国水利水电建设集团公司、中国南方电网、中国三峡工程公司等顺利地与缅甸联合开发萨尔温江水利资源，较好地实现了互利合作。

缅甸前不久颁布的《外国投资法》，规定经缅甸国会审议、批准的各类外国投资项目将公布于众，让民众有知情权。中国企业在缅投资项目获批后，如果在投资运营中发生纠纷，中国企业就按照合同规定进行申诉维权，就可以尽可能避免出现类似密松水电站那样的出尔反尔的事件，中国企业在缅投资利益将受缅甸法律保护。

作为与缅甸山水相连的邻国，缅甸的稳定和发展是符合中国利益的。中国曾经为推动缅甸的社会发展、民族和解和摆脱国际孤立做出积极努力，目前更应利用缅甸的改革开放进程之机加强与缅甸的合作。缅甸自然资源、人力资源、旅游资源均极为丰富，缅甸的锡、钨、锌、铝、锑、锰、金、银等矿藏储量非常丰富，宝石和玉石在世界上享有盛誉，每年玉石出口额高达数十亿美元。缅甸石油和天然气在内陆及沿海均有较大蕴藏量，其中，已探明的石油储量为32亿桶，已探明的天然气储量为2.54万亿立方米，居世界地10位。此外，缅甸森林资源、土地资源、水利资源均极为丰富，有很大的开发潜力。在人力资源方面，缅甸拥有丰富的廉价劳动力，适宜发展劳动密集型产业。缅甸6 000万人口，是东盟第四人口大国，蕴藏着巨大的消费潜力，为外国商品和服务的出口提供一个迅速增长的市场。作为连接东南亚和南亚的重要通道之一，缅甸很可能发展成为地区物流中心和区域经济合作的重要枢纽国家。这是中缅合作的重要基础。

中缅双方未来合作领域包括多方面，如农资合作方面，据缅甸《商务周刊》2015 年报道，缅甸需要大量中国化肥，目前缅甸每周化肥进口中国化肥超 2 万吨。据统计，目前，缅甸种植农作物面积约 3 000 万英亩，主要农作物有大米、豆类、葵花、棉花、芝麻、花生、玉米等 7 种，年需化肥 400 万吨。缅甸国内年产化肥 33 万吨，年进口化肥 34.5 万吨，占全国需求量的 17%。为发展农业，缅甸财税部宣布免除进口化肥、杀虫剂、农用工具、农业机械等的商业税及免除上述物资的国内生产销售环节商业税。又如，缅甸服装加工业，酒店业、通讯网络、旅游业等发展前景广阔。总之，前景广阔的缅甸经济，为未来中缅甸合作提供极大的空间。这对中国企业来说是一个极好机会，中国企业应抓住这一大好时机加快与缅甸的交流与合作。

中国和新四国都是以劳动密集型产业见长的，产业结构有一定的相似性，出口产品也具有较高的相关性。但如果对产品进行细分，仍然会发现产品的互补性，这也是双方进一步扩大贸易的重要基础。中国与新四国贸易的商品主要可以分为两大类，第一类是具有明显互补性的商品，它们主要以资源禀赋的差异为基础，约占双方贸易额的一半。其中一部分是东盟具有优势的商品，这些商品反映了东盟多数国家森林、矿藏和热带作物等自然资源方面的比较优势，它们约占中国从东盟进口额的 42%。另一部分是中国具有优势的商品，主要是金属及其制品、纺织品服装与鞋类、蔬菜及加工食品、车辆等，这些产品约占中国对东盟出口额的 38%强。

第二类是互补不明显的商品，也占到双边贸易的一半。比如电子信息产品在双方出口产品结构中都占据相当的权重，从表面上看具有很强的竞争性。而在 2000 ~ 2001 年，中国信息产业的快速发展产生了对电子配件产品的巨大需求，中国从东盟进口的电子配件大幅增加，年增长率达到 30%。

从目前情况看，中国与包括新四国在内的东盟各国之间尚未建立一种密切的产业分工，双边贸易的基础还是一般性的资源互补，这些仍将是今后中国与东盟发展贸易关系的基本因素。同时，随着中国—东盟自由贸易区升级版建设的推进和双方高层次产业分工协作框架的确定，双边的贸易、投资会大幅度增长，从而会更有效拉动各自国内的经济增长。还有可能形成双方在某些战略产业方面的联合发展优势，最有合作潜力的是信息产业、以天然植物药为基础的现代生物制药产业、金融服务业和旅游业等，这都将极大地提高中国和东盟的区域竞争力。另外，由于中国与东盟经济结构存在某些近似性，双方在合作的过程中也许会伴随着激烈的竞争，但可以乐观地预测，随着双方经济一体化进程的加快，规模经济效应、竞争刺激效应和投资刺激效应将同时生效，最终有利于双方经济的有效整合。①

2013 年 10 月 9 日，中国国务院总理李克强在文莱举行的第 16 次中国—东盟领导人会议上提出指导中国—东盟关系未来发展的“2 +7 合作框架”。“2”指两点政治共识，即深化战略互信，拓展睦邻友好；聚焦经济发展，扩大互利共赢。“7”指政治、经贸、互联互通、金融、海上、安全、人文七个重点合作领域。两年多来，“2 +7 合作框架”落实取得了一系列积极进展。这为包括新四国内的东盟国家与中国未来的合作发出发了重要信号。新四国应抓住这一机会加强与中国的合作。

第四节　改革从内到外：共建贸易便利化

从历史上看，国与国之间的通关关系涉及多方面因素，包括政

① 卢文鹏、李达：《创建中国—东盟自由贸易区的政治经济学分析》，载于《开放导报》2008 年第 8 期。

治、军事、经济、文化等，因而是个十分复杂的问题。但在全球化和区域经济一体化的历史条件下，国家与国家之间的贸易通关也有共性。如果说融入区域合作、参与国际竞争是当今各国发展的必然趋势，那么共建贸易便利化的通关环境则是各国参与区域合作的共同要求。同时，一国的贸易体系既反映该国经济制度，也要符合国际贸易规则。由于市场经济具有开放性，当一国的经济发展到一定程度后，发展对外贸易既成为促进发展的必然要求，又是现代市场经济发展的内在要求。从新四国来说，这些年的市场化改革使四国经济社会发生了深刻变化，而建设更加便利的贸易通关体系，发既是这些国家参与区域合作、推进的改革和转型从内到外的体现，又是中国—东盟自由贸易区框架和 WTO 贸易规则的要求。

中国与新四国地域广大，都属于发展中国家，生产和消费潜力大，跨境物流发展的市场空间大。中国与新四国内部规模化、网络化、集约化、专业化、多层次的现代物流服务体系尚未形成，跨环物流创造价值的空间十分广阔。

长期以来，新四国与中国一样，由于受传统高度集中计划经济的影响，普遍不重视物流，更不用说跨境物流。现代物流在流通中创造价值的本质表明，物流不仅是一个产业，从当今经济全球化和区域一体化来看，物流也是一个支柱产业。中国—东盟自由贸易区建成后，为双方跨境物流业的发展提供了更加良好的环境。实现中国与新四国跨境物流的更快发展，既需要积极普及现代物流新理念，提高对现代物流支柱产业的认识，更需要在中国—东盟自由贸易区和 WTO 贸易规则框架下加强双方口岸便利化建设，提高双方在口岸管理方面的制度适应性效率，为双方跨国物流发展提供制度保障。

从物流基础设施建设来说，中国与新四国既要加强对公路、铁路、港口、机场、物流园区等物流基础设施建设，加强对双方物流资源的整合和物流链的设计，在更大更广的范围确立中国—东盟的物流地位，同时还要加强金融结算、商务平台、政策和法律建设等软环境建设。无论是硬件建设还是软件建设，双方都要提高口岸通关方面的制度适应性效率。

2013 年末，由中国人民银行牵头 11 部委下发了《云南省广西壮族自治区建设沿边金融综合改革试验区总体方案》。这是继上海自由贸易试验区之后，中国批复的第二个区域性综合改革试验区方案，也是首个跨省的区域金改方案，涵盖范围非常广。其中，广西沿边金融综合改革试验区范围包括南宁市、钦州市、北海市、防城港市、百色市、崇左市。区域面积96 119 平方公里，占全区国土总面积 40.51%。2013 年的经济总量为 6 205.04 亿元，占全区 43.16%；截至2012 年12 月31 日，人口1 962.92 万人，占全区总人口 37.46%。该方案的目的是推进跨境人民币结算业务，为中国与包括新四国在内的东盟国家的物流发展提供便利化服务；目标是经过 5 年左右的努力，初步建立与试验区经济社会发展水平相匹配的多元化现代金融体系。

桂滇具有临近东盟新四国的区位优势，近些年来两省区与东盟新四国的合作取得优越成绩，国民经济获得了较快发展，为沿边金融改革提供了有利条件。

2015 年6 月4 日至5 日，我参加了在广西边境凭祥举行的广西沿边金融改革与发展学术研讨会。会上了解到，2014 年，广西沿边金融综合改革试验区建设取得阶段性成果，中国—东盟货币业务中心成功设立，个人跨境人民币结算范围扩大至沿边 6 个城市。总体方案实施以来，跨境人民币业务得到创新性发展，结算总量迅猛增长。2014 年广西跨境人民币结算总量 1 561 亿元，同比增长 54%，在西部 12 省（区）、全国 8 个边境省（区）中继续排名第一（同期云南为 775 亿元）。

2015 年 9 月，在中国广西南宁举行的中国—东盟商务与投资峰会，根据中国与东盟经贸合作发展形势及工商界企业的诉求，峰会启动了中国—东盟跨境电商平台、中国—东盟贸易便利化研究，并首发中国—东盟（柬埔寨、老挝、缅甸、越南）贸易便利化研究报告。

据2015年9月在中国广西南宁举行的第12届中国—东盟博览会、商务与投资峰会期间，相关论坛提供的中国—东盟（柬、老、缅、越）贸易便利化研究报告（草案），提出从中国—东盟自由贸易区升级版建设，最为迫切的问题是中国与新四国如何通过深化改革，使双方贸易更加便利化。

2016年9月12日，第13届中国—东盟博览会、商务与投资峰会正式发布了《中国—东盟（柬、老、缅、越）贸易便利化研究报告》。该报告介绍了2016年以来，中国与柬、老、缅、越四国在推动贸易便利化方面做出的努力和取得的成绩；从通关环境、规制环境、口岸效率、电子商务、商务人员流动等5个方面，提出有待改进的领域和相关建议，即如强各国海关合作和协调，提高法律法规政策和信息的透明度与可获得性，利用亚洲基础设施投资银行等渠道支持口岸基础设施建设，开展合作提高口岸通关效率，鼓励发展跨境电子商务和电子政务，改善签证管理制度，推进商务旅行卡计划等。

有关报道称该报告的发布，将有助于提升中国与柬、老、缅、越四国的贸易便利化水平。①

如果说小额贸易的货物比较容易的话，那么大宗商品尤其是农产品的跨境物流比本国物流确实困难得多。可以说，自贸区建设升级建设，顺畅通关口岸是重要的第一站。前不久，笔者参加广西专家组赴越南中越边境，调研双方合作种植糖料蔗事宜。与凭祥交界的越南下郎等边境三县自然条件很好，也有合作意愿。但调查得知，双方口岸过境很难，因为糖料蔗是大宗商品，口岸物流转换难度大。

中国与东盟贸易很快进入“后关税时代”，阻碍贸易自由化的

---

① 刘冬莲：《中国—东盟贸易便利化研究报告正式发布》，载于《广西日报》2016年9月13日。

关税及非关税壁垒正在大幅度削减甚至消除，但烦琐的通关手段、落后的口岸设施，不协调、不统一、不透明的跨境贸易相关规则和程序等隐形贸易壁垒，逐渐成为进一步推动中国与新四国贸易合作的主要障碍。因此，在新的形势下，消除各种影响中国与柬、老、缅、越贸易便利化的制约因素，进一步提升国家间贸易便利化水平，从深层次消除贸易发展的障碍和瓶颈，对促进中国与新四国贸易增长具有重要意义。

中国与新四国经济发展水平和贸易便利化水平发展的不平衡，表明双方需要进一步加强沟通，诚然，中国在中国—东盟自由贸易区框架下积极为新四国改善基础设施、加强海关合作、改善贸易环境、发展跨境电子商务和人员流动提供技术援助和能力建设支持，从国家层面去积极推动与新四国的贸易便利化进程。

经过前段努力，中国与新四国在海关联合监管方面也取得了突破性的进展。柬、老、缅、越四国则在“东盟贸易便利化”框架下进一步修改国内技术法规，并逐步使国内技术标准与东盟统一的标准保持一致。目前东盟已经实施的一致性评估的相关承认协议涵盖了电子电器、通信、药品类、熟食及汽车等多个领域。为促进与东盟检验检疫合作，2006 年以来，中国与包括新四国在内的东盟国家签署了涉及卫生与植物卫生领域、标准、技术法规与合格评定等领域的多项合作协定，并建立起“中国—东盟质检部长会议”定期磋商机制。同时，中国也积极为东盟国家开展质检领域人力资源培训。中国与东盟在检验检疫领域富有成效的合作为推行“结果互认”以及标准一致化打下良好的基础。值得一提的是，中国与柬、老、缅、越都启动了以“电子口岸”为核心的口岸信息化建设，并在主要口岸试点甚至全国范围内推行“一站式通关”，均不同程度地提高了通关效率。

柬埔寨在西哈努克港等主要口岸已经建立海关数据自动化系统，在卜哥山经济特区内已开始实行一站式现场办公，并计划 2018 年建设国家单一窗口。老挝所有口岸已启用海关数据自动化系统，并在（老挝）丹沙湾—（越南）老宝、（老挝）沙湾拿吉—（泰国）穆达汉口岸正式试点一站式跨国通关模式。缅甸将在全国海关码头采用自动化货物清关系统，并将在2016年正式启动全国性国家单一窗口模式，同东盟单一窗口接轨。2013年起，越南已经实现了全国范围内的电子报关。

但是，双方在贸易便利化方面尚存在不少问题，如政策法规标准不统一导致通关不畅，进出口手续效率缺乏竞争优势，双方联检部门协同度不够影响通关综合效率，查验部门信息自成网络，资源尚未实现共享，政府政策透明度有待提高，非关税壁垒制约企业贸易发展，制度差别迥异，亟待提高执行系统效率，口岸效率，基础设施落后，物流通道不畅，运输网络一体化程度不高，物流标准参差不齐，口岸建设的人力，资金和技术投入不足等。总之，新四国与中国的通关环境乃至贸易便利化建设仍有许多工作要做。

2015年9月在南宁举行的中国—东盟商务贸易论坛上，中国和东盟专家认为，要逐步在中国与东盟新四国之间探索通关一体化改革，加强各国海关的合作和政策协调，建立CAFTA国家贸易便利化磋商中心，统一协调和管理各国通关政策，全面落实中国和东盟已经达成的贸易便利化方面的协议，加强成员国海关间的磋商机制。

针对中国与东盟各国物流标准参差不齐，不利于货物流通的情况，专家认为，应尽快采用统一的“国际物流标准”，组建和形成中国—东盟统一的物流标准体系，各国政府应共同重视和推进物流标准化建设，建立统一的联络机制。同时，加强各国物流行业协会或标准化组织机构之间的接触、沟通和交流，共同推进物流标准化发展。

2015年11月初，广西与越南广宁省签署的相关协议，重点就是口岸通关方面。除了加强双方物流网络建设、实现信息通达透明顺畅外，重要的是加强港口、航空、铁路、公路立体交叉物流运输网络建设，打造一体化的区域交互联互通的物流网络。

2016年2月底，越南北部与中国接壤的广宁、高平、谅山、河江四省代表团到与越南相近的中国广西考察访问，中越双方就如何围绕互联互通、跨境基金合作区及跨境旅游合作区建设，携手推动中越边境地区合作发展达成诸多共识。双方签署了《会谈纪要》，旨在促进各领域交流合作不断向纵深发展。中越边境省区将共同推动中越的互联互通，在建设龙邦—茶岭—高平—谅山—河内高速公路的基础上，积极构建由中国西南省市经广西百色连接高平—谅山—河内—海防的国际陆路大通道。跨境经济合作区建设是中越边境省区合作的重点。广西将与越南北部四省加快推进东兴—芒街、凭祥—同登跨境经济合作区建设，争取尽早获批《共同总体方案》，同时推动龙邦—茶岭边境经济合作区以及弄平—弄兰互市贸易区建设，促进中越跨境劳务合作。根据最新签订的《会谈纪要》，广西将与越南北部边境省区探索推进“两国一检”，提高通关效率。将合作推动硕龙—里板、峒中—横模双边口岸的尽早开放，同时共同升格水口—驮隆、龙邦—茶岭口岸为国际口岸，争取在今年内正式开放爱店—峙马双边口岸。越领导表示，越方将进一步引导中越双方企业和投资者开展经贸合作，加大推进口岸交通基础设施建设，提高互联互通水平，为双方企业和人民交流合作创造良好条件。①

中国与柬、老、缅、越经济发展水平和贸易便利化水平发展的不平衡决定了双方应在改善贸易基础设施、加强海关合作、改善通关环境、发展跨境电子商务和人员流动等方面推进共建，从国家层面积极推动贸易便利化进程。在当前的情况下，双方贸易便利化建设至少包括以下方面：一是在中国—东盟自由贸易区协议框架和WTO规则下逐步推进通关一体化改革；二是加强海关合作和政策协调；三是推动双方在检验检疫方面开展更高层次合作；四是尽快提升双方在区域内通关综合效率；五是完善贸易体系，提升双方政府相关管理部门职能；六是进一步完善双方贸易法律系统，提高法

① 《越南北部四省代表团到广西考察访问》，载于《新华网》2016年2月29日。

律法规、政策、信息等的透明度与可获得性；七是完善口岸基础设施，提升口岸工作效率；八是构建一体化物流网络，组建和形成中国—新四国统一物流标准体系；九是共建中国—新四国电子口岸服务平台；十是改进签证管理制度，放宽审批权，全方位便利双方商务人员流动。

参考文献

[1] 陈万灵、吴喜龄：《中国与东盟经贸合作战略与治理》，社会科学文献出版社 2014 年版。

[2] 周玉渊：《从东盟到东盟共同体：东盟决策的模式与实践》，世界知识出版社 2015 年版。

[3] 彭森、张小冲、金春田：《中国经济体制改革的国际比较与借鉴》，中国人民大学出版社 2008 年版。

[4] [美] 蒂莫西·耶格尔著：《制度、转型与经济发展》，陈宇峰、曲亮译，华夏出版社 2010 年版。

[5] [美] 道格拉斯·诺思著：《理解经济变迁过程》，钟正生、邢华译，中国人民大学出版社 2008 年版。

[6] [美] 道格拉斯·诺思：《制度、制度变迁与经济绩效》格致出版社：上海人民出版社 2008 年版。

[7] [美] 热若尔·罗兰：《转型与经济学——政治、市场和企业》，载于《比较》(3 期)，吴敬琏主编，中信出版社 2002 年版。

[8] [美] 罗纳德·布鲁斯·圣约翰著：《柬埔寨、老挝和越南的经济改革早期发展阶段结束》，向来译，新加坡《当代东南亚》，1997 年 9 月，第 19 卷第 2 期。

[9] 世界银行：《东亚奇迹：经济增长与公共政策》，中国财政部世界银行业务司译，中国财政经济出版社 1994 年版。

[10] [法] 托克维尔著：《旧制度与大革命》，冯棠译，商务印书馆，2012 年版。

[11] 高斌：《王岐山为什么推荐读〈旧制度与大革命〉》，检

察日报，2012 年版。

[12] 王尔德：《王岐山荐〈旧制度与大革命〉学者解读现实意义》，2012 年版。

[13] 李明德：《现代化：拉美和东亚的发展模式》，社会科学文献出版社 2000 年版。

[14] 郭枫：《东盟五国市场经济模式探析》，载于《吉林省经济管理干部学院学报》第 14 卷第 1 期，2000 年版。

[15] 张华：《东盟四国经济发展中政府与市场的互动及其启示》，载于《广西民族学院学报（哲学社会科学版）》第 27 卷第 6 期，2005 年版。

[16] 梁晓丹：《试论制度变迁对东亚经济一体化的影响》，载于《湖南学院学报》2007 年第 28 卷第 6 期。

[17] “东亚五国一区政治发展研究”课题组：《东亚民主转型的经验解释》，2010 年 10 月 12 日，载于《文化纵横》http：//www. sina. com. cn。

[18] 廖少廉等：《东盟国家经济发展与社会经济形态》，社会科学文献出版社 1993 年版。

[19] 杨晓强、庄国土：《东盟黄皮书：东盟发展报告（2014 年）》，社会科学文献出版社 2014 年版。

[20] 景维民、孙景宇：《转型经济学》，经济管理出版社 2008 年版。

[21] 张仁德：《中外经济转轨度比较研究》，经济科学出版社 2007 年版。

[22] [美] 蒂莫西·耶格尔著：《制度、转型与经济发展》，陈宇峰、曲亮译，华夏出版社 2010 年版。

[23] 王勤：《东盟国家的经济转型和结构调整》，载于《东南亚纵横》2012 年 10 期。

[24] 王勤：《东盟国际竞争力研究》，中国经济出版社 2007 年版。

[25] 王勤等:《中国与东盟经济关系新格局》,厦门大学出版社2003年版。

[26] 黄信:《经济转型、制度环境与制度适应性效率》,载于《社会科学战线》2011年第9期。

[27] 黄信:《制度不确定性:市场与政府关系的新视角》,载于《中共中央党校学报(学术双月刊)》2010年第1期。

[28] 黄信:《东盟新四国经济转型的市场化改革评析》,载于《广西社会科学》2016年第2期。

[29] 黄信:《制度、不确定性与经济转型》,经济科学出版社2015年版。

[30] 黄信:《透视中国体制转型热点》,广西人民出版社2002年版。

[31] 黄信:《制度竞争、文化资本与人的发展》,载于《改革与战略》2010年第5期。

[32] 黄信:《加强与东盟新成员越老柬缅的合作》,载于《广西日报》2012年版。

[33] 黄信:《东盟一体化的历程与前瞻》,载于《广西日报》2012年版。

[34] 黄信:《缩小发展差距的根本——谈东盟后发展国家的经济改革》,载于《广西日报》2012年版。

[35] 黄信:《东盟共同体要推进的首先是经济》,载于《广西日报》2016年版。

[36] 刘晓民:《进入21世纪后的柬埔寨经济》,载于《东南亚》2005年第2期。

[37] 刘连银:《跨入新世纪以来缅甸经济发展述评》,载于《东南亚纵横》2006年5期。

[38] 林锡星:《缅甸民主化转型不会一蹴而就》,载于《时代周报》2012年第168期,2012年2月16日。

[39] [日] 福地亚希著:《柬埔寨经济现状与展望》,原载日

本《CLAIR 通信杂志》2013 年 5 月，柳弘译，“印度支那”，1989 年第 3 期。

［40］［老］颂赛：《老挝的经济体制改革和对外开放》，“印度支那”，1989 年第 3 期（总第 3 期）。

［41］徐远和：《儒家思想与东亚社会发展模式》，广西人民出版社 1996 年版。

［42］李文：《东亚社会变革》，世界知识出版社 2003 年版。

［43］广西社会科学院编：《越南国情报告（2014）》，社会科学文献出版社 2014 年版。

［44］中越联合课题组：《中越经济改革比较研究》，广西人民出版社 2002 年版。

［45］李国章：《老挝经济转型见成效》，载于《经济日报》2012 年版。

［46］宋清润：《缅甸经济改革的前景》，载于《东方早报》2012 年版。

［47］［英］G·M·霍奇逊：《现代制度主义经济学宣言》，向以斌等译校，北京大学出版社 1993 年版。

［48］张雪魁：《知识、不确定性与经济理论》上海人民出版社 2010 年版。

［49］［德］柯武刚、史漫飞：《制度经济学——社会公共秩序与公共政策》，商务印书馆 2001 年版。

［50］吴敬琏：《中国经济改革三十年历程的制度思考》，中国经济体制改革研究会—专家内部论坛，2008 年版。

［51］张维迎主编：《中国改革开 30 年——10 位经济学家的思考》，上海人民出版社 2009 年版。

［52］唐华山、刘维、袁辉：《经济学大师如是说》，人民邮电出版社 2009 年版。

［53］江涌：《关于世界经济中的不确定性》，载于《求是》2003 年第 15 期。

[54] 吴敬琏:《“市场失灵”与“政府失灵”》,载于《经济观察报》2009年版。

[55] 孙立平、秦晖:《过渡性制度不能固化》,载于《经济观察报》2012年1月9日,第40版。

[56] 杨晓锰:《经济秩序的制度理性——以转型国家为例》,经济科学出版社2007年版。

[57] 吴龙:《东盟发展市场经济至中国的启示》,载于《广西社会科学》1996年第6期。

[58] 盛洪主编:《现代制度经济学》(上),北京大学出版社2003年版。

[59] 许新主编:《转型经济的产权改革》,社会科学文献出版社2003年版。

[60] 中国—东盟年鉴编辑部:《中国—东盟年鉴》(2015),线装书局2015年版。

[61] 课题组:《中国—东盟(柬、老、缅、越)贸易便利化研究报告》,2016年9月第13届东博览会。

后　记

感谢广西大学中国—东盟研究院的资助，该项目是中国—东盟区域发展协同创新中心科研专项和教育部长江学者和创新团队发展计划联合项目（CW201505）。

《理解转型过程的制度适应性效率——东盟新四国市场化改革评析》一书，是我本人关于经济转型理论研究三部曲之一，之前已出版了两部：《透视中国体制转型热点》和《制度、不确定性与经济转型》。前两部是抽象的纯理论著作，这部则是用制度理论来分析东盟新四国改革实践，较为具体。

因工作上的关系，本人经常接触东盟问题，长期以来也经常参加国内外中国—东盟方面的研究。从20世纪80年代初进入大学，到后来的硕士研究生、博士研究生，本人学的都是政治经济学专业。30多年来，一直坚持经济学理论的学习和研究，对制度创新及改革和转型方面的前沿理论问题比较感兴趣。可以说，该书是本人经济学专业理论与东盟实际相结合的研究成果。

本书“导言”部分说过，把新四国作为一个整体来考察，对象范围广，不像单个研究对象那样容易把握。本书研究的是新四国市场化改革和经济转型，主要是经济领域的问题，对于新四国的政治、社会、文化等，没有过多接触，而改革和转型是一个整体推进过程，除经济改革外，其他方面也需要推进。也就是说，仅从本书的论题来说，需要探讨的问题还有很多，有待作更加深入的研究。